北京师范大学史学文库

晚清民初的理学与经学

张昭军 著

商務印書館
2019年·北京

图书在版编目(CIP)数据

晚清民初的理学与经学/张昭军著. —北京：商务印书馆，2007(2019.10 重印)
(北京师范大学史学文库)
ISBN 978-7-100-05385-3

I. ①晚… II. ①张… III. ①理学—研究—中国—近代②经学—研究—中国—近代 IV. B244.05 Z126

中国版本图书馆 CIP 数据核字(2007) 第 022949 号

WǍNQĪNG MÍNCHŪ DE LǏXUÉ YǓ JĪNGXUÉ
晚清民初的理学与经学
张昭军 著

商 务 印 书 馆 出 版
(北京王府井大街 36 号 邮政编码 100710)
商 务 印 书 馆 发 行
北京市白帆印务有限公司印刷
ISBN 978-7-100-05385-3

2007 年 3 月第 1 版 开本 880×1230 1/32
2019 年 10 月北京第 2 次印刷 印张 9½
定价：28.00 元

《北京师范大学史学文库》总序

北京师范大学历史学系是中国高校最早形成的系科之一，由1902年创办的京师大学堂“第二类”分科演变而来。1912年称北京高等师范学校史地部，1928年单独设系。1952年院系调整，北京师范大学历史学系与辅仁大学历史学系合并。北京师范大学历史学系的师资力量与综合实力，由此得到了前所未有的加强，为日后的发展奠定了良好的基础。

在百年的演进历程中，一批享誉海内外的著名学者，如李大钊、钱玄同、邓之诚、朱希祖、王桐龄、张星烺、楚图南、陈垣、侯外庐、白寿彝、柴德赓、赵光贤等，先后在北京师范大学历史学系辛勤耕耘。经几代人的努力开拓，北师大历史学系学术积累丰厚，学风严谨，久已形成了自身的优势与特色。

如今的北京师范大学历史学系是我国历史教学与研究的重镇，学科门类大体齐备，师资力量较为雄厚，既有国内外知名的老教授何兹全、龚书铎、刘家和等，又有一批崭露才华并在国内外史学界颇具影响的中青年学者，综合实力居全国高校历史学科前列。在教学方面，我系的课程改革、教材编纂、教书育人，都取得了显著的成绩，曾荣获国家教学改革重大成果一等奖。在科学研究方面，同样取得了令人瞩目的成就，如由白寿彝教授任总主编、我系众多教师参与编写的多卷本《中国通史》，被学术界誉为“20世纪中国史学的压轴之作”。其他教师的学术论著也多次荣膺国内外各类学术奖项，得到学界好评。

北京师范大学历史学系业已铸就自己的辉煌，但学术的发展无止境。今天，中国社会政通人和，学术研究也日新月异，我们又面临着新的挑战与机遇。为了更好地传承先辈学者的治学精神，光大其传统，进一步推动学科与学术的发展，本系决定编辑《北京师范大学史学文库》，陆续出版我系学者的学术论著，以集中展示北京师范大学历史学系的整体学术水准。同时，相信这也将有助于推动我国历史学的发展。

商务印书馆向以奖掖学术、传播文化著称，此次《北京师范大学史学文库》的编辑出版，也承蒙其大力支持。在此，谨致由衷谢忱！

《北京师范大学史学文库》编辑委员会

目　录

序

一

在漫长的中国封建社会里,儒学既是文化的指导思想,又是文化构成的主干,占据意识形态统治地位。在中国士大夫的观念中,儒家伦理既是最美好的,又是最根本的。直到 1840 年鸦片战争以后,西方文化已经在中国传播,中国已经产生了新的文化,他们仍然固守这种观点。因而在纲常伦理受到西方文化的冲击时,就不能不使士大夫们忧心忡忡,忧虑彼教"夺吾尧、舜、孔、孟之席",担心"孔子之道将废"。他们殚精竭虑地保卫圣道,同时又不自信地认为儒学必将自东往西,盛行于西方各国,而"大变其陋俗"。在他们的思想中,"华夏中心"的观念根深蒂固。

在士大夫中,有像大学士倭仁这样,因反对学习西方而鼓吹华夷大防的守旧派。但也有人在认识上发生了变化,感到仅有礼义忠信已不足以维护其统治。他们承认中国文化和西方文化存在着差别,主张"取西人器数之学,以卫吾尧、舜、禹、汤、文、武、周、孔之道"。这就是所谓"中体西用"论。与顽固守旧派不同,"中体西用"论者比较开明,能因时而变,但同样服膺礼义忠信。在儒学世界观这个根本问题上,他们是固守不变的。"中体西用"论一直到清政府垮台前仍然在起作用,并成为清政府的指导方针。这也表明一个事实,即仅靠儒学已不足以维持封建统治地位,而儒学本身也需要借助外力。儒学作为从意识形态上维系封建统治秩序的权威性已受到冲击，作为官方统治思想的地位正发生动摇。

西方文化的输入及其对中国文化的冲击，引起人们的观念发生了变化。首先是“华夏中心”、“华夷之辨”这一传统观念的突破。一些有识之士改变了盲目虚骄自大，开始正视事实，承认“夷”也有“长技”，中国有不如“夷”的地方，主张学习西方的“长技”。冯桂芬在他的名著《校邠庐抗议·收贫民议》中提出：“法苟不善，虽古先吾斥之；法苟善，虽蛮貊吾师之。”1898年维新运动高潮期间，维新的支持者、满族官员阔普通武对《校邠庐抗议》作了一条概括性的批语，称赞此二语是“全书精粹最妙者”、“千古名论”，认为“现值庶政维新，诚本此二语以行之，深合乎穷变通久之大旨焉”。这和传统观念大相径庭。

贵义贱利、崇本抑末，也是儒学体系中的重要内容。在中国封建社会中，儒学的义利观有两方面含义：一是指个人道德修养，不能见利忘义，醉心于利禄；一是指治国之道，如孟子所谓“王何必曰利，亦有仁义而已矣”。这里所说的义利观的变化，是指后者而言。鸦片战争前后，言义不言利的传统义利观已经在发生变化，有人就批评讳于言利是“小儒拘滞之见”。当时兴起的经世致用之学，正是反传统的“重义贱利”，而注重于计功言利，以解决国计民生的实际问题。在近代，继承并发展重功利的经世之学，成为时代的潮流。20世纪初，梁启超更是鼓吹西方边沁的“功利主义”，抨击传统义利观中轻视功利的倾向。与义利观变化相联系的，是崇本抑末、重农轻商的观念也发生变化。一些有识之士很强调取法泰西振兴工商的重要意义，他们把商提到前所未有的重要地位上，以商务为国家之元气，通商为“疏畅其血脉”，甚至把振兴商务提到抵制外国侵略的高度。从以农立国到工商立国这一本末观念的变化，实质上是要求变封建小农经济为资本主义经济的表现。

社会伦理观念也在变化。伦理纲常在中国封建社会是天经地义不可违背的，但是，资产阶级维新家和革命家都吸取了西方资产阶级的民权、自由、平等思想，尖锐批判纲常伦理，指出"三纲五伦之惨祸烈毒"，"官可以无罪而杀民，兄可以无罪而杀弟，长可以无罪而杀幼，勇威怯，众暴寡，贵凌贱，富欺贫，莫不从三纲之说而推"（何启、胡礼垣《〈劝学篇〉书后》）。他们主张"人人平等，权权平等"，以资产阶级民权、平等观来反对封建的伦常观。

儒学在鸦片战争以后受到了社会经济、政治变动的冲击，受到了西学的冲击，它的统治思想的地位从动摇以至失落，它的一些重要思想受到批评而逐渐被淘汰。这是儒学在近代变化的一个方面。

二

中国近代社会的变化，被认为是"三千年一大变局"。面对前所未有的变局，儒学本身不可避免地要有所调整。其中有两点值得注意：一是儒学各派都趋向于经世致用，一是儒学各派的会通融合。

理学末流被时人诟病为空疏迂腐，无实无用。但在鸦片战争以后，清王朝走向衰落的情况下，理学如果仍一味只讲"居敬穷理"，脱离实际，无补于挽救清王朝面临的危机，应付大变局的形势。因此，它不能仅满足于道德内省，而且要注重实践，切于实际，把"内圣"与"外王"紧密结合起来，即修身、齐家、治国、平天下。曾国藩就没有将理学与经世对立起来，而是认为“经济之学，即在义理之中”。因此，曾国藩及其湘系集团也就有为维护清政府而镇压太平天国农民运动发挥作用，也就有从事以“中体西用”为方针的洋务运动的可能。

今文经学作为儒学的一派，因龚自珍、魏源借之以言世务，而开风气之先；但真正盛行则在光绪年间。1889 年，康有为受廖平的启示，即想借今文经学的“微言大义”，以为经世致用。他从今文经学接受“三统”、“三世”说和“孔子改制”说，并先后著《新学伪经考》和《孔子改制考》，斥古文经为伪经，以孔子“托古改制”，而主张变法维新。康有为的弟子梁启超、欧榘甲等都张其师的学说，竭力鼓吹今文经学。谭嗣同、唐才常受康有为的影响，也接受今文经学。湖南人皮锡瑞在长沙参与维新活动，也以今文经义言变法。正是改革、维新的社会政治需要而使今文经学盛行一时。

20 世纪初，古文经学家也注意经世。1901 年，孙诒让撰《周礼政要》40 篇。他在序言中说：“辛丑夏，天子眷念时艰，重议变法，友人以余尝治《周礼》，嘱之摭其与西政合者，甄缉以备采择，此非欲标扬古经以自强其虚骄而饰其窳败也。”这说明孙诒让的《周礼政要》是因清政府推行“新政”的需要而利用古文经学。其后，以古文经学“论治”，其著者有章太炎、刘师培等人。章太炎绍述清代考据学开创者顾炎武的“经世致用”思想，以民族主义鼓吹革命，以古文经批评康有为借今文经学“三世”说、“孔子改制”说宣扬改良。刘师培承其家传，治《春秋左传》。他在革命派与立宪派的论战中，发表了《论孔子无改制之事》、《汉代古文经学辨诬》等文，批判康有为的古文伪经说和孔子改制说。

可以看出，在鸦片战争至清政府垮台的七十年间，不论理学、今文经学、古文经学都趋向于讲求经世致用。由于政治立场和目的各不相同，所起的作用也很不一样。然而人们往往因龚自珍、魏源、康有为等宗今文经学，并以此言变法，曾国藩辈宗程朱理学，镇压太平天国农民起义，维护清朝腐朽统治，而判定今文经学的进步性。其实，今文经学也不存在独具的进步性。儒学各派所起的社会作用，在于掌握者的政治立场和目的如何。在太平天国农民运动期间，宗程朱理学的罗泽南、何桂珍，宗阳明心学的吴嘉宾，治汉学的吕贤基、邹汉勋，以及治今文经学的邵懿辰，都维护清朝统治，在反抗太平天国农民战争中"殉道"，即是明显的事例。至于各自的学术成就如何，则又当别论。

近代儒学变化另一值得注意的方面，是儒学各派的会通融合。儒学内部，门户、派系之见甚深，汉学与宋学、今文经学与古文经学、程朱理学与阳明心学互相排斥，各不相容。鸦片战争以后，因为"时势"的关系，汉、宋学不仅归于息争，而且二者兼综会通更为盛行。如岭南著名学者陈澧，被认为是开汉、宋学会通之先声。汉、宋学的调和会通并非始于陈澧，其前辈已多有倡导，但他确实是咸同间主张会通汉、宋学颇有影响者。不仅是学者会通汉宋学，一些以治学著称而权势显赫的在位者也主张汉、宋兼采。如曾国藩，"一宗宋儒，不废汉学"，不赞成讲义理者贬抑汉学，也不赞成讲汉学者贬抑宋学。张之洞则是宗汉学不废宋学，主张"读书宗汉学，制行宗宋学"。

儒学内部各派的兼综会通，不仅是汉、宋学之间，还有其他学派，如今文经学。治汉学或尊宋学者，也不乏兼采或兼治今文经学。邵懿辰论学宗朱子，以"仪宋"命堂名，但又重今文经学，著《礼经通论》。承家学渊源的刘师培，虽尚古文经学，力批康有为的今文经学，其实并不一概排斥今文经学，而是对之兼采。同样，宗今文经学的人也不都排斥汉、宋学，而是主张调和汉、宋学。今文经学家皮锡瑞即主“开通汉宋门户之见”，认为汉、宋学“同是师法孔子，何必入室操戈”。在儒学内部开通门户之见，更为明显的是对陆王心学的兼采会通。曾国藩宗程朱理学，曾对陆王心学表示不满，后来却转而加以推崇。其子曾纪泽在祭文中称曾国藩“笃守程、朱，不弃陆、王”。宗今文经学的康有为，对陆王心学很喜爱。尚古文经学的刘师培，吸收了王阳明的“良知”说。

三

近代西学东渐，异质文化的传入，导致儒学发生又一重大变化，即它在和西学的矛盾中调和会通了西学。

19 世纪末 20 世纪初，康有为即试图将儒学与西学会通，并建立自己的思想理论体系。康有为的思想理论体系很庞杂，但其基点为孔子儒学——“仁”、“元”，包括思孟学派、陆王心学、董仲舒和今文经学派、《易经》的思想。他的哲学范畴“仁”、“元”，吸收了西方的民权、平等、博爱的社会政治学说，以及近代自然科学和天文学、天体力学、地质古生物学等。他的“大同”乌托邦思想，也融会了西方的空想社会主义。如果说宋明理学体系是“援佛入儒”的话，那么康有为的理论体系则是“援西入儒”。正是在会通中西学，以西学比附、阐释儒学的基础上，康有为建构以“元—仁为体”的儒学体系和“大同”乌托邦社会。谭嗣同“仁学”体系的思想渊源，大致与康有为近似。他也是力图会通中西学，来建构“仁学”体系。谭嗣同和康有为都是“援西入儒”，构成“不中不西，亦中亦西”的以儒学为主、中西学杂糅的不成熟的思想体系。

20世纪初，资产阶级民主革命兴起，民权平等学说日益传播。其中卢梭的《民约论》产生了很大的影响。刘师培1903年与林獬编撰《中国民约精义》一书，1904年刊行。该书是辑录中国“前圣曩哲”书籍中“言民约者”，起自《易》、《书》、《诗》，迄于鸦片战争前后龚自珍、魏源、戴望的著述，所及范围较广泛，但主要是儒学各派的著述。刘师培在每段后面加了按语，以卢梭《民约论》的相关论点为印证，加以阐释，评论其得失，既指出中国的圣哲与卢梭思想之间的相通和歧异之处，也指出中国古人之间思想的先后继承和变化。即如《春秋公羊传》，康有为利用的是“三世”说，而刘师培却认为其“最重要之义在于讥世卿”，声称“《公羊》一书最重民权”。把《春秋公羊传》说成“最重民权”，显然是不符合事实的牵强附会。刘师培这种做法，与康有为、谭嗣同的建构思想体系有所不同，但也是试图会通儒学与西学。

1912年，清王朝覆灭，民国建立。儒学失去了它作为官方统治思想的地位。民国初年，曾经掀起一股尊孔读经的逆流，康有为等人鼓吹要把孔教作为国教定入宪法，一时间闹得乌烟瘴气。但是，随之而来的是新文化运动蓬勃展开，孔子及儒学受到前所未有的冲击。儒学终究是衰落了。但也就在此时，第一次世界大战及其造成的影响，在一些中西人士中出现感叹“西方文明的没落”而称赞东方文化的思潮。梁启超欧洲归来后，即认为民主、科学为基础的西方文明已破产，中国不应该盲目仿效“病态”的西方物质文明，而应该发扬光大本国固有的精神文化，以担当起重建世界文明的使命。同时，梁漱溟发表了《东西文化及其哲学》一书，成为建构现代“新儒学”的发端。梁漱溟也是主张中西文化的会通融合，而且是在比较完全的意义上开始把中西哲学结合起来创立体系。梁漱溟以陆王心学融会柏格森哲学等，建构其“新儒学”理论体系，以“复兴儒学”，突破了康有为、谭嗣同等人简单的杂糅比附。

继梁漱溟之后，熊十力、冯友兰、贺麟等人也努力会通中西，实现对儒学传统的重建。他们弘扬儒学，建构“新儒学”，这是一种文化现象，对他们的学理，研究者的评论自来有异，但有一点是有共识的，即他们的弘扬儒学并不是单纯回归传统，不是退回去，而是要为中国文化和中国社会谋求现实出路。因此，他们的文化构想是有针对性的，既是针对反传统的西化论者，也是抵拒马克思主义的传播。

以上所述，是儒学在近代中国的大致变化。

四

学界关于近代时期的儒学研究已有不少成果。梁启超、钱穆、周予同等在其清代学术史著作中都曾论及。近 20 年来，随着中国近代史研究的深入，作为近代文化史的一个重要方面，儒学在近代中国的发展变化受到重视。即以北京师范大学来说，自 20 世纪 80 年代后期至今，前后已有十余篇博士学位论文选择这方面的题目，涉及晚清的理学、心学、汉学、汉宋关系，清末民初的国粹学派、尊孔思潮、孔教会，以及魏源、康有为、章太炎儒学思想等。这些论文或侧重于学术史，或偏重于思想史，从不同角度拓展了近代儒学史研究。如何深化既有研究，有一定难度。

张昭军同志从事近代儒学研究已有多年，熟悉这些情况。他读研究生时，先后以曾国藩理学思想、章太炎儒学思想为研究对象，分别完成硕士、博士学位论文。随后，他以个案研究为基础，就龚自珍、康有为、章太炎、孙中山等八位著名思想家的儒学思想作了梳理，出版《传统的张力——儒学思想与近代文化变革》一书。最近，我们花费五年时间，合作完成教育部重点课题“清代理学研究”，由他撰写晚清部分。这些成果，印证了一位年轻学者的成长历程，同时为他写作本书奠定了基础。

《晚清民初的理学与经学》是围绕程朱理学、今古文经学所进行的专题研究。前五章是综合性论述，后六章是个案研究。其中，有些论题，如今文经学家与程朱理学的关系、方宗诚的理学思想等，是以前学界关注较少的。有些论题，如晚清时期的汉宋关系，曾国藩、倭仁的理学思想，康有为、章太炎的经学思想等，作者在学界已有研究基础上，加以细致化或系统化，力争有所深入。应当说，作者的这些努力有助于近代学术史研究，值得肯定。

近代中国是中国社会和文化变动最为剧烈的阶段，也是近些年来学界关注较多的学术领域。在当今中外文化交流密切的情况下，研究者积极学习和借鉴西方学者的优长的同时，应当注意继承、保持和发展中国学术的特色，不人云亦云。这需要养成独立思考的能力，不断加强历史文献的研习，提高传统文化素养，下一番踏踏实实的功夫。期望昭军，也期望有更多年轻人对中国文化加以认真研究，能够对中国文化保持清醒认识。

昭军要我综括地介绍一下近代儒学，故写了以上这些话，聊以为序。

龚书铎

2007 年春节

第一章　晚清儒学的格局与流派

清代儒学研究成果众多，有些论著已涉及晚清时期儒学的格局与谱系问题。章太炎《清儒》论清代学术侧重于清代前中期，重汉学而轻今文经学，于程朱理学则蔽之一言："竭而无余华。"[①]梁启超《清代学术概论》将清代学术概括为："在前半期为考证学，在后半期为今文学。"[②]该书论晚清学术详今文而略汉学，也不重视程朱理学的研究。今人关于晚清时期传统学术的研究也有大批成果[③]。但这些成果由于学术出发点或侧重点的不同，对于儒学内部各派别在晚清学术格局中的位置及其传承谱系的研究仍存有薄弱之处。

晚清时期，占据传统学术主导地位的是程朱理学与汉学。这既是乾嘉年间学术格局的延续，又有所不同。乾嘉年间，汉学如日中天，而理学式微。这一时期，程朱理学一度出现中兴，汉学则趋于衰落。今文经学的兴起是晚清时期重要的学术现象，一定程度上改变了此前汉、宋对峙之势，呈现出程朱理学、汉学、今文经学并

---

① 章太炎：《清儒》，《訄书重订本》，《章太炎全集》（三），上海人民出版社 1984 年版，第 155 页。

② 梁启超：《清代学术概论》，上海古籍出版社 1998 年版，第 2 页。

③ 较为重要的成果有汤志钧《近代经学与政治》（中华书局 1989 年版）、龚书铎《儒学在近代中国的变化》（载《中国近代文化探索》，北京师范大学出版社 1997 年版）、陈其泰《清代公羊学》（人民出版社 1997 年版）等。

立的局面。

一、程朱理学居于社会意识形态地位

晚清时期，在传统学术格局中，程朱理学继续作为官方哲学和社会意识形态而处于主流学说的位置。相对于清代中叶的衰弱而言，从道光末年至光绪初年，程朱理学一度出现所谓的"复兴"。晚清理学的复兴，不仅表现在清政府制定学术政策时，不断强化和提高程朱理学的社会地位，而且还体现在以下几个方面。

首先，理学宗奉者人数众多，出现了一些较为活跃的学术群体，理学的声势一度有所壮大。

道光朝以后，伴随汉学的式微，理学宗奉者活跃起来。尤其是在宋代理学家周、程、张、朱等人昔日讲学的湖南、河南、陕西、安徽、福建等地区，宗理学者声气相通，结成群体，其规模和声势均非乾嘉年间可比。湖南地区在清代受汉学影响较小，理学阵营庞大，多数士大夫奉理学为尊，诸如陶澍、贺长龄、贺熙龄、唐鉴、胡达源、罗泽南、曾国藩、左宗棠、胡林翼等，均好理学。河南地区以理学知名者有刘廷诏、苏源生、李棠阶、王检心、王涤心等。关中地区自宋代以来就有讲求理学的传统，晚清时期，朝邑的李元春、周至的路德、三原的贺瑞麟等人遵奉理学，又通过讲课授徒，培养了大批理学后进。安徽地区以桐城为中坚，拥有方东树、姚莹、方宗诚、方潜等一批笃守程朱之道的学者，而霍山的吴廷栋、六安的涂宗瀛、当涂的夏炘和夏炯兄弟等也以理学闻名。继清初理学家李光地、蔡世远之后，福建的刘存仁、林春溥、郑星驷等人在学术上也首重程朱理学。

从时间上讲，道光二十年（1840 年），唐鉴“再官京师，倡导正学”，可视作理学振兴的重要标志。顾云《盋山文录》说：“道光之末世，儒讲汉学者浸微，于是唐确慎公鉴、文端公倭仁、吴侍郎廷栋诸人起而讲宋学，曾文正公国藩亦会焉。”[①]这一年，唐鉴奉旨内转太常寺卿，在他周围聚集了倭仁、吴廷栋、曾国藩、何桂珍、吕贤基、窦垿等一批理学名士，从而在京师结成一个以唐鉴为核心、讲究程朱理学的学术群体。道光末年这种崇尚正学的风气，与乾嘉时期“士大夫皆不尚友宋儒，虽江浙文士之薮，其仕朝者无一人以理学著”的局面[②]，形成鲜明对照。

唐鉴是理学复兴的宗主，倭仁、吴廷栋、曾国藩等则是理学复兴的主将。同治年间，倭仁、吴廷栋、李棠阶以正学立朝，大大提升了理学的地位。方宗诚称：吴廷栋“与倭公艮峰、文园李公同朝。时倭公以大学士为师傅，李公以尚书掌军机，虽各有分位，未能越俎，而道义相契，可以密相赞襄，切磋德业，海内称为三大贤。都中凡有志正学之士，皆以三公为依归焉。”[③]他们身边聚集了一群讲究程朱理学的人士。在地方，以曾国藩为首的湘军集团也纠集了大批理学人士，除湘军首领左宗棠、胡林翼外，罗泽南、刘蓉、李元度、郭嵩焘、刘长佑、丁善庆、王鑫、李续宾、李续宜、蒋益澧、贺兴范、钟近衡、刘典、涂宗瀛、方宗诚、杨德亨、程鸿诏、洪汝奎、倪文蔚、何慎修、甘绍盘等，或为湘军成员，或一度为曾国藩幕僚，均有理学背景。从一定意义上说，湘军集团就是一个理学大本营。

---

① 顾云：《罗文学蒋孝廉别传》，《盋山文录》卷五，光绪十五年刻本。

② 昭梿：《啸亭杂录》，中华书局 1980 年版，第 318 页。

③ 方宗诚：《吴竹如先生年谱》，见吴廷栋：《拙修集续编》附录，光绪九年六安求我斋刊本。

晚清时期，宗理学者为维护程朱道统，传继正学，还撰写了一批学术著作。其中，表彰程朱理学的学术史著作有潘世恩的《正学编》、何桂珍的《续理学正宗》、唐鉴的《国朝学案小识》、王棻的《台学统》、徐定文的《皖学编》、黄嗣东的《濂学编》和《道学渊源录》等；捍卫程朱理学正统地位的辨学著作有方东树的《汉学商兑》、罗泽南的《姚江学辨》、刘廷诏的《理学宗传辨正》等。此外，诸如倭仁的《倭文端公日记》、吴廷栋的《拙修集》等也是当时富有影响的理学作品。这些理学著作虽参差不齐，但从不同方面提高了程朱理学的学术地位，壮大了程朱理学的社会声势。

其次，晚清时期的理学复兴很大程度上与理学宗奉者在镇压太平天国起义以及"同治中兴"过程中所取得的事功建树有关。

学术不同于政治，但学术又与政治密切相关。集"道"、"学"、"政"于一体的儒家学说，与封建政治的关系尤为密切。程朱理学在晚清时期的复兴，离不开理学宗奉者在政治上的表现。以曾国藩、倭仁为代表的理学人士政治地位的升迁具有某种象征意义。

曾国藩集团因镇压太平天国起义而受到朝廷重用。咸丰末年，曾国藩得授两江总督、钦差大臣，权倾东南，隐掌半壁江山。同治年间，曾氏集团的毛鸿宾、骆秉章、彭玉麟、李续宜相继被任命为湖南、四川、安徽、湖北等地的督抚，江西、浙江、福建、两广、陕西、云贵等地区的督抚权力也一度为曾国藩集团所掌握，以致有"西至四川，东至海，皆用湘军将帅，则皆倚国藩为重"之说[①]。曾氏集团成为晚清时期最大的地方实力派。

在京城，同治元年(1862 年)，倭仁一载数迁，在短短 8 个月

---

① 王闿运:《湘军志》，岳麓书社 1983 年版，第 61 页。

中，先后擢工部尚书、同治帝师傅、翰林院掌院学士、协办大学士、大学士、户部尚书、文渊阁大学士。李棠阶、吴廷栋也于同治元年内召入京。李氏授大理寺卿，连擢礼部侍郎、左都御史、署户部尚书。吴氏于同治二年连迁大理寺卿、刑部右侍郎、署户部左侍郎等职。同治帝的其他几位师傅如李鸿藻、徐桐、翁同龢也好程朱理学。理学名儒同时荣登权要，这在晚清政治史上尚属首次，在理学发展史上也不多见。

值得指出的是，理学人士政治地位的提升并非与学术无关，甚至完全可以说，如果没有理学作为学术后盾，他们就不可能取得如此高的地位。换言之，他们的事功建树、地位提升与理学的复兴是相辅相成的，他们的政治地位某种程度上可视作理学声势壮大的写照。

曾氏集团具有浓厚的理学色彩。曾国藩治军并不全靠理学，但以理学经世、以理学治军却是他的特色，于是，政治成败便直接影响到世人对于学术的看法，影响到学术的命运。正如梁启超所说："罗罗山（泽南）、曾涤生（国藩）在道咸之交，独以宋学相砥砺，其后卒以书生犯大难成功名，他们共事的人，多属平时讲学的门生或朋友，自此以后，学人轻蔑宋学的观念一变。"[①]进一步讲，社会危机引发了地主士绅和封建士大夫对伦常秩序的重视，推动了理学复兴；而理学的复兴，又强化了封建士绅和士大夫阶层的封建性意识形态，增强了他们对封建王权的向心力，从而使这些"有血性"的"抱道君子"最终成为清政府战胜义军的依赖性力量。从这里

① 梁启超：《中国近三百年学术史》，《饮冰室合集》专集之七十五，中华书局 1989 年版，第 26 页。

说，湘军集团的崛起也可视为宗理学人士卫道的结果。

倭仁等人政治上的升迁也不仅仅是清政府“崇儒重道”文化政策的产物，它与理学宗奉者主动努力密不可分。例如，吴廷栋早在咸丰初年就为倭仁的前途努力奔走。咸、同之替，吴廷栋更是与理学人士多方串通，力荐倭仁膺帝师之任。而倭仁、吴廷栋等荣登权要，以“正人立朝”，获得了把正学推之于天下的机会，又孜孜于讲求程朱理学，扩大了理学的社会影响。

关于程朱理学与封建政治的这种结合，戊戌变法期间，力主守旧的曾廉曾说：“其在道光时，唐鉴倡学京师，而倭仁、曾国藩、何桂珍之徒相从讲学，历有年数。罗泽南与其弟子王鑫、李续宜亦讲学穷庐，孜孜不倦。其后内之赞机务，外之握兵柄，遂以转移天下，至今称之。则不可谓非正学之效也。”[①]就晚清时期的“同治中兴”与“理学中兴”的关系而言，在某种意义上，倭仁、曾国藩等理学人士的“文治”、“武功”，带来了晚清时期所谓的“同治中兴”；而宗理学者所取得的政治地位和造就的政治局面，反过来又提高了程朱理学的社会地位，成就了“理学中兴”。

再者，程朱理学在晚清时期仍拥有庞大的社会基础，在广大中下层民众的思想和信仰世界中占据统治地位。

晚清时期，尽管程朱理学不断遭受来自各方面的冲击，但就整体而言，作为封建社会后期的意识形态，它不仅为官方提倡和重视，而且在民间依然有众多支持者和追奉者。

科举制度是清政府最为主要的选官制度，而科举考试则以朱

---

① 曾廉：《应诏上封事》，《戊戌变法》（二），上海人民出版社、上海书店出版社2000年版，第493页。

熹《四书章句集注》为本，遵奉程朱理学是其宗旨。晚清时期，尽管批判和改革科举制度的呼声不绝于耳，但毋庸置疑的是，作为一种政治制度和文化传播渠道，它把程朱理学的思想学说渗透到全国各地，几乎没有多少士人能够避免。况且，在这一过程中，清政府的行为不是孤立的，可以说，绝大多数士子积极参与其中，热衷其事。即使在清末科举制度废除以后，遵奉程朱理学的主张仍旧占据上风，程朱理学被清政府作为宗旨写进了新式教育的章程。

作为一种思想信仰和道德学说，程朱理学在民间有广泛的基础。晚清时期各地的方志对此有广泛而详实的记载。在编纂思想上，全国各地方志无不把表彰程朱理学及其道德伦理作为首要职责，这实际上就很好地说明了地方社会和基层民众对理学的看法。而志中所录忠、孝、节、烈人数的大幅度增长，则从另一侧面说明：广大普通民众并未因社会危机的加剧就能在短时间内突破纲常名教的桎梏，失去对封建道德伦理的信仰。相反，在各种因素的复杂作用下，封建制度的危机有时还强化了他们的思想信仰，不少人心甘情愿为名教做出牺牲。尽管程朱理学并不等同于封建道德伦理学说，但却是后者最为主要的理论来源，正如理学人士所说："性命之理，著落在君臣、父子、夫妇、兄弟、朋友其中。"[①]程朱理学与封建宗法制度、封建道德伦理是紧密结合在一起的，从这一层面上说，人们对封建纲常名教的维护实际上即是对程朱理学的维护。

不过，晚清时期的所谓"理学复兴"主要体现在同治朝及其以前的这段时间。同治朝以后，理学名儒相继去世，尤其是在西方文化和启蒙思潮的冲击下，程朱理学迅速衰落下去。光绪、宣统年

---

① 倭仁：《日记》，《倭文端公遗书》卷四，光绪二十年山东书局重刊本。

间，宗理学人士无视时代大潮，程朱理学没有任何起色，笃守理学往往与顽固守旧联系在一起，为进步人士所唾弃。伴随清王朝的灭亡，程朱理学结束了官方哲学的统治地位，对普通民众社会文化生活的影响也日渐式微。

二、汉学仍有相当影响力

与清中叶相比，汉学在晚清时期有所衰落，“家家许、郑，人人贾、马”，汉学独占学界势力的局面不复存在。这一方面是由于道光以后，社会危机四伏，亟须寻找解决方案，而汉学末流琐碎拘执，专事考据，脱离现实，根本不能满足这一要求。另一方面，经世之学、程朱理学、今文经学的兴起，尤其是西方文化的传入，从不同方面削弱了古文经学的影响，降低了它的社会地位。

但是，汉学盛极而后衰，流风余韵在一定时间内犹然存在。在传统学术格局中，它仍然拥有广泛的社会基础，并在某些方面随着时间的推移而又有缓慢的进展，取得了新的成就。

就地域而言，汉学继续由中心向周边辐射和传播，涉及的范围有所扩大。中国是个幅员辽阔的国家，社会文化发展很不平衡。乾隆年间，以苏州、徽州为中心，形成了著名的吴、皖两派，惠栋、戴震及其弟子，把汉学研究推向高潮；而此时的边远省份，汉学名家却较为少见。道光朝以后，汉学的中心苏、皖地区的境况不如从前，而福建、湖南、广东、贵州、四川等地则出现了兼采汉学的现象，甚至出现了一些专门研治汉学的学者。

福建乃朱熹理学渊薮之地，自清初以来，朱子学一直在此占有统治地位。清代中叶，纪昀、朱珪视学福建，汉学始为人知，至嘉道之际，闽省渐渐出现注重经史考据的学者。“老生宿儒虽未尝不谨守朱子之法，然其议论则有加焉，见闻则有进焉，乃相与立为读书榭。榭中名宿如梁九山宫詹、林樾亭大令、龚海峰太守十数公，皆读书等身，著述等身。最后陈恭甫侍郎出，以沈博绝丽之才，专精许、郑，建汉学之赤帜。”[①]陈寿祺(1771～1834年)，字恭甫，福建闽县人。他早年潜心理学，嘉庆初年在京参加会试后从钱大昕、段玉裁、阮元等问学，转治汉学，晚年主讲福建清源、鳌峰书院十余年，于理学之外，加课经史考据，促成闽省学风由尊崇朱子之学转变为兼采汉学。

湖湘地区素有讲究理学的传统，晚清时期也出现了一些制行宗宋学、治经宗汉学的名儒。其中较为知名者有邹汉勋、王先谦、叶德辉、罗汝怀等人。邹汉勋治学尊汉学考据，于《易》、《诗》、《礼》、《春秋》、《论语》、《说文》等皆有著述，达20余种。今存《读书偶记》、《五韵论》等都是较为重要的汉学著作。罗汝怀长于朴学，喜训诂考据，尤精许氏学，旁及金石学，著有《周易训证大谊》等。王先谦治经宗汉学，著有《尚书孔子传参正》36卷、《诗三家义集疏》28卷等，辑注、编校各类书籍达50余种，光绪中期以后主讲长沙思贤讲舍、城南书院、岳麓书院，提倡朴学，造士众多。叶德辉祖籍江苏吴县，生于湖南湘潭，自称“半楚半吴人”，治学排斥今文，以考据见长，于经学、小学、版本目录学皆有成就，刻有《观古堂丛书》等多种。晚清时期，湖湘地区的经学达到历史顶峰，尽管较他省逊色。

岭南地区的汉学在清代中叶并不发达，嘉庆以后，在阮元、郭嵩焘、张之洞等督抚的大力提倡下有长足进展。嘉道之际，阮元督

---

① 谢章铤:《西云记序》,《赌棋山庄全集・文集续》卷一，文海出版社1974年版，第486页。

两广，建学海堂，以经古之学课士，扭转了当地不讲汉学的风气。同时，他荟萃全国人才，开局编纂《广东通志》、《皇清经解》，很快使广东成为全国汉学重镇之一。从道光后期开始，由于两次鸦片战争和太平天国起义发生，广东学术一度陷入低谷。咸丰末年，局势大体稳定，广东汉学事业出现复苏，补刻并完成《皇清经解》，重刊《广东通志》，并在巡抚郭嵩焘主持下重开学海堂。同治年间，先是仿学海堂创建菊坡精舍，扩大了汉学阵地，又开广东书局，大量刊刻经史著作，其中如《钦定四库全书总目》、《十三经注疏》、《通志堂经解》、《古经解汇函》，均为重要的汉学书籍。光绪中叶，张之洞督粤，开广雅书院，创广雅书局，讲学、刻书仍以汉学为主。在此期间，广东地区涌现出林伯桐、侯康、陈澧、桂文灿、曾钊等一批较为优秀的汉学学者。

四川、贵州等地，素重科举制艺，理学独盛，道光朝以后，这种状况有了变化。在贵州地区，莫与俦是较早研治汉学的学者。他在京城为官时受纪昀、阮元、王引之等人的影响，开始接触汉学，道光初年，任遵义府学教授，以倡导汉学为己任，于当地学风影响较大。其学传门人郑珍与五子莫友芝。郑珍师从莫与俦、程恩泽，精研《说文》，博综三《礼》，著有《仪礼私笺》8 卷、《巢经巢经说》1 卷等 7 种经学著作。莫友芝治学兴趣广泛，尤长于汉学与版本目录学，著有《韵学源流》4 卷、《过庭碎录》12 卷、《宋元旧本书经眼录》3 卷等。曾国藩称此二人在莫与俦的教导下，“遂通许、郑之学，充然西南硕儒矣”[①]。

---

① 曾国藩：《翰林院庶吉士遵义府学教授莫君墓表》，《曾国藩全集·诗文》，岳麓书社 1986 年版，第 263 页。

四川地区在同治朝以前言汉学者极为少见，张之洞等创建尊经书院，开启讲汉学之风。同治十二年(1873 年)，张之洞出任四川乡试副考官，试后，简放四川学政，建成尊经书院。尊经书院一改当地书院只讲八股制艺的做法，不设时文课、《四书》课，而以经古之学为主。张之洞《创建尊经书院记》称："天下人才出于学，不得不先求诸经，治经之方，不得先求诸汉学，其势然，其序然也。"[①]为引导学生入门，他还撰写了《书目答问》、《輶轩语》二书，并亲自讲授。受张影响，杨锐、廖平、张祥龄等一批士子很快由宋学转向汉学。尊经书院的学生乃从全省优秀士子中选拔而出，书院的尊经之风，进而引起全省学风丕变。

作为清代汉学的发祥地，安徽、江苏等地区在晚清时期虽趋衰落，但汉学人才众多，仍旧是全国的中坚。段玉裁的弟子有龚丽正、沈涛、马寿龄、陈奂等。陈奂还曾从江沅、王念孙父子问学，治学专攻《毛传》。陈奂又培育了一批汉学人才，其中知名者有陈倬、马钊、戴望、李善兰等。戴震高弟卢文弨传弟子臧庸、丁履恒、李兆洛等。李兆洛有弟子蒋彤、薛子衡、夏炜如等。绩溪胡培翚承祖父胡匡衷之学，又师从凌廷堪，长于治《礼》。惠栋的再传弟子朱骏声、雷浚长于小学，于《说文》多有发明。扬州地区的汉学研究异常活跃。仪征刘文淇、刘毓崧、刘寿曾、刘师培祖孙四代，在《春秋左氏传》研究方面成就斐然。宝应刘氏亦以汉学传家，继乾嘉时期刘台拱、刘履恂之后，刘宝树、刘宝楠兄弟及宝楠次子刘恭冕精研经训，《论语》研究集前人之大成。浙江地区则涌现出黄式三、黄以周

---

① 张之洞：《创建尊经书院记》，《张文襄公全集》卷二百十三，中国书店 1990 年影印本。

父子，钱仪吉、钱泰吉兄弟，以及俞樾、孙诒让、章太炎等一批著名学者。其中，俞樾承戴、段、二王正宗，成果等身，著有《群经平议》35卷、《古书疑义举例》7卷、《曲园杂纂》50卷、《俞楼杂纂》50卷、《茶香楼经说》16卷等。同时，他主讲杭州诂经精舍达30余年，从学问道者数以百计，如戴望、黄以周、朱一新、袁昶、章太炎等皆学有所成。孙诒让越20年之功成《周礼正义》86卷，"以《尔雅》、《说文》正其诂训，以《礼经》、大小《戴记》证其制度"，"博采汉、唐、宋以来，迄于乾嘉诸经儒旧诂，参互证绎，以发郑《注》之渊奥，裨贾《疏》之遗阙"①。《周礼正义》弥补了清代治《周礼》无新疏的缺憾，同时又以中国儒家经典注疏中篇幅最长、诠释精当为人称道。梁启超说："这部书可算清代经学家最后的一部书，也是最好的一部书。"②清末，章太炎、刘师培等人，光大汉学精义，又援经论治，使古文经学有所振兴。

苏、皖、浙与全国其他地区的学者一起，承接乾嘉汉学的薪火，在一些学术领域取得了新的成就，甚至不乏与乾嘉时期相媲美的著作。

在《诗经》研究方面，继段玉裁《毛诗故训传定本》、胡承珙《毛诗后笺》之后，马瑞辰、陈奂等人又取得新的进展。马瑞辰承家学之风，于道光十五年（1835年）完成《毛诗传笺通释》32卷。该书汉、宋兼收，剖析《毛传》、《郑笺》异同，于《毛诗》聚讼难通之处详加裁正。陈奂著有《诗毛氏传疏》30卷、《毛诗说》1卷、《毛诗音》4卷、《诗语助义》30卷等系列作品，其中《诗毛氏传疏》为其代表作。

---

① 孙诒让：《周礼正义·序》，中华书局1987年版。

② 梁启超：《中国近三百年学术史》，《饮冰室合集》专集之七十五，第187页。

该书一反唐代孔颖达《诗经正义》合《毛传》、《郑笺》于一书的做法，独取《毛传》，勾稽详实，言出有据。这两部书受到后人重视，被收入《十三经清人注疏》。此外，黄以周的弟子、盐城陈玉树所著《毛诗异文笺》10卷，云南方玉润于同治后期完成的《诗经原始》，也是这一方面的重要成果。

《礼》经研究成果众多，兹举要者。胡培翚治学不分汉宋门户，所著《仪礼正义》40卷，宗郑注而兼采宋学，就《仪礼》的经文及其中的礼俗仪规作了较为全面的整理和考订。郑珍《仪礼私笺》8卷，以郑玄为主，兼采宋学，推进了《仪礼》研究。黄以周承继父业，著有《礼书通故》、《礼说略》，博采众长，成一家之言，倡为"礼学即理学"之说。俞樾评价《礼书通故》说："惟礼家聚讼，自古难之。君为此书，实事求是，惟善是从。……洵足究天人之奥，通古今之宜，视秦氏《五礼通考》，博或不及，精则过之。"[①]章太炎也称："《礼书通故》百卷，列五十目，囊括大典，揉比众甫，本支敕备，无尨不班，盖与杜氏《通典》比隆，其校核异义过之，诸先儒不决之义，尽明之矣。"[②]

《春秋》研究方面，仪征刘氏蔚为治《左传》世家。刘文淇为辨正孔颖达《春秋左氏传正义》与杜预注疏之关系，著有《左传旧疏考证》。其子刘毓崧著有《春秋左氏传大义》。孙刘寿曾一生致力于完成文淇遗稿《春秋左氏传旧注疏证》，编至"襄公五年"而卒，成80卷。曾孙刘师培于清末著有《春秋古经笺》、《春秋古经旧注疏

---

① 俞樾:《礼书通故・序》，见黄以周:《礼书通故》卷首，光绪十九年黄氏试馆刊本。

② 章太炎:《黄先生传》，《章太炎全集》(四)，上海人民出版社1985年版，第214页。

证零稿》、《读左札记》、《春秋左氏传时月日古例考》、《春秋左氏传答问》、《春秋左氏传古例诠微》等。一家四代，历晚清五朝而治《左传》不辍。刘氏之外，丁晏著《左传杜解集正》，章太炎在清末著《春秋左传读》、《春秋左传读叙录》、《驳箴膏肓评》，亦受人重视。

此外，《周易》研究方面，有朱骏声的《六十四卦经解》、丁晏的《周易述传》及其子丁寿昌的《读〈易〉会通》等。其中，《六十四卦经解》又名《周易汇通》，不喜宋儒说《易》，力求会通汉代《易》学与清代《易》学；方法上注重"寻象观意"，不惟古人是从，具有批判意识。《尚书》研究方面，有陈寿祺的《尚书大传辑校》、孙诒让的《尚书骈枝》、简朝亮的《尚书集注述疏》等。《论语》研究方面，有刘宝楠、刘恭冕父子的《论语正义》、《论语正义补》，黄以周的《论语后案》等。小学研究方面，王筠的《说文释例》和《说文句读》、朱骏声的《说文通训定声》、丁履恒的《说文形声类编》、江有诰的《诗经韵读》等音学十书、俞樾的《古书疑义举例》以及章太炎的《小学答问》、《文始》、《国故论衡》等，都具有较大学术影响。

这一时期，继阮元《皇清经解》之后，时任江苏学政的王先谦于光绪十四年(1888 年)辑成大型经学丛书《皇清经解续编》。《续编》凡 1430 卷，共计收入 111 家 209 部经学著作。尽管其中有的著作学术质量较《皇清经解》有所下降，但仍不失一部为清代学术尤其是晚清经学作总结的巨帙。《续编》集中体现了晚清时期汉学在乾嘉学术的基础上所取得的进展和成绩，并从一定程度上张扬了汉学旗帜。

晚清时期，汉学之所以能够延续，并有所发展，主要是沿袭和继承了乾嘉汉学的学术传统和学术成果。除此之外，与以下因素也有关系。第一，汉学拥有广泛的学术基础。邵懿辰在抨击汉学时曾说:“自明至今,所承皆宋学也,士大夫必用《四书》义进其身,程、朱之传注,童而习之,既长而畔焉。”[①]从中不难看出,以程朱理学进身的士人并不完全以理学“问学”,相当多的士人转而以汉学作为名山事业。而晚清时期科举制度的衰落,一定意义上增强了汉学的吸引力。第二,嘉庆以后,出现了一批不课制艺、专事经古之学的书院,拓宽了汉学的传播渠道。如浙江的诂经精舍,广东的学海堂、菊坡精舍、广雅书院,四川的尊经书院等,均不好帖括之学,而以汉学为主。这些书院为晚清汉学培养了学术后劲,注入了新生力量。第三,嘉、道之后,经世之学兴起,汉学家开始反思乾嘉学术的弊端,注重吸收宋学善于说理的长处,兼采宋学,从而有利于丰富汉学的思想内容,推动汉学的发展。此外,清朝末年,甲骨卜辞、敦煌遗书等地下文献相继出土,开阔了汉学研究门径,有助于新学问萌发。

与宋学相类似,汉学在晚清时期虽仍有重要学术地位,但又不可避免地处于颓势。咸丰元年(1851 年),陈澧在与友人的书信中论及汉学状况时曾说:“今海内大师,凋谢殆尽。澧前在江南问陈石甫江南学人,答云无有。在浙江问曹葛民,答亦同。二公语或太过,然大略可知,盖浅尝者有之,深造者未必有耳。”[②]汉学由于过分书斋化,远离现实,面对百棘丛生的社会矛盾少有作为,不断遭到有识之士的批评。尤其是在光绪中叶甲午中日战争以后,在西学的强劲冲击下,汉学沦为新学家口诛笔伐的对象,伴随清王朝的灭亡,它与理学一起退出了官方意识形态领域。

---

① 邵懿辰:《仪宋堂后记》,《半岩庐遗集》,第 22 页,光绪年间刻本。

② 陈澧:《与徐子远书》,《陈澧文录》,《东塾读书录(外一种)》,三联书店 1998 年版,第 341 页。

三、今文经学趋向活跃

道光朝以后，汉学走向衰落，而今文经学与程朱理学作为清代重要的学术派别，均有所“复兴”。但二者的情况又有所不同。程朱理学是清王朝的官方哲学，虽然乾嘉时期受汉学冲击趋于式微，但其官方哲学的统治地位并没有动摇，因此，从某种程度上说，程朱理学在晚清的复兴只不过是相对于其在清代中叶的状况而言。而清代今文经学则是今文经学自汉代以降历经千年沉寂之后的再次兴复。

论清代今文经学，当以常州为大宗，而常州今文学派在道光朝以前并不为人称道，甚至鲜为人知①。晚清时期，各种社会矛盾异常激烈，今文经学因缘际会，得以较快发展，出现了几位较有影响的思想家，但其学术队伍、社会基础、影响地域都不可与汉学、程朱理学相比。进而言之，如果没有康有为等借用今文经学宣传变法维新，仅凭其学术实力，其社会影响面将又有一定程度的缩小。

道光朝以后，今文经学传播开来，社会影响有所扩大，不再限于常州等个别地区。宋翔凤、龚自珍、魏源虽非常州（武进）人，但系直接承续清中叶庄存与、刘逢禄的学脉而来。

宋翔凤为庄存与外甥，其学术源出外家，著有《论语说义》10卷、《论语郑注》2卷、《孟子赵注补正》6卷、《孟子刘熙注》1卷、《小尔雅训纂》6卷、《周易考异》2卷、《尚书略说》1卷、《大学古义》2卷、《四书释地辨证》2卷、《过庭录》16卷等，统名为《浮溪精舍丛

---

① 可参见阮元、魏源分别为庄存与《味经斋遗书》所作的序言。

书》。较之刘逢禄,宋翔凤为老寿,《论语说义》、《过庭录》等重要今文经学著作多成于道光中期以后。尽管他也重视汉学考据的治学方法,但由于世易时移,观点较前人有所不同,更为关注世道人心的变化,具有经世色彩。宋翔凤有弟子戴望,以公羊学注《论语》,成《论语注》20卷。

龚自珍、魏源为刘逢禄门生。他们"以经术作政论"[①],把经学研究与讨论时务结合起来,救裨当世,具有强烈的经世致用精神,从而使他们的经学研究与前人区分开来,把清代学术推进到一个新的阶段。龚、魏开启的新学风,是晚清时期今文经学最为突出的学术特点之一。

嘉庆二十四年(1819年),龚自珍结识刘逢禄后,由汉学改习今文经学。与前人不同的是,龚自珍并未曾对《公羊春秋》本身加以注疏或条例,而是直接发挥前辈所提出的微言大义,作为建言的理论基础,应用于实际政治。如他的《乙丙之际著议》将"三世"解释为"治世、乱世、衰世",并把历史的治乱与人才问题结合在一起;《五经大义终始论》、《五经大义终始答问》则径直将"三世"说等《公羊传》的观点附会扩大为《五经》的大义,以《公羊春秋》来统摄《五经》,并将"三世"说上升为一种史观。论学方面,龚自珍缺乏系统探讨经学问题的大部头专著,但在一些文章中也提出了有影响的学术观点,如《大誓答问第二十四》提出以音读来解释今、古文的不同,《说中古文》驳斥古文经学的中古文之说。这些说法,不仅加固了今文经学的壁垒,方便了他援经论政,而且影响了康有为、梁启超、皮锡瑞等人的学术思想。梁启超《清代学术概论》称:龚自珍

① 梁启超:《清代学术概论》,上海古籍出版社1998年版,第77页。

“往往引《公羊》义讥切时政，诋排专制”，“光绪间所谓新学家者，大率人人皆经过崇拜龚氏之一时期。初读《定庵文集》，若受电然，稍进乃厌其浅薄。然今文学之开拓，实自龚氏”①。

魏源早年究心理学、汉学，后受刘逢禄影响，致力于今文经学研究，著有《诗古微》、《书古微》、《董子春秋发微》等。魏源治经除继承了前人借今文“三统”说以言变革的传统外，还明显表现了自己的特点。他不满意刘逢禄等人止于为东汉何休等拾遗补缺的做法，主张摆落传注，直求经文，并将研究的重点，由东汉的典章制度之学，进于西汉的微言大义，贯经术、政事、文章于一。为此，他专作《春秋繁露注》12卷、《董子春秋发微》7卷，标举董仲舒，发挥西汉今文经学的微言大义。同时，他不满足于此前今文经学者辨析今、古文家法异同的做法，转而变为猛烈攻击古文经之伪，造成了今、古文经学的鲜明对垒。他的《诗古微》、《书古微》就是这方面的作品，曾被收入《皇清经解续编》。前者重在“发挥齐、鲁、韩三家《诗》之微言大谊”，“以豁除《毛诗》美、刺、正、变之滞例，而揭周公、孔子制礼正乐之用心于来世也”②；后者意在发明西汉《尚书》今、古文之微言大义，而辟东汉马、郑古文之凿空无师传。这样，古文经学推崇的《毛诗》，东汉马、郑的古文学说，受到了严重质疑。

稍后于龚、魏而治今文经学者，有陈立、陈乔枞、邵懿辰等。他们的学风与常州学派有别，长于论学，短于议政，不好发挥微言大义。陈立治经遵循师法，疏于义例而偏于对资料的征集与考据，重点从礼制、训诂方面注解《春秋公羊传》，继其师凌曙《春秋繁露

① 梁启超：《清代学术概论》，第75页。

② 魏源：《诗古微·序》，《魏源全集》第1册，岳麓书社2004年版，第99页。

注》、《公羊礼疏》、《公羊礼说》、《公羊答问》后，成《公羊义疏》76卷、《白虎通疏证》12卷。《清儒学案》称：《公羊义疏》“集公羊之大成”，“凡唐以前公羊大义及有清诸儒说公羊者，左右采获”，整齐排比，超过前人①。陈乔枞治经守家法，秉承父亲寿祺遗训，完成《礼记郑读考》6卷、《鲁诗遗说考》20卷及《叙录》1卷、《齐诗遗说考》12卷及《叙录》1卷、《韩诗遗说考》18卷及《叙录》1卷、《今文尚书遗说考》34卷及《叙录》1卷、《尚书欧阳夏侯遗说考》1卷，还著有《齐诗翼氏学疏证》2卷、《诗纬集证》4卷、《诗经四家异文考》5卷、《毛诗郑笺改字说》4卷、《礼堂经说》2卷。陈立、陈乔枞等人治学重在辑佚今文，辨析今、古文之异同，持论较为平和，不喜附会，治经方法近于汉学考据，章太炎称，他们的学问“与吴派专主汉学者当为一类”②。

邵懿辰以治《礼经》闻名，著有《礼经通论》等。《礼经通论》不相信古文经学的《逸礼》39篇之说，认为《仪礼》并非残经，今存17篇为完经，即《礼经》，大戴本编次可据，而古文学派所崇奉的《周礼》则为“后王所附益”。该书还指出，与《礼》相并提的《乐》本无经。这些观点，对当时古文经学派盛行的经秦火后，《礼经》残阙，《乐经》亡佚之说形成了有力冲击。廖平称：“邵氏《礼经通论》以经本为全，石破天惊，理至平易，超前绝后，为二千年未有之奇书。”③有论者称：“邵氏此说，犁然有当于人心，以十七篇为孔子所定，足

① 徐世昌：《晓楼学案》，《清儒学案》卷一百三十一，中国书店1990年影印本。

② 《章太炎先生论订书》，见支伟成：《清代朴学大师列传》卷首，岳麓书社1998年版，第3页。

③ 廖平：《知圣篇撮要》，《家学树坊》上卷，《廖平选集》下册，巴蜀书社1998年版，第619页。

正后世疑《仪礼》为阙略不全之误；以《仪礼》为《经礼》，足正后世以《周礼》为《经礼》，《礼仪》为《曲礼》之误。订正《礼运》两处‘射御’当为‘射乡’，尤为一字千金，真乃二千年儒先未发之覆。学者治礼，当知此义。”①

至此，清代今文经学的风格、局面基本奠定：由东汉古文经学的名物训诂、典章制度，进而求西汉今文经学的微言大义；由重点比较今、古文家法的异同，发展到对古文群经的全面辨伪。皮锡瑞总结说：“及孔广森专主公羊，始有今文之学。阳湖庄氏，乃推今《春秋公羊》义并及诸经。刘逢禄、宋翔凤、龚自珍、魏源继之。而三家《尚书》三家《诗》，皆能绍承绝学。凌曙、陈立师弟，陈寿祺、乔枞父子，各以心得，著为专书。二千余年之坠绪，得以复明，十四博士之师传，不至中绝。”②

同、光年间，相对于汉学的衰颓而言，今文经学则取得较大进展，并在光绪朝中后期达到高峰。当时，今文经学对年轻士人呈现出前所未有的吸引力。不少人鉴于国事日下，不满于汉学、宋学的现状，转向今文经学寻找出路。叶德辉称：“曩者光绪中叶，海内风尚公羊之学，后生晚进，莫不手先生（指龚自珍——引者注）书一编。”③光绪二十九年（1903年），张之洞在诗注中称：“二十年来，都下经学讲《公羊》，文章讲龚定庵，经济讲王安石，皆余出都以后风气也。遂有今日，伤哉！”④支伟成《清代朴学大师列传》在阐述潘祖荫对近代学风的影响时也说：“同、光间，承龚、魏余风，今文经学

---

① 皮锡瑞：《三礼》，《经学通论》三，中华书局1954年版，第15页。
② 皮锡瑞：《书经》，《经学通论》一，第97～98页。
③ 叶德辉：《龚定庵年谱外纪序》，《郎园北游文存》，1921年铅印本。
④ 张之洞：《学术》，《张文襄公诗集》卷四，1917年上海集益书局刻本。

盛行，许、郑之谊遂微。公益从而左右之。元和江标出其门，视学湘中，创设时务学堂，益务张'新周改制'之说，固清季学术变迁之一大关键也。"[①]受潘祖荫这样喜好公羊学的官员的影响，科场中出现公羊学试题，一些书院也变而讲习今文经学。另外，今文经学在这一时期的状况从王先谦《皇清经解续编》也可以看出。回顾道光年间，阮元编《皇清经解》，所录今文经学著作不过庄、孔、刘、宋四人者而已，且择取的标准侧重于汉学考据。而《续编》收录今文经学的著作则明显增多，这固然与王先谦个人的学术好尚有关，但也在一定程度上反映了古、今文经学势力的消长变化。其中，王闿运、廖平、皮锡瑞、康有为是这一时期影响较大的人物。

王闿运主要经学著作有《周易说》11 篇、《今古文尚书笺》29 篇、《尚书大传补注》7 卷、《诗补笺》20 卷、《周官笺》6 卷、《礼经笺》46 篇、《春秋公羊何氏笺》11 篇、《春秋例表》38 篇、《穀梁申义》1 卷、《论语集解训》20 篇。他治经尊今文，长于《公羊春秋》、《礼记》、《尚书》，好谈经世。他对个人的学术成就颇为自负，认为"《春秋公羊传笺》，《诗》、《礼》、《尚书》笺，皆唐突古人，自成一家"[②]。实际上，他的经学侧重于注疏，于经义的发挥并无特色。他在经学史上的地位，与讲学有一定关系。光绪初年，王闿运主讲四川尊经书院，"终日为诸生讲说，多发明《公羊春秋》之义例"[③]，此为川省讲今文经学之始。光绪十三年(1887 年)，王闿运又应郭嵩焘等人之请，先后在长沙思贤讲舍、衡阳船山书院讲授今文经学，促进了今文经学在湖湘地区的传播。王闿运弟子众多，受其今文经学思

---

① 支伟成：《清代朴学大师列传》，第 346 页。

② 王闿运：《致高直牧》，《湘绮楼诗文集》，岳麓书社 1998 年版，第 910 页。

③ 王闿运：《湘绮楼日记》(二)，岳麓书社 1997 年版，第 751 页。

想影响者有廖平、杨度等。

廖平著述丰富，辑有《六译馆丛书》。他一生治经前后六变，晚清时期完成四变，即“平分今古”、“尊今抑古”、“小统大统”、“天学人学”。其中，前两变影响较大。廖平第一变为由“混合古今”变为“平分今古”，代表作是《今古学考》。《今古学考》提出：《王制》惟今文而无古文，祖孔子，《周礼》主古文而无今文，宗周公；今为改制，古为从周；古为孔子壮年之学，今则晚年素王之制；今以《春秋》为正宗，古以《周礼》为正宗；今经皆孔子所创作，古经成于燕赵之人。他提出的以礼制来划定今、古界限，学术价值为后来治经者所认可。第二变以《辟刘篇》、《知圣篇》为代表，“尊今抑古”，以今学为孔子嫡派，疑《周官》为刘歆伪书，提出古文经起于刘歆作伪的论点。此说上承龚、魏，下启康有为，在晚清思想界影响广泛。此后“四变”，不分古今中外，无视时代大势，愈变愈附会。

皮锡瑞因景仰西汉今文经学大师伏胜，颜其居曰“师伏堂”，人称“师伏先生”。光绪中叶，公羊学行于科场，为迎合考试，皮锡瑞开始留意今文经学，后屡试不第，遂潜心著述讲学，曾主湖南桂阳龙潭书院、江西南昌经训书院讲席。江右崇尚宋学，喜言性理，皮锡瑞在南昌宣讲西京微言大义之学前后达7年之久，于当地学风有所改变。戊戌年间，他参加南学会，宣传变法，遭受党禁。著有《尚书大传疏证》7卷、《今文尚书考证》30卷、《古文尚书疏证辨正》1卷、《王制笺》1卷、《春秋讲义》2卷、《经学历史》、《经学通论》等10余种，刊有《师伏堂丛书》。其中影响较大者，当推《王制笺》、《经学历史》、《经学通论》3种。《王制笺》发挥今文经说微言大义，以《王制》为素王改制之书。《王制》与《公羊》的结合，丰富了公羊学说的内容，弥补了公羊学说在礼制方面的不足。《经学历史》以经学家的立场，就中国经学的历史进行了系统梳理和总结，深受后来治经者重视。《经学通论》于五经大义条分缕析，尤其是就上千年来围绕五经所产生的争议问题展开论述，集中体现了他的治经宗旨："一当知经为孔子所定，孔子以前不得有经；二当知汉初去古未远，以为孔子作经说必有据；三当知后汉古文说出，乃尊周公以抑孔子；四当知晋宋以下，专信《古文尚书》、《毛诗》、《周官》、《左传》，而大义微旨不彰；五当知宋元经学虽衰，而不信古文诸书亦有特见；六当知国朝经学复盛，乾嘉以后，治今文者尤能窥见圣经微旨。执此六艺以治诸经，乃知孔子为万世师表之尊，正以其有万世不易之经。经之大义微言，亦甚易明。"①著名学者周予同称，皮锡瑞治经虽宗今文，"但持论平允，没有康有为那样的武断，也没有廖平那样的怪诞。"②杨向奎也认为，康有为、廖平、皮锡瑞三人治经互有影响，又各有特点，其中"康氏说恣肆，廖说善变，皮氏说较谨严"③。

在今文经学派内，如果说皮锡瑞是从学术上做了很好的总结，那么，康有为则把"微言大义"发挥到了极致，甚至越出了经学的限制。光绪十四年(1888 年)，康有为参加顺天乡试，并上书光绪帝，请求变法维新，遭到拒绝。两年后，他晤见廖平，正式接受今文经学观点，著成《新学伪经考》、《孔子改制考》，借以宣传变法维新。《新学伪经考》初刊于光绪十七年(1891 年)，主要是论证东汉以来的经学多出自刘歆伪造："始作伪，乱圣制者，自刘歆，布行伪经，篡孔统者，成于郑玄。""凡后世所指目为'汉学'者，皆贾、马、许、郑之

① 皮锡瑞：《序》，《经学通论》卷首。

② 周予同：《经学历史・序言》，见皮锡瑞：《经学历史》，第 8 页。

③ 杨向奎：《鹿门学案》，《清儒学案新编》(四)，齐鲁书社 1994 年版，第 286 页。

学，乃新学，非汉学也；即宋人所尊述之经，乃多伪经，非孔子之经也。”[①]此书之要点，其弟子梁启超总结为五：“一、西汉经学，并无所谓古文者，凡古文皆刘歆伪作。二、秦焚书，并未厄及六经，汉十四博士所传，皆孔门足本，并无残缺。三、孔子时所用字，即秦汉间篆书，即以‘文’论，亦绝无今古之目。四、刘歆欲弥缝其作伪之迹，故校中秘书时，于一切古书多所羼乱。五、刘歆所以作伪经之故，因欲佐莽篡汉，先谋湮乱孔子之微言大义。”[②]从经学史角度看，该书可谓集清代今文经学派辨伪之大成，不仅继承发挥了自刘逢禄以来驳难古文经学的观点，而且登峰造极，将东汉以来古文经学的绝大部分典籍予以否定，为此，甚至不惜抹杀证据或曲解证据。《孔子改制考》刊行于光绪二十四年（1898 年）春，不拘于公羊学说的书法义例之小节，专求微言大义，发挥非常异义可怪之论，以孔子为神明圣王、改制教主，《六经》为孔子制作，《春秋》为孔子改制之书，“三统”、“三世”说寓孔子创教改制大义，并把“三世”说与维新变法、进化理论、民主学说等近代资产阶级思想学说糅合在一起。当然，这两部书的价值主要不在学术方面，它超出了经学的范围，在思想上给中国社会带来了空前的震荡。《新学伪经考》直斥汉、宋以来人们奉为正统的经书为“伪经”，沉重打击了占学界统治地位的汉学与宋学，有利于破除人们对于经学的迷信，推动思想解放。《孔子改制考》把孔子改造为托古改制的圣王，目的是借助于孔子的权威，宣传变法维新思想。梁启超把这两部书分别比作思想界的“大飓风”、“火山大喷火”，足见其在当时的影响力。除这两

---

① 康有为：《新学伪经考・序目》，古籍出版社 1956 年版，第 2～3 页。

② 梁启超：《清代学术概论》，第 78 页。

部书外，康有为还著有《春秋董氏学》、《礼运注》、《中庸注》、《论语注》、《孟子微》、《大同书》等系列著作，力图把今文经学的微言大义与西方近代资产阶级学说结合起来，建构一套新的理论体系，但并未像上述两部著作那样引人重视。

光绪年间，主张或倾向于维新的梁启超、谭嗣同、夏曾佑、陈千秋、徐仁铸、樊锥等都曾一度赞同过今文经学的观点。他们也主要是发挥微言大义，借今文经学为变法作宣传，附会的成分较多，于学理上无大进展。

自清初以来一直低靡的陆王心学在晚清时期也稍有起色。道光朝以后，一些王学著作得以重新刊行，并出现了像宗稷辰、吴嘉宾、李棠阶、胡泉、刘光蕡这样较知名的陆王心学提倡者。不过，他们讲王学的同时，十分强调与程朱理学的调和，而他们所讲的王学与本来意义上的王学也存有较大出入，某种程度上已沦为程朱理学的附庸。因此，晚清时期的心学不仅与宋明时期相去霄壤，而且在晚清时期的学坛上也并不引人重视。

最后要说明的是，上述仅是晚清时期学术格局的大体状况。实际上，当时的情况并非如此简单地条块分割，泾渭分明，而是相互交织，错综复杂。其间，不仅有中学与西学的此消与彼长、冲突与会通，而且儒学内部各派别之间也时有争斗与融合，并在总体倾向上趋于兼采会通。

第二章　晚清宋学对汉学之争

汉学与宋学是清代最重要的两大学术派别，二者之间的关系是探讨清代学术无可回避的问题之一。清代初期，“汉学方萌芽，皆以宋学为根柢，不分门户，各取所长，是为汉、宋兼采之学”，“而在诸公当日，不过实事求是，非欲自成一家也”①。乾嘉时期，汉学逐步形成一个独立的学术派别，它与宋学的分歧也就彰显出来。惠栋公开打出汉学旗帜，以与宋学相抗衡。《四库全书总目·经部总叙》作了“汉学”与“宋学”划分。嘉道之际，江藩撰《国朝汉学师承记》，标榜汉学门户，排斥宋学；宗宋学者不甘示弱，方东树撰《汉学商兑》，是宋非汉，据理力争。晚清时期，汉学与宋学的关系又有所变化。② 由于宋学“复兴”、汉学式微，汉宋之争仍旧存在，但主要表现为宗宋学者对汉学的批评。

以往在论述和评价汉学时，学界往往以章太炎、梁启超于清末

---

① 皮锡瑞：《经学历史》，中华书局 1959 年版，第 341、305 页。

② 这一方面较具代表性的论著，如龚书铎的《道光间文化述论》（收入《中国近代文化探索》增订本，北京师范大学出版社 1997 年版）把汉宋调和作为晚清时期汉、宋关系的重要特点和趋势，并将其划分为汉学宋学无所偏倚、宗汉而不废宋、以宋学为主而兼融汉学三种类型；罗检秋的《从清代汉宋关系看今文经学的兴起》（载《近代史研究》2004 年第 1 期）从汉学与宋学的对立与调融切入，探讨了今文经学兴起的原因。此外，〔美〕艾尔曼的《从理学到朴学》（江苏人民出版社 1995 年版）从社会史角度论述了清代前期理学向考据学的转变，漆永祥的《乾嘉考据学研究》（中国社会科学出版社 1998 年版）主要就乾嘉考据学本身进行研究，未涉及与晚清理学的关系问题。

民初所作清代学术史著作为基点，而对晚清时期宗宋学者的论述不甚在意。实际上，由于汉学乃相对于宋学而言，宗宋学者对汉学的评论虽有门户成见，但因处于相同或相近的历史环境，面对共同的社会历史问题，因此在问题意识、思维方式以及治学理念、原则、方法等方面的看法，自有现代学者不同甚至不及之处。晚清时期宗宋学者对汉学的批判与反思，涉及学术研究中如何处理知识与道德、考据与义理、求真与致用等方面的关系问题，这些问题至今仍值得认真省思。

一、驳斥清代汉学家的新义理学说

程朱理学是清代的官方哲学和主流意识形态，在学术界具有广泛影响。一些汉学家在从事考据的过程中，却提出了一系列不同于程朱理学的义理学说[①]。有些内容与程朱理学明显抵牾，反宋学色彩浓厚。其中以戴震、凌廷堪、焦循的言论最为激烈。

戴震《原善》、《孟子字义疏证》等论著借助疏证理学"理"、"性"、"道"、"仁"等基本范畴，以阐发个人思想。如在"理"的理解上，他一反程朱理学理本论的说法，认为"气"才是宇宙的本体："气化流行，生生不息，是故谓之道。"[②]由气本论出发，他反对朱熹的理先气后之说，主张气先理后。在道德领域，他明确反对程朱理学的"存理去欲"之说，提出"理存乎欲"，主张"顺民之情，遂民之欲"。他还尖锐地指出，程朱理学以理为本体，是"借阶于老、庄、释氏"：

---

① "乾嘉新义理学"是乾嘉时期汉学家提出的不同于宋学家的义理学说。这一提法似始于美国学者余英时，中国台湾学者张寿安多倡之。

② 戴震：《理》，《孟子字义疏证》卷上，中华书局 1982 年版。

“《六经》、孔孟之言以及传记群籍，‘理’字多不见”，宋儒“就老、庄、释氏所谓‘真宰’、‘真空’者转之以言夫理”[①]。戴震的说法得到了洪榜、凌廷堪、焦循、阮元等人的赞同，并多有发挥。如凌廷堪说：“考《论语》及《大学》皆未尝有‘理’字，徒因释氏以理事为法界，遂援之而成此新义。是以宋儒论学，往往理事并称。……宋儒最喜言《学》、《庸》，乃置好恶不论，而归心释氏，脱口即理事并称，体用对举。不知先王制礼，皆所以节民之性，好恶其大焉者也，何必舍圣人之言而他求异学乎？”[②]他否认《四书》含有“理”学体系，认为“圣人之道，一礼而已矣”[③]，主张“以礼代理”。这些观点危及程朱理学的根本，严重削弱了程朱理学的理论基础。下面以“理”为例，阐释宗宋学者对汉学家义理学说的批判。

唐鉴是晚清“理学复兴”的宗主，其《国朝学案小识》扬宋黜汉，对戴震、凌廷堪的反宋学思想横加批评。他以《孟子》为据驳斥戴震说：“先生（指戴震）故训之学也，而欲讳其不知义理，特著《孟子字义疏证》，乃至诋程、朱为老为佛，谓理为我所本无，程、朱言性言理也，其视性如人心中有一物，此即老氏之所谓无，佛氏之所谓空，稍变之而为此说，《孟子》无之。然《孟子》有曰：仁义礼智根于心。先生有意匿之乎？抑并此句而忘之乎？大抵考据训诂，可以明典章制度，不可以穷义理。典章制度，非全无义理，特其外迹耳，特其末节耳。圣贤工夫，全在明善复性，以不失乎天之所以予我者。而谓理为我所本无，是何言哉！”唐鉴同时指出，凌廷堪《复礼》篇以

---

① 戴震：《理》，《孟子字义疏证》卷上。

② 凌廷堪：《好恶说下》，《校礼堂文集》，中华书局 1998 年版，第 142～143 页。

③ 凌廷堪：《复礼上》，《校礼堂文集》，第 27 页。

“穷理”二字出于宋儒，“则并夫子《说卦传》而忘之，亦大可异矣”[1]。

夏炘《读〈孟子〉》、《与友人论〈孟子字义疏证〉书》等文对戴震的反宋学观点进行了批驳。他从维护程朱理学的立场出发，认为孔、孟、程、朱一脉相承，理学为嫡传正宗：“夫孟子传孔子之道，而程、朱又传孟子之道者也。程、朱言性言理言敬言诚，言《大学》、《中庸》、《孟子》，言《太极》、《通书》、《西铭》，其有功于儒门与孟子等。……近世记丑而博、言伪而辨之徒，忽变门局，倡为实事求是之言，祖汉祢唐，以集矢洛、闽，而悍然不知其非，亦足悲矣。”[2]夏炘指出，评定是非，“但当论理之质诸往圣者或合或否，不当论字之见于载籍者名多或寡”。他分析说：“‘理’字萌芽于《系辞》、《孟子》，而实天下之恒言，民间之传语”，“理也者，万事万物当然之则，孔子所谓有物必有则是也”，“《疏证》以自然者为欲，必然者为理，而不肯言当然。夫欲任自然，则无所不至矣；理曰必然，则鲜不以意见当之者；惟求其当然，则知之明而处之当。”所谓“理之当然”，实际上就是封建人伦法则。他认为，戴震言“理之必然”而不言“理之当然”，是为了便于逞其个人之私。经多方面剖析，夏炘总结说：“总之，《疏证》一书，专与程、朱为仇。知名物制度不足以难程、朱也，遂进而难以性命；知道德崇隆不能以毁程、朱也，遂进而毁其学术。程、朱之学术，莫大于辨理辨欲辨气质之当变化。一切皆不便于己，于是扫而空之。以理责我者，以为是乃程、朱意见之理也；以欲责我者，以为欲乃人生所不可无，圣人无无欲之说也；以变化气

---

① 唐鉴：《休宁戴先生》，《清学案小识》卷十四，商务印书馆1935年版，第454页。

② 夏炘：《读〈孟子〉》，《景紫堂文集》卷三，咸丰五年刻本。

质绳我者，以为气质即天命之性，主敬存理皆宋儒之认本来面目也。”[①]

陕西士人贺瑞麟专门讲求程朱理学，他在与友人的书信中也表达了类似看法：“考据家不喜宋儒言理，谓‘理’字从玉，只是玉之纹理，《六经》无言理者，不知《易》之‘穷理尽性至命’，《孟子》‘理义之悦我心’，‘理’字又只作玉之纹理解乎？私意锢蔽眼前，常读之书亦竟不知，可叹也。”[②]从考据求真的角度，宗宋学者认为汉学家的观点并不可信。

曾国藩、朱一新等“一宗宋儒，兼采汉学”，也认为戴震等人的说法太过，不合道理。曾国藩说：“自乾隆中叶以来，世有所谓汉学云者，起自一二博闻之士，稽核名物，颇拾先贤之遗而补其阙。久之，风气日敝，学者渐以非毁宋儒为能，至取孔、孟书中心、性、仁、义之字，一切变更旧训，以与朱子相攻难。”[③]朱一新《无邪堂答问》对《孟子字义疏证》作了较为深刻的批判。他指出：“夫心之所同然者何也？谓理也，义也。天以五常之理赋人，故《乐记》谓之天理。义之用多端，而莫大于君臣。故天泽之分，必不可逾义理之学。宋儒以之为教，孔、孟曷尝不以为教？汉学家惟恶言理，故与宋儒为仇。”[④]“存理去欲”之说可上溯至《礼记》的《乐记》篇，朱一新以此立论，在一定程度上道出了对方的空疏之处。他还在按语中较为详细地就戴震、凌廷堪等人的理欲之辨、“以礼代理”等说法的弊病

---

① 夏炘：《与友人论〈孟子字义疏证〉书》，《景紫堂文集》卷十一。

② 贺瑞麟：《击剑篇赠刘东初》，《清麓文集》卷十二，光绪年间刘传经堂刻本。

③ 曾国藩：《汉阳刘君家传》，《曾国藩全集·诗文》，岳麓书社 1986 年版，第 212 页。

④ 朱一新：《无邪堂答问》，中华书局 2000 年版，第 28～29 页。

进行了针砭，认为他们虽以“复礼”相标榜，实际上并不明礼之本原，也没有弄清理与礼的关系：“先王本理以制礼，以禁慝也。有礼斯有乐，以导和也。古乐既亡，礼亦为文饰之具。宋儒因亟以理明之，又恐人矜持拘苦，而屡以从容乐易导之。今读其遗书，以理为教，实多以礼为教。所不同于三代者，特其沿革耳。此与圣门教人之方有何不合？而戴东原则曰程、朱凭在己之意见，而执之曰理，以祸斯民，且谓圣人以体民情、遂民欲为得理。夫圣贤正恐人之误于意见，故有穷理之功。东原乃认意见为理，何其言理之粗？体民情固也。遂民欲而亦谓之理，何其言理之悖？欲仁，欲也；欲利，亦欲也。使徒求遂其欲而不以理义为闲，将人皆纵其欲而滔滔不返，不几于率兽食人乎！乃谓宋儒以理杀人，死矣！更无可救矣！疾首蹙额，若不可一朝居而必求自放于礼法之外者。苟以此为教，恐五季之祸，其不复见于今者几希。诚不意儒者日治三《礼》，而竟不求诸制礼之本原也。”①他在回答弟子的“礼学”即“理学”、“知执礼者，涵养之方也”等问题时，又进一步评论说：“执礼多著于事物，宋儒之所谓‘主敬’，则多指‘存心’而言。……理实一贯，未有心存抑畏而威仪不摄者，故言礼可，言理亦可，特微显之别耳。近儒遽执此以攻宋儒，谓‘主敬’非圣学之旨，误矣。”②

夏炯早年研习汉学，30岁后转宗程朱理学，对汉学家非毁理学的做法不以为然。他的《书〈礼经释例〉后》运用考据手法驳斥凌廷堪所云《论语》言礼不言理之说，指出：“夫‘天理’二字，虽始见于《乐记》，《乐记》亦古经之遗。《论语》虽无‘理’字，然所谓复礼者，

---

① 朱一新：《无邪堂答问》，第29页。

② 朱一新：《无邪堂答问》，第38～39页。

即复其天理也。所谓非礼勿视、听、言、动者，即非理勿视、听、言、动也。礼为理之节文，故言礼即是言理，其言博文约礼，亦即此理。惟《诗》、《书》执礼及兴诗立礼则专指礼仪之礼，一取其义，一指其名，各有所当也。若谓'理'字为《论语》所未言，至宋儒始详言之，遂持为援儒入释之左券，则言性始见于《汤诰》，言学始见于《说命》，言仁始见于《虺诰》，将谓仁与性与学，尧、舜、禹相承不闻有此，则其所谓危微精一执中之理，亦与仁、性、学绝不相干涉，可乎？"[①]他认为，"理"乃孔学本有之义，《论语》中"礼为理之节文，故言礼即是言理"，复礼就是复其天理，凌氏"复礼"之论"牵强附会，于道茫然无得也"，《复礼》三篇诋毁宋儒，实是欺人自欺之作[②]。

程朱理学因其代表人物曾出入老、释而备受汉学家的指责，晚清理学家为洗除阳儒阴释的罪名，努力从学理上予以说明。桐城儒生方宗诚明确指出，程、朱之"理"与佛、老之"理"有根本不同："盖尧、舜、孔、孟、程、朱之所谓性与心，二而一者也；佛、老之所谓心与性，离而去之者也。尧、舜、孔、孟、程、朱之所谓性，即天理之具于吾心者是也；所谓心，即存此理明此理者是也。佛氏以理为障，而必空之以识，心以觉为心体，以灵为心用……所具之天理则顽然无知。"[③]程朱理学又称新儒学，尽管它在理论思辨、修养功夫等方面接受了佛、老之学的相关内容，但就其性质而言依然是儒家的。应当说，宗理学者的辩护有其合理之处。

从中国思想发展的长河看，戴震等人所提出的新义理学说是

---

① 夏炯：《书〈礼经释例〉后》，《夏仲子集》卷三，民国十四年刻本。

② 夏炯：《书〈礼经释例〉后》，《夏仲子集》卷三。

③ 方宗诚：《与鲁生先生书》，《柏堂集续编》卷七，《柏堂遗书》第50册，光绪七年刻本。

对程朱理学的反动，利于人的个性解放，有其积极意义。但应注意的是，晚清宗宋学者对汉学家的批判，尤其是对“理”字来源的辩证，确也在某种程度上击中了汉学家义理学说的缺陷。这对后人处理思想创新与学术求真的关系不乏启示。

二、批评汉学家的治学原则和方法

清代汉学的学术宗旨，借用钱大昕和阮元的两句话可作概括。钱大昕在为戴震作传时说：汉学“由声音文字以求训诂，由训诂以寻义理，实事求是，不偏主一家”①。阮元序江藩《国朝汉学师承记》则称：“我朝儒学笃实，务为其难，务求其是”，“两汉经学所以当尊行者，为其去圣贤最近，而二氏之说尚未起也”②。择其要者而言，清代汉学以“实事求是”和“由训诂明义理”为治学原则和方法，尊崇汉儒，好古务博，重视考据。

清代汉学的治学原则和方法，虽是针对宋、明以来的空疏学风而发，但却具有反宋学倾向。比如，凌廷堪曾持“实事求是”之说攻击宋学：“昔河间献王实事求是。夫实事在前，吾所谓是者，人不能强辞而非之，吾所谓非者，人不能强辞而是之也，如六书九数及典章制度之学是也。虚理在前，吾所谓是者，人既可别持一说以为非，吾所谓非者，人亦可别持一说以为是也，如理义之学是也。”③汉学家对宋学的排斥与批判，引起了宗宋学者的不满。晚清时期，宗宋学者对汉学的指导原则和理论方法进行了针锋相对的还击。

---

① 钱大昕：《戴先生震传》，《潜研堂集》，上海古籍出版社 1989 年版，第 710 页。

② 阮元：《阮序》，见《国朝汉学师承记》，中华书局 1983 年版，第 1 页。

③ 凌廷堪：《戴东原先生事略状》，《校礼堂文集》，第 317 页。

"实事求是"之说，自清代汉学家重新揭橥以来，有着广泛影响，因此成为宗宋学者集矢的重点。曾国藩在师从唐鉴之初，对汉学多有微词。道光二十五年底(1846 年)，他在为唐鉴《国朝学案小识》作跋时写道，朱熹"即物穷理云者，古昔圣贤共由之轨"，后世不以为然，喜为新说，以至"每变一说则生一蔽"，汉学家的"实事求是"说就是其中之一："近世乾嘉之间，诸儒务为浩博。惠定宇、戴东原之流钩研诂训，本河间献王实事求是之旨，薄宋贤为空疏。夫所谓事者，非物乎？是者，非理乎？实事求是，非即朱子所称即物穷理者乎？名目自高，诋毁日月，亦变而蔽也。"[①]贺瑞麟指出，汉儒讲"实事求是"虽好，然比朱熹的"即物穷理"却稍逊一筹，至于清儒讲"实事求是"，则仅得汉儒末节："汉儒专讲训诂，更不十分照管义理，所说实事求是，亦自不错，然无朱子即物穷理工夫，又何以得其是耶？程、朱亦是依训诂说经，然必以义理通之，所以极为得当。至本朝考据家宗实事求是之说，何尝有差，但只讨论得许多粗迹、名物、器数，更不向义理上讲究，所以不免支离破碎，此汉学、宋学之所以异。"[②]他认为，"实事求是"有各是其是的弊端，而"即物穷理"非但不是虚理，反而较"实事求是"更为征实："实事求是或未免各是其是，而于事物当然之理容有差者。若即物穷理则实是自在其中，亦即所以为行地也。"[③]朱一新认为，清代汉学家讲实事求是，轻视大义，或别立宗旨，有割裂圣道之嫌。他指出，"不知宗旨不可与言学术。……汉儒谓之'大义'，宋儒谓之'宗旨'，其揆一也。""必博考宋、元、明、国初儒者之说，证以汉儒所传之微言大义

---

① 曾国藩：《书〈学案小识〉后》，见唐鉴：《清学案小识》卷末。

② 贺瑞麟：《经说》，《清麓遗语》卷二，光绪三十一年正谊书院刻本。

③ 贺瑞麟：《清麓答问》，《清麓遗语》卷一。

而无不合，始可望见圣贤之门庭。汉儒所谓实事求是者，盖亦于微言大义求之，非如近人之所谓实事求是也。”[①]

对汉学家而言，由文字音训以明经达道既有方法论意义，又是思维模式和治学原则。夏炯、唐鉴、方宗诚等人站在理学立场上，对汉学家的“由训诂明义理”思想进行了抨击。

夏炯指出，戴震“谓训诂明则古经明，古经明而我心同然之理乃因以明。一时所称好学之士承其议论，无不谓由声音文字而后通训诂，由训诂而后通义理。岂知训诂、义理卓然两截，《尔雅》、《释诂》、《释言》、《释训》惟如切如磋数句释诗词，于义理有阐发，其余不过诠释字面，于义理何涉？……盖义理虽具于古经，而欲深明其旨，洞悉其渊源，断非读宋儒之书无从入手，汉儒只能解其字义、考其篇章句读，其于道茫乎未闻也。”[②]夏炯判训诂、义理为两截，认为由训诂而通义理之说根本不通。唐鉴承认文字有明道之功，但“不能自为之”，必须以《四书》、《五经》、程朱学说为宗尚，否则便迷失了目标和宗旨。他指出：“夫文字者，人情之所由达，至道之所由明，是非不得而淆疑，信不得而乱者也。故用之于名物则名物著，用之于象数则象数昭，用之于治体则二帝三王卓为典型，用之于学术则前圣后贤直接统纪，此皆文字为之。然而文字正不能自为之也，《五经》、《四子书》尚矣，周、程、张、朱等遗书尚矣，其他或史或传皆各有所发明，亦多人间不可少之文字。”[③]刘蓉在论述义理与考据的关系时指出，义理之学高明广大，“其高可至于圣贤，最

---

① 朱一新：《无邪堂答问》卷一，第13～14页。

② 夏炯：《书〈戴氏遗书〉后》，《夏仲子集》卷三。

③ 唐鉴：《训蒙千字文序》，见何桂珍：《何文贞公遗书》中册，光绪十年六安求我斋刊本。

下亦不失为善人君子”，汉学家专事考据而“不惟正鹄之求，则且弯弓终日而莫知的之所向，况望其有一中之得哉？”[①]他认为，汉学家不明义理，惟埋首考据，如同无的放矢。方宗诚以本末来说明义理与考据的关系，他指出：“通经博古之士，搜奇索赜，争以著述名于时，然多濡染西河毛氏之习，好攻诋程、朱，排屏义理之学。虽其考证名物象数训诂音韵之间，亦多有补前贤所未逮者，而逐末忘本，搜寻微文碎义，而昧于道德性命之大原，略于经纶匡济之实用，号为经学，而于圣人作经明道立教之旨反晦焉。细之搜而遗其巨，花之摘而弃其实，岂非蔽与？”[②]他认为汉学考据“细之搜而遗其巨”，如同摘花弃实，舍本取末。朱一新曾较全面地就训诂、明经、求道的关系作了评论。他认为，文字有明道之功，但不能喧宾夺主，舍道而言文：“近人以训诂为门径，此特文字之门径耳。圣贤道寓于文，不通训诂不可以治经，即不可以明道。然因文以求道，则训诂皆博文之资。畔道以言文，则训诂乃误人之具。”[③]像唐鉴、刘蓉、方宗诚、朱一新等人这样以道器、本末范畴来评价义理与考据关系者，在宗宋学者中具有普遍性。

汉学家认为愈近古而愈确信，又每以考据自负，指责宋学空疏。晚清时期，宗宋学者对汉学崇尚考据、好古务博的学术特点提出了尖锐批评。陕西学者李元春指出，并非凡古皆是，也并非考据能解决一切问题，其中有诸多不可考不可据者，考据“断不如朱子说理为真”：“考据者右汉学而左朱子，彼谓汉儒近古，其所讲说者

---

① 刘蓉：《与曾子植书》，《养晦堂文集》卷四，光绪丁丑思贤讲舍刻本。

② 方宗诚：《校刊〈汉学商兑〉〈书林扬觯〉叙》，《柏堂集后编》卷三，《柏堂遗书》第59册，光绪七年刻本。

③ 朱一新：《无邪堂答问》卷一，第14页。

皆有传授。夫近孔子而解经者孰如《春秋》之三传，然盟蔑盟昧，其地各异，尹氏君氏，其人云讹，此类疑窦犹不可胜数，何论汉儒？吾尝思之，生数千年之下欲讲明于数千载之前，圣人已远，简编多缺，兼以伪书日出，将一一而考其实，有可据必有不可据，其据者有可通必有不可通。有不可据不可通是终不能尽考其实也。故断不如朱子说理之为真。嗟乎，朱子岂不知考据者哉，但不如今人考据之凿耳。诋朱子者以为所见无几，甚者击之无完肤，直若斥为千古罪人。吾以为彼真千古罪人也。”[1]针对汉学家指责宋学空疏，李元春则辩护说，程朱理学左心学而右汉学，体用兼备，不偏不倚，是义理与考据结合的典范，而汉学本为矫明末心学空疏而生，却矫枉过正，走上了支离破碎的歧途。他在读戴大昌《驳〈四书改错〉》后说道：“宗陆、王者喜顿悟简洁，而讥朱子为支离。不知朱子非支离也，今考据家则多支离矣。然读书惟穷理与考典，典有不可不知者，非详考何以明，特考之而不尽可考，则必以理明之。理学家每不究心典故，惟朱子为博洽。抑岂迥无疏脱，乃考据者或指其失，至毛西河作《四书改错》直如唾骂，击朱子无完肤，颇取朱子所不用者而反用之以相刺，且本暗于理，亦欲效颦妄言。”[2]

宗宋学者对汉学的这些批判有助于深化对汉学、宋学的认识。一方面，宗宋学者从维护程朱道统出发，他们所依据的理论、所阐发的道理基本上是沿用前人成说，体现了晚清时期宋学的保守性。另一方面，这些批评从治学原则和方法上立论，揭示了汉学与宋学的不同，并在一定程度上击中了汉学的弊端，这对于区分汉学与宋

① 李元春：《学术是非论》，《桐阁先生文钞》卷一，光绪十年同义文会刻本。
② 李元春：《语录钞》，《桐阁先生文钞》卷十二。

学的异同，评判考据的得失，具有借鉴意义。

三、回应汉学家的经学辨伪

清代学者在《五经》等古文献整理、校勘方面取得了辉煌成绩，但他们对《古文尚书》、古本《大学》、《易经》图说等的考订，却直接冲击了程朱理学的理论基础。宗宋学者要想守住门户，就需要对汉学家所提出的这些棘手问题做出解释。

晚清时期，宗理学者对这些问题没有回避，为维护理学道统，据理力争。兹举伪《古文尚书》为例。伪《古文尚书》对于程朱理学思想体系具有重要意义，例如，被程朱理学奉为道统心传的十六字经文"人心惟危，道心惟微，惟精惟一，允执厥中"，就出于该书《大禹谟》篇。而经清儒阎若璩、惠栋、孙星衍等考订，此书为东晋伪书。有人进而就题发挥，对理学权威提出质疑。孙星衍说："尧、舜、禹、汤、文、武之言，可任其以伪乱真乎？……且圣人之学具在《九经》，何言不足垂教？而藉伪晋人之言以为木铎，则盗亦有道，释典亦有劝善之言，岂儒者所宜择善服膺哉？若知其伪而不疑，反附于阙疑之义，是见义不为，非慎言其余也。"①

宗宋学者明确表示，《古文尚书》事关道统，汉学家排斥伪古文的做法不足取。方宗诚指出，"后儒以《古文尚书》为伪，而《大禹谟》'人心惟危，道心惟微，惟精惟一，允执厥中'四语……皆于道体、治本、学术之要极有关系，人生所不可一日昧者，去之则皆泯没

① 孙星衍：《呈覆座主朱石君尚书》，《问字堂集·岱南阁集》，中华书局 1996 年版，第 199 页。

矣。”[1]他认为，十六字经文含有恒常之道，关系世道人心，万不可因其是伪书而否定其学说的价值。

夏炯也从维护圣学道统出发，批评阎若璩的做法失当。他说：阎若璩“攻诘《大禹谟》‘人心惟危’一十六字，以为无一字不从剿袭而来，则肆妄未免太甚。夫自尧、舜、禹、汤、文、武、周公、孔子、孟子，以逮有宋濂、洛、关、闽诸儒复生，道统相继，不能外‘危微精一执中’数句。穷而在下，守此数言则为天德；达而在上，守此数言则为王道。其著为成效，昭然可睹。……谓《古文尚书》未可尽信则可，谓《古文尚书》无一字可信则断不可。古文之真伪未能遽必，即使真系伪撰，其文辞古朴，义蕴宏深，古先圣王之遗训微言亦深赖以不坠，历代以来朝廷颁置学宫，儒者奉为圭臬，阎氏试自问所学能窥见此中之万一乎？”[2]在他看来，《尚书》版本的真伪与义理的是非并无必然联系，读经贵通大义，不能因噎废食。

夏炘专作《〈古文尚书〉不可废说》陈述不可废的理由，并贬斥汉学家阎若璩等胶柱鼓瑟，知其一不知其二，不过是拾朱子余唾而已。他说：“疑古文者自朱子始。黄勉斋作行状特载疑古文之词，其意盖亦深以古文为不然也。然朱子《中庸章句叙》发明《大禹谟》十六字为历圣传心之要，而文集杂著中《大禹谟》一篇字笺句释，虽于曰若稽古三句颇致其疑，而其余阐明精训无余蕴，以为能备二典之所未备。……然则古文虽伪，而其言之足以垂世立教。其见取于朱子如此。继朱子而攻古文者，自宋、元迄明，代不乏人。至我朝阎百诗、惠定宇诸先生出，穿穴抵衅，搜瑕索瘢，耳食之徒，众喙

---

① 方宗诚：《甲申笔记》，《志学续录》卷三，《柏堂遗书》第34册，光绪十年刻本。

② 夏炯：《书阎百诗〈尚书古文疏证〉后》，《夏仲子集》卷三。

一词，莫不唾而弃之矣。然古文之伪在乎来历之暗昧，筋脉之缓迟，文气之散漫，而非谓古昔之格言正论不藉是以存之也。……彼阎、惠诸君子其尚知其一而不知其二，未免胶柱而鼓瑟矣。"[①]他还指出，汉学家攻击《尚书》为伪，不过是炫耀淹博之资而已，古籍之重于世者，首在其"名言至理"，而不在成书早晚："今人攻梅赜伪古文，莫不以壁中十六篇为真古文，而深惜其书之不存。窃以为逸十六篇即全在，其书亦无足轻重也。凡古籍之重于世者，为其名言至理足以垂世立教耳。苟言之，不足以垂世立教，则虽上古之书亦不过供学人之记诵，夸奥古竞该博而已。"[②]他认为，十六字心传为"名言至理"，《古文尚书》有利于"垂世立教"，理学的合法性毋庸置疑。

山阳潘德舆以诗文名世，思想上以理学为宗，他通过分析经文含义来说明这十六字符合圣人原意："'人心惟危，道心惟危'，诋《古文尚书》者谓其出于道书，而以心岐[歧]为二为有流弊，然此二语不可驳也。性也有命焉，命也有性焉。前一性字即人心也，后一性字即道心也。孟子剖性为二，而后儒不能驳也，故一心也而有人心焉有道心焉，一性也而有义理焉有气质焉，一身也而有大体焉有小体焉，皆《中庸》明辨之义。明辨居致知之终，学矣问矣思矣，复加以明辨者，知不厌其详也。"[③]这里，他从理学基本范畴入手，论证"人心"、"道心"与《孟子》、《中庸》切合，以证明《古文尚书》可据。

宗宋学者对汉学家经学辨伪的反驳，实际上仍旧没离开对训诂与义理二者关系的辨析。汉学家遵循"训诂明则义理明"的原

① 夏炘：《〈古文尚书〉不可废说》，《景紫堂文集》卷三，咸丰五年刻本。

② 夏炘：《壁中古文不足轻重说》，《景紫堂文集》卷三。

③ 潘德舆：《养一斋札记》卷四，同治十一年山阳潘氏刻本。

则，由字通经，由经通道，他们首先看重《五经》，而以文字为《五经》之基石；而理学家讲究穷理，重大义，首在《四书》（实际上是《四书章句集注》），《五经》以《四书》为权舆，经文真伪尚属其次。"解经者，解其义也。义苟寻矣，则言语文字之有舛讹，可姑置也。"[①]双方的辩论一定程度上显示了他们对待知识与道德的不同态度，也体现了他们在诠释方法和思维模式方面的差异。

四、断言汉学无实无用

清代前中期，汉学家曾一再批评理学空疏无用，一些人甚至把明朝灭亡的原因归于此。时过境迁，嘉道以降，内忧外患纷至沓来，不少理学家反唇相讥，认为是汉学的支离破碎，无实无用，从而造成了清朝国运衰落。

其一，指责汉学脱离现实，空疏无用。

宗宋学者对汉学的批评，以从汉学阵营倒戈而来的夏炯言论最为激烈。他的《说学》、《乾隆以后诸君学术论》、《学术有用无用辨》对乾嘉汉学几乎是做了全盘否定。他认为，"学术大小以适于用者为贵"，以此衡量，"义理为上，经济次之，经学、史学次之"，名物、制度、音韵、训诂最下。"乾嘉以后近百年来，讲学之士专为一节一句、一文一字盈千累百，刺刺不休，不特丝毫不适于用，且破坏碎裂，转为贼经。"他将清代中期著名汉学家从江永、戴震到王念孙、王引之、段玉裁的著述一一点评后归纳说："此数家者，皆近百年来名稍显著之人，试一一取其书平心而察之，何编足以发明义

① 夏炯：《解经说》，《夏仲子集》卷一。

理，何帙足以有裨经济，即以经史而论，较之国初诸老，真有霄壤之判，徒觉其鄙芜琐碎，坐井观天而已。”①

徐桐是晚清时期顽固派的代表，在学术上崇尚程朱理学，他指谪汉学有蹈空之弊。针对汉学家指责宋学为空疏的说法，徐桐反驳说：“汉学家讲训诂者斥义理为空疏，今之言汉学者靡然从之，是大惑也。《孟子》曰心之所同然者，何也？谓理也，义也，圣人先得我心之所同然耳。理、义二字，由孟子发之，宋儒推阐其蕴，直至体用同原，显微无间。无物不有，无时不然，皆理义之发挥。本诸身，征诸民，实实落落，真真切切，停停当当，何蹈空之有？讲训诂而不求诸日用行习之故，得非蹈空乎？讲训诂而专骛于标榜名利之场，得非蹈空乎？弃义理以言学，吾不知其所学何事。昔人谓王氏之学如洪水猛兽，今之言汉学者殆又过矣。”②他认为，理学家注重心性修养，强调实体力行，何有空疏之弊？相反，汉学家既不注重内在修养，又乏外在事功建树，才是蹈空不实。

其二，攻击汉学考据偏离圣人之道，有害无益。

宗宋学者认为，汉学之害，从其小者言之，不能躬行实践，有害身心。夏炯偏激地说：“训诂考据之学百余年来遍于天下，所称一二好学之士，无非孜孜矻矻数典证文，其于治心检身、由己及物之道微论，躬行实践、能见诸实行者无一人。”③徐桐说：“今之言汉学者，叩以躬行则未能无愧，叩以求仁则悍然不知。”④刘蓉指出，汉学家既不能知，又不能行，猖狂恣肆，甚于阳明“良知”之说：“世之

① 夏炯：《乾隆以后诸君学术论》，《夏仲子集》卷一。

② 徐桐：《〈汉学商兑〉附识》，见豫师：《〈汉学商兑〉赘言》附录，光绪十四年刊本。

③ 夏炯：《墨稼堂藏书记》，《夏仲子集》卷五。

④ 徐桐：《〈汉学商兑〉附识》，见豫师：《〈汉学商兑〉赘言》附录。

为宋学者，病在隘陋无识，拘滞而不达于理，至其行己立身、去就取舍，必致严于礼义之辨，兢兢不敢少过，则犹庶几君子之操焉。道虽未宏，学与行尚出于一也。至为汉学者乃歧而二之，阿世谐俗，漠然不知志节名义之可贵，学则吾学也，行则吾不知也。世亦遂无以行谊责之者，以谓彼特为名物度数之学以资考证而已，不当以道义相苛。泯泯棼棼，与世同浊，学术坏而人心风俗随之，其为害有甚于良知顿悟之说，猖狂而自恣者矣。”[①]方东树《汉学商兑》以反汉学著名，晚年所作《辨道论》继续攻击汉学，指责汉学“敝精神而无益于世用，其言盈天下，其离经叛道过于杨、墨、佛、老”[②]。光绪年间，笃守理学的豫师认为，方东树《汉学商兑》对汉学在“实力行习”上对圣贤道理的危害还缺乏剖析，于是作《〈汉学商兑〉赘言》以作补充。他在自序中说，汉学毁学术，堕士行，为害世道人心：“其著书立说倡议附会，后生小子乐其引而又便于私也，翕从日众，以为学术人心之害。”[③]

汉学之害，从其大者言之，贼经害道，为祸家国。在宗宋学者看来，汉学家脱离现实，不事身心修养，更遑论经邦济国。夏炯说：“其徒事训诂词章者，日钻月研，咬文嚼字，不复知身心为读书之本，庋而未用，于检身、齐家、治生、接物之道一切不讲，一旦侥幸入官，则农桑、水利、学校以及事上官、接僚属、御书吏等事，更觉茫然无措，一毫无异于俗吏之为也。”[④]贺熙龄在归结嘉道之际社会衰落的原因时指出，汉学家“身心未治而欲心治天下国家，无怪其颠

---

① 刘蓉：《复郭意城舍人书》，《养晦堂文集》卷八。

② 方东树：《辨道论》，《仪卫轩文集》卷一，同治七年刊本。

③ 豫师：《〈汉学商兑〉赘言·序》，光绪十四年刊本。

④ 夏炯：《学术有用无用辨》，《夏仲子集》卷一。

倒迷惑而不能自主,眩摇于祸福利害而无能自克也"[①]。他认为,社会衰落与汉学家专事考据、不关心现实有关。姚莹则称,鸦片战争的失败可从汉学家排斥理学上找到原因:"自四库馆开之后,当朝大老皆以考博为事,无复有潜心理学者。至有称诵宋、元、明以来儒者,则相与诽笑。是以风俗人心日坏,不知礼义廉耻为何事。至于外夷入侵,辄皆望风而靡,无耻之徒,争以悦媚夷人为事,而不顾国家之大辱,岂非毁讪宋儒之过?"[②]孙鼎臣更为极端,他在《畚塘刍论》中把太平天国起义的原因归咎到汉学家头上,认为"天下之祸,始于士大夫学术之变。杨、墨炽而诸侯横,老、庄兴而氐羌入。今之言汉学者,战国之杨、墨也,晋宋之老、庄也。……今之言汉学,其人心风俗至如此,后之论天下者,于谁责而可乎?"[③]晚清宗宋学者对汉学家的这些批评,过分夸大了学术对于社会发展的作用。他们对于学术功用的评价,是从程朱理学的立场出发的:"学之有用无用,在能讲明义理否耳。"[④]运用这一标准,他们不可能对汉学做出较为客观的评判。

平实而论,经世致用是儒家各派的共同主张,无论是汉学,还是宋学,均以此相标榜,但具体表现及实践程度存有差异。相对说来,宋学侧重于"尊德性",汉学稍偏于"道问学"。晚清时期,社会危机加剧,经世思潮兴起,学术的功用性成为士大夫广为关注的问题,宗宋学者的批评虽有偏失,但对于纠正汉学末流的考据之风,还是起到了一定积极作用。

---

① 贺熙龄:《潘孝桥四书章句集注辅序》,《寒香馆文钞》卷二。
② 姚莹:《复黄又园书》,《东溟文外集》卷一。
③ 孙鼎臣:《论治一》,《畚塘刍论》卷一,《苍莨全集》,咸丰九年刊本。
④ 夏炯:《学术有用无用辨》,《夏仲子集》卷一。

最后要指出，晚清时期，宗宋学者反对清代汉学，但不对反汉代经学。唐鉴、罗泽南等程朱理学正统人士，以宋儒为宗，但不讳言汉儒有传经之功，他们直接批评汉儒的言辞较为少见。夏炯30岁以后转而激烈诋毁汉学，却坦然声称："夫许、郑之学，皆确然不可易之学也。程、朱虽得不传之学于遗经，主于发明义理，其于汉儒之名物制度未尝不深许焉，而萃精力于其中。"[①]再者，晚清宗理学者反汉学，并不是全盘否定清代汉学。他们在一定限度上对汉学的考据成就予以承认，他们论争的手段、方法也或多或少带有汉学印迹。这一方面是因为，他们成长的年代，汉学的影响力仍旧较为强大，他们受到了环境的濡染；另一方面，为增强说服力，他们在论争过程中自觉不自觉地吸收了一些汉学的方法。因此从某种意义上可以说，晚清时期，汉宋之争是相对的，汉宋兼采才是大趋势。

① 夏炯：《目录后叙》，《夏仲子集》卷首。

第三章　晚清汉学与宋学之调和

汉宋关系是清代学术的主线，也是清代理学史的重要方面。对此，学界已有一些成果[①]，但尚有研究余地。晚清时期，由于学术环境的变化，汉学、宋学势力的消长，汉宋调和成为儒学的主流趋向。“道咸以来，儒者多知义理、考据二者不可偏废，于是兼综汉宋学者不乏其人。”[②]当时，主汉宋调和者人数众多，根据他们学术立场的不同，大体可分为三种类型，即宗宋学而不废汉学，宗汉学而兼采宋学，汉、宋学立场不明显的会通论者。

一、宗宋学而不废汉学

晚清时期，宗宋学而兼采汉学者，大多是程朱理学阵营中汉学成见较轻的人士。姚莹、曾国藩、刘蓉、夏炘、李元度等主张汉宋调和，主要从以下方面立论。

---

① 较具代表性的文章有叶梦雨《清儒汉宋之争訾议》(《真知学报》第 3 卷第 3、4 期)、贺岳僧《清代汉宋之争》(《时代精神》第 8 卷第 3 期)、张君劢《中国学术史上的汉宋两派之长短得失》(收入《张菊生先生七十周年纪念文集》)、周予同《汉学与宋学》(收入《周予同经学史论著选集》上海人民出版社 1996 年版)、龚书铎《道光间文化述论》(收入《中国近代文化探索》增订本，北京师范大学出版社 1997 年版)、何佑森《清代汉宋之争平议》(《文史哲学报》第 27 期)、魏永生《清中晚期汉宋学关系研究》(北京师范大学 1999 年博士学位论文)等。

② 徐世昌：《心巢学案》，《清儒学案》卷一百八十，中国书店 1990 年影印本。

其一，追本溯源，以孔学化解汉宋之争，认为汉学、宋学皆传圣人之道。

宗宋学人士中主调和论者认为，汉学、宋学作为儒学内部的学术派别，二者同有功于孔孟之道，不存在根本性分歧。姚椿《汉宋儒者论》从"学必征诸圣人"出发，认为汉儒存圣人之言，宋儒"得圣人不传之遗意"，均有益于圣学："由宋人之所已言，而复上推汉人之言，由汉人之言，而复折诸宋人之言，使其取也弗为蹈，而其弃也弗为隘，而又必以躬行心得为本。是圣明之学也。"[①]李元度明确提出，要以圣人之道折衷不同学术派别的门户成见："是非有定者也，此是则彼非，无两可也。抑有不尽然者，往往两是焉而并行不悖，甚则相反而适以相成。""然则欲是非之不谬，非折衷圣人不可也。"[②]他认为，汉学、宋学不应当存此疆彼界，以圣人之道衡量，二者可两行其是。他在《四书广义序》中指出，汉儒专主训诂，宋儒专穷义理，皆明圣人之道，"为功于天下万世甚巨"[③]。李兆洛也不赞成汉、宋两家各张其帜、标榜门户的做法，认为二者各有所长，其大者皆有益圣道："为考据之学者，援文比类，据物索象，迨其说不能自还，则务繁征博引，以蕲必伸，其蔽也凿。然而考订精勤之功不可没也。为义理之学者，穷理必从其朔，其蔽也或至于穷高极远而无所薄。然而剖析理欲教人践履之功不可诬也。归之大要，皆有功于圣人。"[④]

姚莹、曾国藩、李元度、朱琦等还以汉学、宋学分别对应孔门的

---

① 姚椿：《汉宋儒者论》，《晚学斋文录》卷一，道光年间刻本。

② 李元度：《是非》，《天岳山馆文钞》卷三十八，光绪六年爽溪精舍刻本。

③ 李元度：《四书广义序》，《天岳山馆文钞》卷二十六。

④ 赵振祚：《养一斋文集·序》，见李兆洛：《养一斋文集》卷首，光绪戊寅重刊本。

"文学之科"与"德行之科",以此说明二者不可偏废。清代中期,戴震、姚鼐等主义理、考据、辞章三科之说,王鸣盛提出四科之说①。晚清时期,主调和论者重申此说,认为汉学、宋学皆圣人为学之途,反对存此废彼。曾国藩多次强调圣人为学之术有四,缺一不可:"有义理之学,有词章之学,有经济之学,有考据之学。义理之学即宋史所谓道学也,在孔门为德行之科;词章之学在孔门为言语之科;经济之学在孔门为政事之科;考据之学即今世所谓汉学也,在孔门为文学之科。此四者阙一不可。"②李元度指出:"学术之途四:义理也,经济也,考证也,辞章也,是即三不朽之所从入也。"③朱琦则说:"学之为途有三:曰义理也,考订也,词章也,三者皆圣人之道也。"他还形象地把圣道比作京师,把汉学、宋学比作进入京师的东、西通途:"夫道犹京师也,学者所从入之途,或义理,或考订,犹途有东、西之分,其可以适于京师一也。"④朱一新也主张,"若汉学,若宋学,皆求道之资。"⑤

持调和论者还对汉学、宋学争道统的做法提出了修正,认为汉学、宋学代表前后相继的两个阶段。针对宋学所谓程、朱直接孔、孟道统之说,夏炘指出,宋代以前圣道未曾中绝,先后有大毛公、董仲舒、郑玄、诸葛亮、文中子、韩愈传继道统,并专门作《汉唐诸儒与闻录》为他们一一立传。夏炘的弟子白让卿也认为汉学、宋学道通为一:"世之袭汉学者动诋宋学为空疏,尊宋学者又以汉儒为佔毕,

① 王鸣盛:《王戆愚先生文集序》,《西庄居士始存稿》卷二十五,乾隆年间刻本。

② 曾国藩:《问学》,《曾文正公全集·求阙斋日记类钞》卷上,光绪年间传忠书局刻本。

③ 李元度:《送黄奎垣训道常德序》,《天岳山馆文钞》卷三十一。

④ 朱琦:《辨学上》、《辨学中》,《怡志堂集》卷一,同治三年刊本。

⑤ 朱一新:《无邪堂答问·序》,中华书局2000年版。

其实二者道同一贯，两不相妨。贾、董、郑、服不独淹通渊博，即其立品植行，亦称一代醇儒；宋之濂溪、伊洛、横渠诸大贤，直接道统，至我考亭朱夫子于书无所不读，阐扬圣功，发挥王道，更所谓集大成者。”[①]闽县陈濬偏重宋学，他在序夏炘《景紫堂全书》时也承认汉学有传道之功，称：“圣人之道，载于《六经》。遭秦火后，汉之诸儒掇拾煨烬，纂辑残缺，殚勤于文字训诂之间，虽微言大义，有未暇及，而使后儒得所考据以求圣人之意，功亦不细矣。有宋五子兴，席汉儒之业，因经求道，超然独契《太极》、《西铭》、《定性书》、《好学论》诸作，实能发前贤所未发。至朱子集群儒之大成，其于经训尤覃精研思，条分缕析，无不根极于理要，圣道由是大明。”[②]曾国藩继承了清代学者重视礼学的传统，提出以礼通汉、宋之结。其《圣哲画像记》为先贤铺叙道统，不立门户，汉宋兼收。在他看来，以礼为标准，汉儒、宋儒、清儒都是先王之道的传人，完全没有争立道统的必要[③]。

汉学、宋学虽有差异，但二者又都是儒学的表现形态，具有某种内在统一性。上述诸人虽以宋学为宗，但他们在调和汉宋争端时主张回归原始儒学，认为汉学、宋学同传道统，不能强分轩轾。这种调和方式应当说符合汉学、宋学实际。

其二，面向现实，承认汉学、宋学含有经世致用价值，二者相辅相成，有益世道人心。

---

① 白让卿：《述朱质疑·后跋》，见夏炘：《述朱质疑》卷末，《景紫堂全书》，民国十年刻本。

② 陈濬：《序》，见夏炘：《景紫堂全书》卷首。

③ 可参见张昭军：《曾国藩理学思想探析》，《北京师范大学学报》（哲学社会科学版）2004年第2期。

每当汉宋角争，汉学家往往疾宋学为空疏，宋学家则讥汉学为支离。脱离现实，不切实用，成为相互指责对方的把柄。晚清特定的社会历史环境，使人们对学术的功用性更为重视。主调和论者认为，空疏支离乃汉、宋学末流之弊，宋儒讲明体达用，汉儒讲经世致用，都未曾背离圣人的内圣外王精神。他们从实用的层面阐述汉宋调和思想，主张以宋学为宗，兼采汉学。

作为理学名臣，曾国藩肩负经邦济国与明正学术的双重任务，十分看重学术的经世功能，曾多次从经世致用的角度来阐述汉、宋关系。针对汉学家薄宋学为空疏，他指出："义理与经济初无两术之可分"，"苟通义理之学，而经济该乎其中矣。程、朱诸子遗书具在，曷尝舍末而言本、遗新民而专事明德？"[①]同样，他认为汉学也具有经世致用内涵："许、郑亦能深博"，"博则能究万物之情状，而不穷于用"[②]。

朱一新也从学术经世的角度来论述调和汉学的必要性。他说："学必期有用，功必归诸实践。由训诂进求义理，而如汉学家溺于训诂以害义理者，则不取；由义理探源性道，而如讲学家空衍性天以汨义理者，则不从。"[③]朱一新批评汉学、宋学末流的无实无用，反过来说明了汉学、宋学主流在实用实行上的一致性。

钱穆《汉学与宋学》一文指出，"汉学派的精神在通经致用，宋

---

① 曾国藩：《劝学篇示直隶士子》，《曾国藩文集·诗文》，岳麓书社1986年版，第443页。

② 曾国藩：《复夏弢甫》，《曾国藩全集·书信》（二），岳麓书社1985年版，第1576页。

③ 朱一新：《答龚菊田刺史书》，《佩弦斋文存》卷下，光绪二十二年葆真堂刻本。

学派的精神在明体达用，两派学者均注重在'用'字。由经学上去求实用，去研究修齐治平的学问"，这是汉、宋两派学者之共同精神。[①] 调和论者从学术的实用性出发，承认二者各有所长，反对是此非彼，偏执一端，有利于调息汉宋之争。

以上所述，不过是宗宋学者调和汉学的一面。需要指出的是，奉程朱理学为正宗是他们的一贯立场。他们兼采汉学，必须以程朱理学为取舍标准，是其所是，非其所非。他们肯定汉学中有利于程朱理学的部分，或视汉学为明正学术的一种手段，而对汉学家的义理学说则不予承认。

二、主汉学者兼采宋学

晚清时期，汉学持续衰落，宋学作为清政府的官方哲学，一度"复兴"。随着形势的变化，主汉学者对宋学的看法有所改变。其表现之一，即由清代中期以排斥宋学为主，转向调和。根据其尊汉采宋程度的差异，大体上可分为兼采、会通两种类型。

当时较为知名的学者如胡培翚、马瑞辰、刘宝楠、丁晏、郑珍、钟文烝、丁寿昌、李慈铭、张之洞等，汉学立场非常明确。在学术层面上，他们继承了乾嘉考据学传统，坚持"由训诂以明义理"和"实事求是"的治学原则。如张之洞主张，治经要以汉学为本，通经然后明道："汉学者何？汉人注经讲经之说是也。经是汉人所传，注是汉人创作，义有师承，语有根据，去古最近，多见古书，能识古字通古语，故必须以汉学为本而推阐之，乃能有合。

① 钱穆讲，刘大洲记：《汉学与宋学》，《磐石杂志》第2卷第7期，1934年出版。

以后诸儒传注，其义理精粹足以补正汉人者不少。要之，宋人皆熟读注疏之人，故能推阐发明。傥不知本源，即读宋儒书，亦不解也。”他认为宋学须以汉学为根柢，方可明义理之奥义：“性理之学，源出汉儒，强生分别，不知学者也。”[①]他们主张在尊汉学的前提下，兼采宋学。

主汉学者调和宋学，与宗宋学者调和汉学的主张较为相近。他们的立论也多从维护圣人之道出发，以孔孟学说来调息汉、宋争端。

王筠博涉经史，尤长于《说文》，治学不依傍门户。他结合中国学术发展的历史分析汉儒、宋儒的学术特点，认为汉儒、宋儒各传所得，均有功于圣教：“汉儒承焚书之后，搜讨于仪文度数甚详，此孔门博文之教，非象数无以载义理也。宋儒承汉学明备之后，从而推求其所以然，此孔门约礼之教，非义理无以宰象数也。使汉儒生宋时，亦必汲汲于义理；宋儒生汉时，亦必汲汲于象数。思心互为启牖，贤豪自立门户，其足以相成，而不足以相蔑也，彰彰明矣。”[②]他认为，汉儒传孔门博文之教，宋儒得孔门约礼之教，互为启牖，足以相成，不应厚此薄彼。

冯桂芬治经宗汉儒，亦不废宋。他在为曲阜孔宪彝书房作记时说：于汉于宋“学者宜何从？曰：吾从圣”。“考据本于圣，吾不敢訾汉儒也”，“义理本于圣，吾不敢訾宋儒也。且汉儒何尝讳言义理，宋儒何尝尽改汉儒考据，汉儒、宋儒皆圣人之徒也。汉古而宋今，汉难而宋易。毋蔑乎古毋薄乎今，毋畏乎难毋忽乎易，则学者

① 张之洞：《輶轩语》，《张文襄公全集》卷二百零四，中国书店 1990 年影印本。

② 王筠：《问经堂序》，《清诒堂文集》，齐鲁书社 1987 年版，第 112～113 页。

之为之也，用圣人四科四教之法取之，兼收并蓄，不调而调，圣人复起，不易吾言矣。”[①]林昌彝“通汉、宋之学”，其《汉宋学术论》称：“两汉名教，得儒经之功；宋、明讲学，得师道之益，皆于周、孔之道，如日之中天，未可偏激而互诮也。学者得其分合之道，则汉学、宋学，一以贯之，而何门户之别哉！”[②]黄爵滋《汉宋学术定论论》也以调和汉、宋为宗旨：“汉、宋学者，皆孔氏之徒”，“无汉儒之训诂，则宋儒之性道无由而发；无宋儒之性道，则汉儒之训诂无由而归。是汉儒孔氏之功臣，而宋儒又汉儒之功臣也”[③]。劳乃宣长于汉学，不弃宋学，力主调和之说，认为汉学、宋学“皆所以学圣人之道，本不必过自分畛域也”[④]。

张之洞“为学忌分门户”，他在调和汉宋之争时折衷于圣人之道：“近代学人大率两途，好读书者宗汉学，讲治心者宗宋学，逐末忘源，遂相诟病，大为恶习。夫圣人之道，读书治心，宜无偏废，理取相资。”[⑤]他出身汉学，但不为汉学所囿，认为那些宗汉废宋者违背了圣人设教授学的旨意：“先王设教，孔门授学，自当本末兼赅，道器并著，岂有但详学童仪节之文、五礼名物之制，而于身心治道绝不容一语及之者。”[⑥]宋学宗朱熹，汉学尊郑玄，张之洞指出，无论汉、宋，治经要以《论语》、《孟子》为准绳：“窃惟诸经之义其有迂

① 冯桂芬：《阙里致经堂记》，《显志堂稿》卷三，光绪二年校邠庐刊本。

② 林昌彝：《汉宋学术论》，《林昌彝诗文集》，上海古籍出版社 1989 年版，第 241 页。

③ 黄爵滋：《汉宋学术定论论》，《仙屏书屋初集文录》卷二，《中国近代文学大系·散文集》(一)，上海书店 1991 年版，第 413～414 页。

④ 劳乃宣：《孔子编年朱子年谱安先生年谱合刻序(代)》，《桐乡劳先生遗稿》卷二，桐乡卢氏刊本。

⑤ 张之洞：《輶轩语》，《张文襄公全集》卷二百零四。

⑥ 张之洞：《读经札记》，《张文襄公全集》卷二百十一。

曲难通、纷歧莫定者，当以《论语》、《孟子》折衷之，《论》、《孟》文约意显，又群经之权衡矣。”①

在晚清学术融合的背景下，一些主汉学者折衷汉、宋，还提出汉儒亦讲义理、宋儒不废训诂的观点。胡培翚说：“人之言曰：‘汉学详于训诂名物，宋学详于义理’，以是歧汉、宋而二之，非也。汉之儒者，未尝不讲义理；宋之儒者，未尝不讲训诂名物，义理即从训诂名物而出者也。”②郑珍说：“程、朱未尝不精许、郑之学，许、郑亦未尝不明程、朱之理，奈何歧视为殊途？偏执之害，后学当深戒。”③林伯桐作《朱子不废古训说》，称赞朱熹“能考证古训，折衷一是，不以空言说经，可谓不从流俗”，并指出其《四书章句集注》之名本自汉儒④。张之洞坦称：“愚性恶闻人诋宋学，亦恶闻人诋汉学。意谓好学者即是佳士，无论真汉学未尝不穷理，真宋学亦未尝不读书。”⑤黎庶昌早年师从莫友芝、郑珍研习汉学，但不排斥宋学，认为子夏、郑玄、朱熹由考据而明义理，“以缵斯文于未丧”：“世儒耳食目语，不究朱子研经宗汉之旨，而概以道学附之，不识康成整齐六艺之功，而反以训诂少之，皆非博笃至论也。若子夏氏之发明，则更数典忘而易忘矣。《六经》之义坦然明白，今日而如日正中，悬诸不刊之典矣。讵知夫天皆纵

---

① 张之洞：《宗经》，《劝学篇》，上海书店出版社2002年版，第18页。

② 胡培翚：《答赵生炳文论汉学宋学书》，《研六室文钞》卷五，光绪四年世泽楼刊本。

③ 陈田：《黔诗纪略后编郑征君传》，见郑珍：《巢经巢文集》卷首，民国二十九年贵州省政府印本。

④ 林伯桐：《朱子不废古训说》，《修志堂稿》卷二，道光二十四年刊本。

⑤ 张之洞：《輶轩语》，《张文襄公全集》卷二百零四。

此三大儒者出其绝地通天之力，以缵斯文于未丧。”[①]他后来师事曾国藩学习桐城古文，宗宋而不废汉，又从另一个方面体现了汉宋调和的时代特点。

经世致用是儒家各派共同遵循的思想主张，汉学、宋学在维护封建君主专制制度和伦理道德方面并不存在根本分歧。宗汉学者在调和汉宋之争时认识到了这一点，并有发挥。陈庆镛“精研汉学，而服膺宋儒”，认为汉学、宋学在实用性方面是统一的：“汉、宋之学，其要皆主于明经致用，其归皆务于希圣希贤。他人视为二，吾直见为一也。”[②]罗汝怀偏重汉学，却“疾近世汉学、宋学之分，以为名物度数，先王所以立教，而学先识其大，诚未可偏胜。故其学于六艺故训、地理沿革、古今水道源流分合、历代法制氏族、金石篆隶，靡不研诵而一本于立身行己”。[③] 他将汉学的通经致用与宋学的立身修己结合在一起，体现了二者的致用之长。张之洞认为，好读书者宗汉学，讲治心者宗宋学，皆有益于世道人心：“学以躬行实践为主，汉、宋两门皆期于有品有用”。[④]他还就读书、明理与致用的关系作了说明：“近人往往以读书明理判为两事，通经致用视为迂谈。……随时读书，随时穷理，心地清明，人品自然正直，从此贯通古今，推求人事，果能平日讲求，无论才识长短，筮仕登朝，大小必有实用。”[⑤]他在回答诸生的

---

① 黎庶昌：《图画章句三大儒遗像记》，《拙尊园丛稿》卷二，光绪十九年上海醉六堂石印本。

② 何秋涛：《〈籀经堂类稿〉序》，见陈庆镛：《籀经堂类稿》卷首，光绪九年刊本。

③ 郭嵩焘：《皇清诰封通议大夫太常寺卿衔候选内阁中书选受芷江龙山县儒学训导罗君墓志铭》，见罗汝怀：《绿漪草堂文集》卷首，光绪九年湖南省城刻本。

④ 张之洞：《輶轩语》，《张文襄公全集》卷二百零四。

⑤ 张之洞：《輶轩语》，《张文襄公全集》卷二百零四。

提问时指出，汉学、宋学各有其用："汉学，学也；宋学，亦学也；经济、词章以下，皆学也。不必嗜甘而忘辛也。大要读书宗汉学，制行宗宋学。汉学岂无所失，然宗之则空疏蔑古之弊除矣。宋学非无所病，然宗之则可以寡过矣。"①

晚清时期，多数尊汉学者在思想主张上虽赞成调和宋学，但因受汉学立场所囿，他们的行与言往往有较大出入，汉宋兼采只能在一定限度上付诸实施。

主汉学者所采择的宋学，在学术方面主要是宋儒尤其是朱熹的注疏成就。李慈铭指出："至谓宋儒解经亦尽有是处，尤见持平折衷。鄙人尝细读《诗》之欧《本义》、朱《集传》，《书》之苏《传》、蔡《传》，其议论亦间有较胜汉儒者。而国朝惠氏栋之《易》，王氏鸣盛、孙氏星衍、江氏声之《书》，专述郑义，字字抉剔，亦不免自相违反。盖康成总结诸义，博观会通，千虑一失，岂能毕照？《书注》既亡，出于掇拾，更不能无所羼乱，使郑君生于今世，必不竟弃宋儒如惠氏、王氏、江氏之专也。至程子之《易》，朱子之《易》与《礼》，尤与汉儒相辅不北。惟宋儒之患，在不善学者尽弃训诂名物，以孟浪行之，而谓《易》可无象，《诗》、《书》可无序，则一切古书俱可不读矣。"②晚清汉学由于扩大了取证范围，吸收了宋学的一些学术成就，故在乾嘉汉学基础上能够更进一步。当时汉学的重要成果，诸如胡培翚《仪礼正义》、马瑞辰《毛诗传笺通释》、刘宝楠《论语正义》、丁晏《周易述传》、丁寿昌《读〈易〉会通》、郑珍《仪礼私笺》、钟文烝《穀梁补注》，以汉学为主不废宋学，融汉学之博洽与宋儒之精

---

① 张之洞：《创建尊经书院记》，《张文襄公全集》卷二百十三。

② 李慈铭：《复桂浩亭书》，《越缦堂文集》，文海出版社 1974 年版，第 124 页。

密为一体，较好地体现了兼综汉宋的时代特色。[①]

在治身方面，晚清汉学家吸取了宋学躬行实践的特点。清代汉学兴起之初，就有人汉、宋兼综并行，读书宗汉学，修身宗宋学。如元和惠士奇即以“《六经》尊服、郑，百行法程、朱”为楹联。晚清时期，部分学者为救汉学末流支离破碎之弊，积极吸收宋学长于治身心的特点。陈庆镛自谓：“《六经》宗许、郑，百行法程、朱，亭林之言，吾辈当以自励。”[②]李慈铭“勤于考订，兼尊宋学，谓可以治身心”[③]。张之洞《创建尊经书院记》以师生问答的形式就汉宋关系作了阐释，认为“宋学贵躬行，不贵虚谈”，可以祛除汉学空疏蔑古之弊，并主张“读书宗汉学，制行宗宋学”。他在《輶轩语》中对朱熹学说大为赞赏，称：“朱子《近思录》一书，言约而达，理深而切，有益身心，高下咸宜，所宜人置一编。”[④]

---

① 胡培翚继承祖父胡匡衷治学不分汉宋门户的风格，所著《仪礼正义》40 卷宗郑注而兼采宋学。马瑞辰著《毛诗传笺通释》承家学之风，汉宋合流。刘宝楠著《论语正义》24 卷(后 7 卷由其子刘恭冕续成)，病梁皇侃《论语义疏》、宋邢昺《论语注疏解经》之芜陋，仿焦循《孟子正义》，以何晏《论语集解》为主，搜辑汉儒旧说，益以宋人注释，并吸收清代诸家之成果而成。何晏前期宗奉郑玄，专尚考据训诂，道光末年转向汉宋兼采，他在《读经说》中说：“汉学、宋学之分，门户之见也。汉儒正其诂，诂定而义以显。宋儒析其理，理明而诂以精。二者不可偏废，统之曰经学而已。”他于咸丰年间所成的《周易述传》、《左传杜解集正》等著作汉宋兼采，其《左传杜解集正》自叙：“自汉宋之学分，党同伐异，经学与理学歧而二之，非通儒之学也。”其子丁寿昌于同治元年所著《读〈易〉会通》，亦会通汉宋。郑珍所著《仪礼私笺》8 卷，贯通郑、朱之注，纠正了清儒在《仪礼》研究中的不少讹误。黎庶昌《郑征君墓表》称：“其初实致力于许、郑二家之书，以为不明传注则经不能通，不明训诂则传注不可得而读，其于康成、叔重信之惟恐不笃，尊宠之惟恐不及。既治三反，苟有惑则发愤谭思，又不合则群综诸儒之说，旁参曲证，必求一得当程、朱之义理而已。”钟文烝著《穀梁补注》24 卷主汉宋兼采，该书《略例》说：“凡补注之作，以征引该贯，学郑君三礼注；以探索精密，学朱子《四书章句集注》。”

② 徐世昌：《春海学案》，《清儒学案》卷一百四十六。

③ 徐世昌：《越缦学案》，《清儒学案》卷一百八十五。

④ 张之洞：《輶轩语》，《张文襄公全集》卷二百零四。

三、汉宋会通

汉宋会通论者以兼综折衷、融会贯通为特色，不偏主一家。晚清时期，标榜会通成为学术时尚，当时汉学、宋学人士中不少人具有这种倾向。但能将这种思想主张与具体治学实践结合在一起者，实则较为少见。其中，陈澧及黄式三、黄以周父子虽出身汉学，但后来注重采纳宋学之长，门派成见不像前述诸人那么明显，学界多以汉宋会通论者视之。

陈澧曾自述治学历程说："余少时志欲为文章之士，稍长为近儒训诂考据之学，三十以后，读宋儒书，因进而求之《论语》、《孟子》及汉儒之书。"[①]陈澧会通汉宋的代表性著作，"其精者为《汉儒通义》，其博者为《学思录》（后定名为《东塾读书记》）"[②]。

《汉儒通义》汉宋会通色彩明显。该书综合《白虎通》、《近思录》等书体例，"专采经说，《白虎通》之例也，题某家之说，《近思录》之例也"[③]。陈澧在论述此书的宗旨时说："汉儒说经，释训诂，明义理，无所偏尚。宋儒讥汉儒讲训诂而不及义理，非也。近儒尊崇汉学，发明训诂，可谓盛矣。澧以为汉儒义理之说醇实精博，盖圣贤之微言大义往往而在，不可忽也。……窃冀后之君子，祛门户之偏见，诵先儒之遗言，有益于身，有用于世，是区区之志也。若门户之见不除，或因此而辩同异、争胜负，则非澧所敢知矣。"此书虽以汉儒为研究对象，但不偏于考据、义理之一端。他表彰汉儒，意在纠偏除弊，会通汉宋，以此回应宗宋学者菲薄汉儒不讲义理之说，

① 陈受颐编：《陈兰甫先生澧遗稿》，载《岭南学报》第2卷第2期。
② 陈受颐编：《陈兰甫先生澧遗稿》，载《岭南学报》第2卷第2期。
③ 陈澧：《汉儒通义·条例》，番禺陈氏东塾丛书本。

矫正清代汉学家专事考据弃置义理之弊。需要指出的是，该书所说的义理与宋儒的义理学说相互贯通，“以为汉儒之书固有宋儒之理”[①]，而非清儒戴震等反理学者所讲的“义理”。

《东塾读书记》“详于朱子之学，大旨在不分汉、宋门户”[②]，以会通汉宋著称。这从其两是郑、朱可见一斑。汉学尊郑玄，宋学尊朱熹。持汉宋门户之见者往往是此则非彼，宗汉学者斥朱熹不事考据，宗宋学者诋郑玄不讲义理。该书卷十三《郑学》对肯定郑玄者加以褒扬，对批评郑玄者加以驳斥。他认为，郑学包含有义理之学，乃汉学、宋学的统一。宋学家攻击郑玄不讲义理之学，清代汉学家以郑玄惟事考据，均不得要领。在陈澧看来，朱熹也是一位博通汉、宋学的人物。该书卷十五《朱子书》反复申述的主题即朱熹一贯注重训诂传统，教人读汉人注疏，“而深讥不读注疏者”。他将后人所说朱熹反汉儒的言论一一枚举，然后加以辩驳，力图说明朱学源于郑学，朱、郑只有形式上的差异而无本质上的不同。他指出：“朱子好考证之学，而又极言考证之病，其持论不偏如此。盖读书玩理与考证，自是两种工夫，朱子立大规模，故能兼之。”[③]为表彰郑、朱，陈澧还与人辑刊有《郑氏遗书》、《朱子语类日钞》。

陈澧《东塾读书记》的会通汉宋，并不是汉学方法与宋学义理的简单结合，而是通过具体的学术实践，以考据为基础，来论说汉学的微言大义与宋儒的义理学说的一致性：“汉儒之书，有微言大义，而世人不知也。唐疏亦颇有之，世人更不知也。真所谓微言

---

① 胡锡燕：《汉儒通义·跋》，《汉儒通义》卷末。

② 陈澧：《复刘叔俛书》，《东塾集》卷四，光绪十八年菊坡精舍刻本。

③ 陈澧：《东塾读书记》，三联书店 1998 年版，第 311～312 页。

绝，大义乖矣。宋儒所说，皆近于微言大义，而又或无所考据，但自谓不传之学。夫得不传，既无考据耳，无师承耳。国初儒者，救明儒之病。中叶以来，拾汉儒之遗，于微言大义，未有明之者也。故予作《学思录》，求微言大义于汉儒、宋儒，必有考据，庶几可示后世耳。"[①]他不仅两是汉、宋，承认二者都讲义理、考证，而且还论证了汉学义理与宋学义理的内在一致性，从学理上实现汉、宋学义理的会通。例如，陈澧的礼经研究就贯穿了汉宋会通的思想。一方面，他在研究中注意吸收汉儒、宋儒治礼成果，汉宋兼采，以此增强论证的效果。另一方面，他借礼学破除汉、宋门户之见，会通汉学与宋学。[②]

《清儒学案》称：陈澧"兼以郑君、朱子为宗主，通汉宋之邮，意在补偏救弊，不为无益无用之学，其宗旨特为醇正"[③]。胡锡燕说：陈澧治学"实事求是，不取门户争胜之说"[④]。《东塾读书记》对晚清汉宋调和学风产生了一定影响，有人甚至认为，"沟通汉宋，一时学风为之丕变"[⑤]。

黄式三、黄以周父子会通汉宋，主要体现在礼经研治方面。黄式三著有礼说三篇。其《复礼说》以礼为圣人制作，对礼学倍加推崇："礼也者，制之圣人，而秩之自天。……孔圣言'克己复礼为仁'。复礼者，为仁之实功也，尽性之实功也。"[⑥]《崇礼说》则提出，

---

① 杨寿昌编：《陈兰甫先生澧遗稿》，载《岭南学报》第2卷第3期。

② 陈澧：《东塾读书记》，第172页。

③ 徐世昌：《东塾学案》(上)，《清儒学案》卷一百七十四。

④ 胡锡燕：《汉儒通义·跋》，《汉儒通义》卷末。

⑤ 支伟成：《清代朴学大师列传》，岳麓书社1998年版，第155页。

⑥ 黄式三：《复礼说》，《儆居集》经说一，见《定海黄氏遗书》，清同治光绪年间刻本。

崇礼为致中和的最佳途径，有助于避免学术偏失。[①] 据此，在对待汉学与宋学关系时，黄式三主张以礼为会通二者的要道。其《约礼说》对凌廷堪“以礼代理”说提出了批评：“凌次仲教授《礼经释例》首以《复礼》上、中、下，其下篇云：‘仁不能舍礼但求诸理’；又云：‘求诸理，必至于师心’；又云：‘圣学礼也，不云理也’。此因儒者舍礼言理，指心之微而难见者，以为幽妙，有激而言，矫枉过正。”[②]他认为，凌氏所谓的圣学不言理之说不能成立：“古之所谓理者，何邪？《礼器》曰：‘义理，礼之文也。’《乐记》曰：‘礼也者，理之不可易者也。’然则礼之三百三千，先王所条分缕析，灿然显著，别仁义，明是非，君子所不敢紊而畔之者，此理也。”[③]“理”蕴蓄于圣人之“礼”当中，借“礼”而存在。黄式三所讲的“理”虽与朱子所讲的“理”有出入，但却在“礼”与“理”之间架起了桥梁。他以说礼三篇为基础，提出“礼者，理也。古之所谓穷理者，即治礼之学也。尽性在此，定命在此”[④]，从而实现了汉学与宋学的调和、会通。

黄以周承继其父式三的礼学思想而有所发展，提出“礼学即理学”之说，以融贯汉学与宋学。他同样予礼以很高的评价：“古人言学，近之以治其身心，远之以治其国家，不越乎礼。礼也者，诚正之极则，治平之要道也。”[⑤]以此为基础，他借助于顾炎武提出的“经学即理学”思想，在礼学与理学之间建立了联系：“经以载道，经学即是理学，经学外之理学为禅学，读《日知录》可会之。考据间有未

---

① 黄式三：《崇礼说》，《儆居集》经说一。

② 黄式三：《约礼说》，《儆居集》经说一。

③ 黄式三：《约礼说》，《儆居集》经说一。

④ 黄家岱：《礼记笺正叙》，《嬹艺轩杂著》卷下，见《定海黄氏遗书》。

⑤ 黄以周：《答周官问》，《儆季杂著》文钞四，见《定海黄氏遗书》。

明，义理因之而晦。”[1]经学即理学，礼学为经学亦即理学也，考据明则义理明。以此，黄式三打通了“考礼”与“穷理”的关节：“圣门之学者，重约礼。礼者，理也。……古人论学，详言礼而略言理，礼即天理之秩然者也。……故考礼之学，即穷理之学也。”[2]顾炎武“经学即理学”主要是针对明末理学空疏而发，黄以周“以礼学为理学”则在救汉、宋学之弊。其《经训比义》称：“博文约礼，圣门正训。学者欲求孔圣之微言大义，必先通经。经义难明，必求诸训诂声音，而后古人之语言文字乃憭然于心目。不博文，能治经乎？既治经矣，当约之以礼。”“礼者，理也，天理之秩然者也。考礼即穷理。后儒舍礼而言理，礼必实征往古，理可空谈任臆也？欲挽汉、宋学之流弊，其惟礼学乎！”[3]黄以周既反对汉学家考据训诂脱离义理之弊，又反对理学家空谈天理性命缺乏征实之弊。他提出“以礼学为理学”，就是要倡导以礼学研究融会汉学与宋学。其《礼书通故》、《礼说略》、《子思子辑解》汉宋兼采，实事求是，为清代礼学研究的精赡之作，体现了他会通考证与义理的学术思想。

顺便指出，清代中叶，戴震深斥宋学家所言之“理”，凌廷堪乃易之以言礼，“同时学者里堂（焦循）、芸台（阮元）以下，皆承其说，一若以理、礼之别，为汉、宋之鸿沟焉”[4]。一些汉学家厉禁穷理，以礼为教，“理”、“礼”之别由此而成为汉、宋争讼的话题之一。晚清时期，恢复和维护封建礼义秩序是与挽救封建统治危机紧密联

---

① 黄以周：《南菁书院立主议》，《儆季杂著》文钞六。

② 黄以周：《曾子论礼说》，《儆季杂著》文钞一。

③ 缪荃孙：《中书衔处州府学教授黄先生墓志铭》，《续碑传集》卷七十五，《清代碑传记全集》下册，上海古籍出版社 1987 年版，第 1195 页。

④ 钱穆：《中国近三百年学术史》下册，商务印书馆 1997 年版，第 547 页。

系在一起的，与此相应，礼学研究也受到了士大夫的重视。以礼学来息汉宋之争、通汉宋之郇并不是个别人的主张，也不是仅属于汉学一派，而是一种较为普遍的学术文化现象。除上已提及者外，夏炘著《学礼管释》，胡培翚著《仪礼正义》，郑珍著《仪礼私笺》，郭嵩焘著《礼记质疑》、《大学质疑》、《中庸质疑》等，均以汉宋兼采为宗旨，从而在整体上体现出晚清礼学研究调和、会通汉宋的时代特点。

第四章 清代今文经学家与程朱理学

在清代学术史领域，关于今古文之争、汉宋学分合，学界已有一些研究成果，但对于程朱理学与今文经学的关系则研究较少。[①]程朱理学乃清代官方哲学和主流意识形态，今文经学复兴则是清代中后期醒目的学术现象，对龚自珍、魏源、康有为等著名思想家产生过广泛影响。与汉学相比，二者的影响均超出一般意义上的学术范畴，而深入政治、思想领域，因此，这一论题对于解读清代今文经学家的思想主旨，尤其是康有为等新学家"反传统"的理路，有其价值。限于当时宗理学者对今文经学评论较少，故本书重在分析清代今文经学家与程朱理学的关系，尤其关注他们对理学的看法[②]。

---

① 此前论清代今文经学，多从今古文分野来述说，而对今文经学与程朱理学的关系注意不够。台湾学者孙春在所著《清末公羊思想》已意识到这一问题，他在前言中指出："由于对清末传统思想除经学以外的两大脉络——理学与佛学——只有极肤浅的认识，因此本文只能自限于经学的部分。如此一来，对于深受理学培养及佛学熏染的各清末公羊思想家，难免有以偏概全的现象，唯此一缺失是短期间内无法弥补的。"（见孙春在：《清末公羊思想》，台湾商务印书馆 1984 年版，第 8 页）罗检秋的论文从汉宋调融的学术趋向看清代今文经学兴起，已涉及与程朱理学关系问题，限于论题，该文对宋学与清末今文经学家的关系论述稍弱，对今文经学家反宋学的倾向似关注不够。（见罗检秋：《从清代汉宋关系看今文经学的兴起》，《近代史研究》2004 年第 1 期）

② 今文经学中的"经生派"，著名者如孔广森、陈寿祺、陈乔枞、凌曙、陈立、邵懿辰、皮锡瑞等，他们治学较为平实，重在考据、辑佚，不好发挥微言大义，某种程度上带有乾嘉汉学之风。从整体上看，他们受汉宋调和学风的影响，不排斥宋学，治今文经兼采程朱理学。限于篇幅，本书不作讨论。

一、兼尊程朱

清代今文经学的兴起是汉、宋学关系演变的产物。常州学派发轫时，恰值汉学鼎盛，宋学式微。他们选择今文经学，显然是不满于清代汉学的现状，带有尊今文而去古文的倾向。[①] 这意味着，相对于以考据见长的汉学而言，好谈微言大义的今文经学与讲求义理的程朱理学在轻考据、重义理方面存在一致的地方。[②] 况且，程朱理学居于官方哲学的地位，常州庄氏自明末以来就有以理学传家的家学渊源。可以说，重视阐发《四书》，兼容程朱理学，乃常州学派的学术传统之一。

清代今文经学复兴的始作者庄存与（1719～1788 年），治今文经学而不废程朱理学。他的《春秋正辞》采取"属辞比事"的方法，由"辞语"阐发义理，发掘《春秋》的微言大义，以维护现有的封建政治秩序与人伦道德，在宗旨上与程朱理学宗奉者所宣扬的思想主张并无二致。为了论述天理伦常的不可更易，他援引程、朱学说作为证据，如《奉天辞》述"审天命废兴"一条时引《程氏经说》卷五："人理既灭，天运乖矣，阴阳失序，岁功不成矣，故不具四时。"[③]这在崇尚汉学、排诋宋学成风的乾隆年间，援宋学入今文，显示了庄存与重视宋学的特点。为调和宋学，庄存与著

---

① 从逻辑上讲，清代今文经学与汉学联系密切，某种程度上可视作是后者的继续或蜕变。他们在治学内容上由东汉之学进而探求西汉之学，在学术手段上也不完全拒斥汉学考据（魏源、梁启超对此均有所阐述）。从学术环境看，今文经学在清代的兴起又与当时的汉宋调融趋向有关（见前揭罗检秋文）。因此，经今、古文之间也是有分有合，不可一概而论。

② 见前揭罗检秋文。

③ 庄存与：《奉天辞第一》，《春秋正辞》，《皇清经解》卷三七五，学海堂刻本。

有《四书说》一卷，本今文而兼程、朱。阮元称："《四书说》敷畅本旨，可作考亭争友，而非如姚江王氏、萧山毛氏之自辟门户，轻肆诋诘也。"[①]皮锡瑞则指出："其实庄氏所自矜创获，皆阴袭宋儒之余唾，而显背汉儒之古训者也。"[②]同时，庄存与制行宗宋学，注重理学修养："其笃志深邃，穷源入微，独有会心，于汉则宗仰江都，兼取子正、平子，于宋则取裁五子……自署斋中屏联云：玩经文，存大体，理义悦心；若已问，作耳闻，圣贤在坐。其居敬穷理功夫于此大概可见。"[③]

刘逢禄(1776～1829年)是常州学派的中坚，继承了庄存与兼采宋学的风格。他治学特点之一，即把今文经学与程朱理学杂糅在一起。所著《论语述何》2卷、《四书是训》15卷，均以微言大义来发挥《论语》等儒学经典。如《论语述何》解释"学而时习之"："学，谓删定《六经》也"；"温故而知新"："故，古也，《六经》皆述古昔称先王者也。知新，谓通其大义以斟酌后世之制作，汉初经师皆是也。"[④]他认为，"《论语》总《六经》之大义，阐《春秋》之微言，固非安国、康成治古文者所能尽。"[⑤]他以今文学的观点和方法来曲解《四书》，然后从《四书》中引申出大义。《四书是训》以经文裁正《四书》，认为宋儒的注疏合于今文经学的大义。书中提出，"汉儒长于数，其学得圣人之博，宋儒邃于理，其学得圣人之精，二者得兼，乃

---

① 阮元：《味经斋遗书序》，见庄存与：《味经斋遗书》卷首，光绪八年阳湖庄氏刻本。

② 皮锡瑞：《书经》，《经学通论》一，中华书局1954年版，第98页。

③ 庄勇成：《少宗伯养恬兄传》，《家传二》，《毗陵庄氏族谱》卷三十，光绪元年刻本。

④ 刘逢禄：《论语述何》一，《皇清经解》卷一二九七。

⑤ 刘逢禄：《论语述何·后叙》，《皇清经解》卷一二九八。

见圣人之全经”[①]。看似无所偏倚，实际上，这是指责汉学家不读理学书籍而妄议程、朱之弊，认为今文经学才兼具博、精，“见圣人之全经”。该书在表达今文经学观点时，还直接为朱熹辩护：朱熹的《大学》、《中庸》章句，“注疏羽翼之功，不可埋没”[②]。

在刘逢禄的著作中，以理学概念诠释《春秋》者也多见。如《释三科例》说：

> 慎言行，辨邪正，著诚去伪，皆所以自治也。由是以善世，则合内外之道也。至于德博而化而君道成，《春秋》所谓大一统也。夫治乱之道，非可一言而尽。《易》变动不居，由一阴一阳而穷天地之变，同归于乾元用九以见天，则《春秋》推见至隐，举包内外，以治纤芥之慝，亦归于元始正本以理万事。故平天下在诚意，未闻枉己而能正人者也。《春秋》之化，极于凡有血气之伦，神灵应而嘉祥见，深探其本，皆穷理尽性之所致为治平者，反身以存诚，强恕以求仁而已。[③]

“修齐治平”、“穷理尽性”、“反身存诚”、“强恕求仁”乃理学家常用的话语，他却纳入大一统思想中，用以注疏《春秋》之学，兼综宋学色彩深厚。

宋翔凤（1779～1860年）是常州学派的又一重要人物。他治经宗今文而不排斥宋学，程、朱与董、何并尊。这从他重视《四书》研究可见一斑。宋翔凤治《四书》，不拘一家之言，融会古文、今文、理学，交相阐释，著有《论语说义》10卷、《论语郑注》2卷、《孟子赵注补正》6卷、《孟子刘熙注》1卷、《大学古义说》2卷、《四书释地辨

---

① 刘逢禄：《大学中庸》，《四书是训》卷一，聚学轩丛书本。
② 刘逢禄：《大学中庸》，《四书是训》卷一。
③ 刘逢禄：《释三科例下》，《刘礼部集》卷四，光绪十八年延晖承庆堂刻本。

正》2卷、《四书纂言》等系列著作。《四书释地辨正》为考证《四书》地名的重要著作，为时人推许，被收入《皇清经解》。《四书纂言》垂40年之功，于道光六年(1826年)完成。他在书序中声称，"《四书》之中学术备焉，政事备焉，天文地宜之奥赜、鸟兽草木之繁衍悉与包罗，皆有根柢。苟非宏览博物，明理洞源，莫能得其涯涘而知其究极。"①该书编辑自汉以来诸家之说，并加以纂言，侧重于以名物训诂、制度损益说《四书》，由考据以明大义，汉宋兼采，体现了宋翔凤治学合今、古、宋学于一的特点。由于此书内容繁杂，他又于道光二十年(1840年)撰成《论语说义》，以《论语》"为子夏六十四人共撰仲尼微言以当素王"之作，集中发挥微言大义。他指出，《论语》含有孔子微言大义："孔子受命作《春秋》，其微言备于《论语》。"②"微言者，性与天道之言也。"性与天道备于《论语》，太平之治、素王之业也毕备于《论语》③。《论语说义》以《公羊》说《论语》，以《论语》生发《公羊》大义，多枘凿附会之处。子夏传《春秋》，原是公羊学家的一贯说法，该书把《论语》的传承也归于子夏名下。凡《论语》中"无言"、"罕言"字样，皆以"微言"释之。《大学古义说》一尊程朱理学正统，主张存理遏欲之说："知止者，知人当有所止也。《大学》一篇不言性，而言善，其善即其性也。人有喜怒哀惧爱恶欲之情，以滑乱其性，遂以至于祸乱而不可止。故发乎情者当止乎礼义。《大学》之礼，所以治人情而止其祸乱也。"④他晚年编纂的文集《过庭录》，专列"道学"一条，大量引用《宋史·道学传》的文字，

① 宋翔凤：《四书纂言·序》，光绪年间刻本。
② 宋翔凤：《论语说义》一，《皇清经解续编》卷三八九，南菁书院刻本。
③ 宋翔凤：《论语说义序》，《皇清经解续编》卷三八九。
④ 宋翔凤：《大学古义说》一，《皇清经解续编》卷三八七。

痛诋林栗、郑丙、韩侂胄等“小人”诬劾朱熹，为道学和朱熹学说辩护：“朱子之学自足继往开来，非他儒所能及，其小小异同正可与旧说并存也。同时有陆象山与朱子立异，至以学问思辨过于自暴弃之人，则并驳《中庸》，又以《集义》为邪说诬民，则攻及孟子。”又说：“至濂、洛诸子，穷极性命，发挥义理，讲明切究，以归实用。朱子搜辑二程遗书，而后洛学大备。……至其辨天理人欲之分，最为学问入门要略。学者守此可以不流于释氏。”[①]诚如钱穆所称：《过庭录》“深推两宋道学，以程、朱与董仲舒并尊，盖几几泯汉宋之见焉”[②]。他兼尊宋学的立场相当明显。

二、调和与批评

龚自珍、魏源曾从刘逢禄问学，又与宋翔凤交游，学主今文经学。他们生活的时代，乾嘉汉学有所衰落，程朱理学渐趋“复兴”，经世思潮正在兴起。受时代学风影响，龚、魏“喜以经术作政论”[③]，把经学研究与讨论时务结合起来，救裨当世，治学风格与庄、刘、宋有所不同。但从其学术思想的主流看，龚、魏并未超越时代的限制，他们所着力冲击的是“最尊严之学阀”汉学[④]，而对程朱理学仍示以调和。

龚自珍（1792～1841年）明确反对汉学家标榜门户、排斥宋学的做法。针对当时汉学家对宋学的攻击，龚自珍序江藩《国朝汉学

① 宋翔凤：《道学》，《过庭录》，中华书局1986年版，第212页。
② 钱穆：《中国近三百年学术史》下册，商务印书馆1997年版，第586页。
③ 梁启超：《清代学术概论》，上海古籍出版社1998年版，第77页。
④ 梁启超：《清代学术概论》，第71页。

师承记》时指出："孔门之道，尊德性、道问学二大端而已矣。二端之初，不相非而相用，祈同所归。"[①]"尊德性"与"道问学"是宋代以来不断辩诘的学术话题，在龚自珍看来，汉学、宋学只是初入门径的差别，不应有圭臬之分。这种调和汉宋的言论还可见诸《与江子屏笺》："若以汉与宋为对峙，尤非大方之言，汉人何尝不谈性道？……宋人何尝不谈名物训诂？"[②]江藩以性理、训诂分汉、宋，在龚自珍看来，真宋学未尝不谈名物训诂，真汉学未尝不谈性道义理，乾嘉考据学固执一端，有违圣学之意："入我朝，儒术博矣，然其运实为道问学。……敢问问学优于尊德性乎？曰：否否。是有文无质也，是因迭起而欲偏绝也。圣人之道，有制度名物以为之表，有穷理尽性以为之里，有训诂实事以为之迹，有知来藏往以为之神。谓学尽于是，是圣人有博无约，有文章而无性与天道也。"[③]也就是说，圣人之道是制度名物与穷理尽性的结合，是博与约、文与质、"道问学"与"尊德性"的结合，汉学有其局限性。由此，龚自珍主张，无论汉、宋，取长舍短，惟求其是："本朝别有绝特之士，涵咏白文，创获于经，非汉非宋，亦惟其是而已矣。"[④]可以说，正是在反思汉学，调和宋学的基础上，龚自珍选择了研治今文经学。

魏源(1794～1857 年)走上今文经学道路与龚自珍类似，也源于不以汉、宋学现状为满足。他指斥汉学家侈言考据，实则既不能通经，又不能致用，徒"以诂训音声蔽小学，以名物器服蔽《三礼》，

---

① 龚自珍：《江子屏所著书序》，《龚自珍全集》，上海古籍出版社 1999 年版，第 193 页。

② 龚自珍：《与江子屏笺》，《龚自珍全集》，第 347 页。

③ 龚自珍：《江子屏所著书序》，《龚自珍全集》，第 193 页。

④ 龚自珍：《与江子屏笺》，《龚自珍全集》，第 347 页。

以象数蔽《易》，以鸟兽草木蔽《诗》，毕生治经，无一言益己，无一事可验诸治者乎”[①]。他对宋学也多有批评。例如，他在《默觚》中批评宋儒言治无方：“宋儒专言三代，三代井田、封建、选举必不可复，徒使功利之徒以迂疏病儒术。”[②]《庸易通义》则指出，朱熹注疏《中庸》存有失误：“朱子说《中庸》，无《大学》改本补传之失，后世读之，诚可以入德。惟不分上、下二篇，则使人不知后篇为赞圣之词，使人畏其高远望洋而叹；至道问学之有知无行，分温故为存心，知新为致知，而敦厚为存心，崇礼为致知，此皆百密一疏。”[③]因此，他主张摒弃汉学、宋学的弊病，由诂训、声音、典章、制度“以进于西汉微言大义，贯经术、故[政]事、文章于一”。[④]

然而尤当注意者，魏源对宋学并非一味攻讦，调和、改造意味甚浓。他受湖湘学风影响，治学从宋学入，曾认真研习过程朱、陆王学说，还一度追陪理学名儒姚学塽左右。由于程朱理学与现实政治的密切联系，作为关心现实、注重经世的思想家，即使转向今文经学以后，他对程朱理学及《四书》仍有相当多的推崇、肯定之处。《古微堂外集》前两卷中的文章，大多与理学有关。卷一《大学古本叙》兼采朱、王，将《大学》提高到《六经》纲领的位置[⑤]。卷二“圣贤赞”12 篇，列孔、孟、曾、颜、周、二程、朱、陆以及杨慈湖、王阳明、高攀龙、刘宗周等 13 人，折衷孔、孟，调和朱、陆，认为他们共传

---

① 魏源：《默觚上》，《古微堂内集》，《魏源全集》第 12 册，岳麓书社 2004 年版，第 23 页。

② 魏源：《默觚下》，《古微堂内集》，《魏源全集》第 12 册，第 49 页。

③ 魏源：《庸易通义》，《古微堂外集》，《魏源全集》第 12 册，第 104～105 页。

④ 魏源：《两汉经师今古文家法考叙》，《古微堂外集》，《魏源全集》第 12 册，第 136 页。

⑤ 魏源：《大学古本叙》，《古微堂外集》，《魏源全集》第 12 册，第 123 页。

圣人之道。这13人，俨然构成了一个理学道统谱系，尽管它不会为正统的理学家所接受。

《古微堂四书》则体现了魏源宗今文而不废宋学，重建道学体系的努力。《古微堂四书》又名《四书后编》，包括《小学古经》、《大学古本发微》、《孝经集传》、《曾子发微》四种，从思想逻辑和体例风格上看，有仿效或接续朱熹《四书章句集注》之意。

《小学古经》成书于道光二十九年（1849年），系尊朱子《大学序》及《仪礼经传通解·学礼》等篇而成，分"立教"、"明伦"、"敬身"三门，每门各有四篇正经，集注汉宋兼采、今古并用。作者在序中称："近儒遂欲以小学蔽先王造士之法，以六书蔽小学养正之功，形声诂训，童而究之，白首莫殚，终身无入大学之期，则又固之甚者也。"[①]该书首重养正践行，道德修养，有鲜明的尊宋非汉色彩。

《大学古本发微》、《孝经集传》、《曾子发微》等三种为魏源青年时代所作，于道光元年（1821年）刊行问世，重在表彰曾子及其学说。其中，《大学古本发微》尊《大学》古本之说，阐古本之微，调和朱、王。按，《大学》改本出自二程、朱子之手。先是程颢移"克明德"至"止于信"于"古之明明德于天下"节之前，移"听讼"节于"节彼南山"节之后，至程颐乃写为定本。但二程改本于"此谓知本"二句莫知所属，亦未作经、传之分。继此，朱熹《大学章句》分经一章、传十章，又于《诚意》章前补"格物致知"传，以"此谓知之至也"为结语，以"其此谓知本"为衍文。魏源指出，"此谓知本"并非衍文，而恰是《大学》要旨所在："《大学》之要，知本而已。知本之要，致知诚意而已。至善无恶，人之性。可善可恶，人之心。为善去恶者，诚

① 魏源：《小学古经叙》，《古微堂外集》，《魏源全集》第12册，第122页。

意；择善明善者，致知。以《中庸》证《大学》先后同揆，若合符节，故《致知》、《诚意》二章皆以‘此谓知本’结之。此千圣之心，传《六经》之纲领也。”[①]他认为，朱熹由于未悟《大学》古本分章之条理，所以误分经、传加以移补，但他对于格物本末的理解是正确的；王阳明认识到《大学》改本之偏，复求古本，但却未悟格物之本谊，遂变圣经为异学。以《大学古本》证以《中庸》明善诚身及宋、明诸儒之说，则《致知》、《诚意》二章不分经、传之案定矣。如此理解，才既不会因“道问学”而失于支，也不会因“尊德性”而失于荡。

此外，魏源还编著有《子思子章句》（实即《中庸章句》）、《论语孟子类编》。

魏源之所以大量编纂这些先秦经典，与他摆脱传注、直求大义的今文经学思想有一定关系。他在《论语孟子类编序》中说：“经有奥义，有大义，研奥者必以传注分究而始精，玩大者止以经文汇观而自足”，《论语》、《孟子》等经籍乃“显白之文”，非“聱牙噩诘之比，奚必待传注而后明哉！”其间，又寓有通过梳理儒家早期道统谱系以批评汉学家歪曲义理、屏斥躬行之意：

> 自明以来，学者争朱、陆，自本朝以来，学者争汉、宋，今不令学朱学陆而但令学孔、孟焉，夫何诤？然近日治汉学者，专务记丑，屏斥躬行，即论洙、泗渊源，亦止云定、哀间儒者之学如是，在子思、孟子以前；其意欲托尊《论语》以排思、孟，甚至训一贯为壹行，以诂经为生安之学，而以践履为困勉之学，今即以孔、孟、曾、思之书条贯示之，其肯相从于邹、鲁否，尚未可

① 魏源：《大学古本发微叙》，《古微堂四书》卷二，《魏源全集》第2册，第447页。

知也。[①]

其讥汉学、主躬行，俨似理学家说法。钱穆称："《大学古本》、《孝经集传》及《曾子章句》诸书，皆带宋学气息。"[②]通过这些著作，魏源不仅力图重建"四书"体系，而且对理学家所遵奉的《四书》从今文经学出发重新作了阐释。

三、讥诋排斥

咸丰以后，内忧外患加重，清王朝破败迹象显露，程朱理学的权威受到挑战，有人称："一闻道学之名，则群非众忌，无所不至。"[③]在此背景下，治今文经学者对待程朱理学的态度发生了较大的变化，其中一些人出现了较为明确的反叛倾向。戴望、王闿运、廖平等的思想主张均不同程度地带有反宋学成分。

戴望(1837～1873 年)著有《论语注》20 卷、《颜氏学记》10 卷、《管子校证》24 卷，诗文被后人辑为《谪麐堂遗集》。他治学主经世致用，前后三变，先是钻研颜元、李塨之学，后至苏州从陈奂问声音训诂之学，咸丰七年(1857 年)，复从宋翔凤习《公羊春秋》。戴望虽入曾国藩幕府多年，交游多为理学人士，但他却伏处郁郁，常怀反理学思想。

戴望的反理学思想最初源自早年读颜元之书。他对颜、李之学推崇备至，"以为颜、李之学，周公、孔子之道也。自陈抟、寿厓之

① 魏源：《论语孟子类编》，《古微堂外集》，《魏源全集》第 12 册，第 131 页。

② 钱穆：《读〈古微堂集〉》，《中国学术思想史论丛》卷八，安徽教育出版社 2004 年版，第 291 页。

③ 贺瑞麟：《复冯展云中丞书》，《清麓文集》卷九，光绪二十五年刘传经堂刻本。

流以其私说簧鼓天下，圣学为所汩乱者五百余年始得两先生救正之，而缘陈奋笔者至今不绝，何其蔽与?”[①]故著《颜氏学记》，去芜履正，黜程、朱而表颜、李。《颜氏学记》称，颜元之学，确守圣门旧章，与后儒新说别者有三：其一谓六艺不外一礼。“礼必习行而后见，非专恃书册诵读也。……奈何以章句为儒，举圣人参赞化育、经纶天地之实事一归于章句，而徒以读书纂注为功乎？无极太极、河洛先后天之说皆自道家，而以之当圣人之言性与天道，至谓与伏羲画卦同功宜，其参杂二氏而不知也。”“其一谓气质之性无恶。……先生此言合孔、孟而一之，其有功于圣道最大。”“其一谓圣门弟子不可轻议。……后儒乃动诋宰我、樊迟、季路、冉求、子贡、子张、游夏诸子，而欲升周、程与颜、曾接席，是自视贤于孟子矣。盖圣门弟子以兢业为本，唯在实学、实习、实用之天下，而后儒侈言性天，薄视事功，故其视诸贤甚卑也。”这三条不同，显然系针对程朱理学而发；借颜氏之学攻击程朱理学之意，一目了然。戴望还专门为颜元遭受宗理学者的批评鸣冤：

先生初由陆王、程朱而入，返求《六经》、孔、孟，得所指归，足正后儒之失，而陋者目不睹先生之书，即訾嗷之，以为是背程、朱不可从也。夫不究其言之始终，而唯震于程、朱之名，囿于元、明以来之功令，并孔、孟之言而反之，则其所诋者非诋先生，乃诋圣言也。且群经教学成法昭昭具在，亦何尝教人以性为先，以静坐读书为学功哉。而后人以习行为难，且于古经之稍近奥赜者亦不欲读，惟日奉《小学》、《近思录》、《章句集注》、《纲目》、《语类》等书，齐之《六经》之列，童而习之，先入为主，

① 戴望：《颜氏学记·序》，蜕庐朱氏刻本。

莫知其非，其视先生之学欲复圣门旧章，则相顾却走而不前者其宜矣。彼伪言伪行诡薄僄忮之徒相率冒为程、朱之学，而无识者从而和之，使程、朱生于今日其许之乎？其必黜夫伪言伪行而许先生为诤友，可断断无疑也。[①]

《论语注》集中体现了戴望以公羊学改造《论语》的努力，潜含着作者反理学的思想倾向。《论语》在汉代分齐、鲁、古三家，文字有异，其中，《齐论》多《问王》、《知道》两篇。戴望继承了常州今文学派治《论语》的传统，他在《注论语叙》中曾自述著作缘起："《齐论》盖与公羊家言相近，是二篇者当言素王之事、改制受命之制，与《春秋》相表里"，东汉郑玄、何休皆曾为此作注，但郑之遗说存失参半，何之"孤文碎句，百不遗一"，至梁皇侃为《论语义疏》而诸家之书亡佚。"自后圣绪就湮，向壁虚造之说不可殚究，遂使经义晦蚀，沦于异端，斯诚儒者之大耻也。望尝发愤于此，幸生旧学昌明之后，不为野言所夺，乃遂博稽众家，深善刘礼部《述何》及宋先生《发微》，以为欲求素王之业、太平之治，非宣究其说不可。顾其书皆约举，大都不列章句，辄复因其义据，推广未备，依篇立注，为二十卷，皆隐括《春秋》及《五经》义例"，宣齐学所遗、劭公所传[②]。戴望墨守公羊家法，门户之见极深。刘逢禄著《论语述何》、宋翔凤《论语说义》，宗今文而不废宋学，戴望则直把唐、宋以降包括程朱理学在内的各家学说斥为"向壁虚造之说"、"异端"、"野言"，广筑壁垒，肆意攻击。

一般说来，理学家重《四书》，今文经学家重《五经》，而尤推服

① 以上引文见戴望:《处士颜先生元》,《颜氏学记》卷一，蜕庐朱氏刻本。
② 戴望:《注论语叙》,《戴氏注论语》卷首，同治十年刻本。

《春秋》。常州学派治学讲求微言大义，他们研治《论语》，以今文经学为根本，兼采宋学。如刘逢禄《论语述何序》说："《论语》总《六经》之大义，阐《春秋》之微言。"也就是说，《春秋》为主，《论语》为辅，《论语》是对《春秋》的解说。这符合今文经学的家法。戴望则不同，他认为《论语》"言素王之事、改制受命之制，与《春秋》相表里"，换言之，《论语》与《春秋》一样，本身即具有大义微言，是一部自成体系的今文经学典籍，无需依托《春秋》而存在[①]。这样，他对《论语》的重视程度便超过了此前的公羊学家。为了证明《论语》的价值，他一改前人以《论语》证《春秋》的做法，另辟蹊径，转而援引《春秋》证《论语》，以《春秋公羊传》注《论语》。兹引戴望注《为政》章为例。

子曰：殷因于夏礼，所损益，可知也；周因于殷礼，所损益，可知也。

注：此明通三统之义，故举夏、殷、周而不及虞。《春秋》于三正皆书王是也。

（子曰：）其或继周者，虽百世可知也。

注：三王之道若循连环，周则复始，穷则反本，故虽百世可知也。孔子成《春秋》，绌夏存周，以《春秋》当新王。损周之文，益夏之忠，变周之文，从殷之质，兼以三王之礼以益百世，

---

① 这一点，从《论语注》卷二十的《论语》编次论可得以系统说明。在该文中，戴望将《论语》前后二十章的逻辑次序一一道来，认为从首章《学而》到末章《尧曰》构成了素王改制立法的严密体系。比如其中说："君子拨乱世反诸正，以兴学为首，故首以《学而》，犹《春秋》之始元正本以理万事也。""悲悯孔子身为素王，欲使得如尧、舜、汤、武为天下君，致纯太平，故以《尧曰》终篇，犹《春秋》文成致麟之旨也，明仲尼之道祖述尧、舜也。"

有王者起，取法《春秋》，拨乱致治，不于是见乎？[1]

按，朱熹《论语集注》认为，“三纲五常，礼之大体，三代相继，皆因之而不能变。其所损益，不过文章制度小过不及之间。”[2]戴望此说与朱熹学说相悖，也与刘宝楠《论语正义》的解说不符，完全是在附会今文经学的微言大义。

从表面上看，戴望此书抬高《论语》的地位，与今文经学首重《春秋》的家法不合，但仔细深究可发现，《论语注》已篡改了这部典籍的本义，将其改造成了今文经学的经典，他抬高的是今文经《论语》的地位。换一个角度说，戴望注《论语》的目的，就在于将其由程朱理学的经典证成今文经学的经典，从而对宗理学者所信奉的《四书》学说形成打击。

王闿运（1832～1916年）素不喜理学，治学尊今文，笺注《五经》，著有《周易说》、《今古文尚书笺》、《尚书大传补注》、《诗补笺》、《周官笺》、《礼经笺》、《春秋公羊何氏笺》、《春秋例表》、《穀梁申义》、《论语集解训》等。他选择今文经为治学方向，也与对汉、宋学的认识有关。王闿运的弟子陈兆奎序《论初学阶梯》时说：秦、汉以后，群言淆乱，是非莫衷，“马、郑失于破碎，程、朱病于空疏。儒林与文苑分驰，从政与问学同敝。去圣久远，宏旨未窥，古今之道体将为天下裂。”至王闿运出，恢张绝学，综百家而一贯[3]。这一说法未免过分夸大王闿运的学术地位，但却道出了王闿运不满于汉、宋学现状与遵奉今文经学之间的关系。王闿运在与友人的书信中也承认：“闿运平昔不攻宋学，以不相为谋之道，惩辨生末学之言，凡

---

① 戴望：《戴氏注论语》卷二。

② 朱熹：《论语集注》卷一，《四书章句集注》，中华书局1983年版，第59页。

③ 王闿运：《王志》注释，《湘绮楼诗文集》，岳麓书社1996年版，第487页。

所著述,未涉唐后,缘论禅语。”①

王闿运治经的反宋学倾向非常明显。他曾多次批评汉学、宋学皆无关经学,不切实用,如在《王志》中说:“汉后治经者初不得经之用,训诂、词章、性理、考据、经义、演说,等级自有高下,其无关经学一也。”②他认为宋学、汉学均不合“帝王之学”,尤不满于程朱理学的“八条目”之说:

> 治世有要,立身有本。行政应务,皆粗迹也。儒者知其然,而以平天下本于诚意,则又悖矣。大学之教专在格物。格物者,来归者众也。不曰人至民归,而物格,以物兼中,明非欲人之附己也。事不虚至,必有人矣,故物格即民亲。在位则民之,在学则物之也。修平之本莫过求贤,得贤而万事理。所以得贤,则必致知。知不自悟,必由于物。物来亲我,乃知善恶。初非尽通万变,乃后可变帝王。而虚语天人,高谈性命,探原索隐,亦究何为?或又详作科条,太多政法、盐铁、河渠,动究今古,耳倦于听纳,目疲于遍览。博而寡要,其弊又均。③

为抨击程朱理学,他专门作《论语集解训》20篇,罗致《论语》十大弊端,认为其言悖、诞、亵、歧、拙、复、固、陋、戏、愚:

> 夫君禘大礼而曰吾不欲观,开国圣乐而曰武未尽善,则其言悖。匹夫论帝王而吾无间然,已方在难而曰天生德,又曰文不在兹,又尝欲使弟子南面,则其言诞。身有至德,而欲人好之如色,则其言亵。学而不厌可谓云尔,又曰学而不厌何有于我,则其言歧。吾不与祭如不祭,则其言拙。雅言诗书,又曰

① 王闿运:《与张世兄》,《湘绮楼笺启》卷一,《湘绮楼诗文集》,第796页。

② 王闿运:《王志》,《湘绮楼诗文集》,第527页。

③ 王闿运:《王志》,《湘绮楼诗文集》,第500页。

皆雅言也,见齐衰者,又曰见之,则其言复。去丧则佩玄冠不吊,似初未闻者,则其言固。请车为椁,既已不伦,许则徒行,又何其惫。若此之类,其言近陋。冠者五六,童子六七,同浴于沂,其言近戏。曾子全身而曰启予手足,岂欲小子目验乃后不诬。若此之类,其言实愚。训诂乖互,有伤宏旨,其余疵陋,又益猥多,鲜克致疑,岂诚不惑?盖务大遗小,好博不研,缪解相传,问津无日,今之说者又有一一误以为圣师,则忘其分位。身甘穷老,则见等乡儒。①

王闿运学术思想的一大特点是引庄入经,儒道互补,这在他论述宋明理学时也有所体现。他尊老、庄而斥程、朱,对程朱理学家的"道学"深为不满。如他在《庄子注序》中说:"孔子之书,传者《孝经》、《论语》,皆空言,自是徒众益务于论道矣。"②《孝经》、《论语》为理学人士宗奉的经典,这实际上是在指责理学的空疏。他以庄证儒,认为道不可谈,宋儒所谈道学乃异端,故宋学为无本之学,并作《庄子七篇解》,以明圣人不言性与天道之意。他在同治五年二月初五日(1866 年 3 月 21 日)写的日记对此有所反映:

夫道不可谈,谈道自战国始,至五代极乱,而宋儒失师传,乃始推佛经,中六朝文士之戏言,以求于周、孔,以为圣人之道不可浅近,故赵宋、元、明诸人狂鹜焉。至国朝而始厌之,乃求汉人训诂,而犹未悟道学之非道也。余寻佛、老之言,见僧柢律,而后知佛经之所言微妙不可思议之法皆非其本;因而求之《庄子内篇》,而后知佛经之流乃《庄子》之波及;又求之《庄子》

① 王闿运:《论语训序》,《湘绮楼诗文集》,第 83 页。

② 王闿运:《庄子注序》,《湘绮楼诗文集》,第 84 页。

之本，而后始知道之不可谈，谈则必非道也。于是始悟宋儒之所以深求圣人者，误于佛经；佛经之所以虚无者，误于不善读《庄子》。故作《庄子七篇解》，以明圣人不言性与天道之意，而千古儒、墨之是非定矣。嗟夫，人苦不思耳，思之则诸疑早释，不待智者。而宋人之蔽塞聪明，自陷异端，独何为哉。师法废，而以训诂为浅近；实功废，而以虚无相崇高，与战国之簧鼓等弊也。然而天下之治乱，初不以此等辈千百儒生而有所异同者，则道本非谈所能明，亦非谈所能晦也。而孟子乃曰能距杨、墨，圣人之徒盖亦非孔子之意矣。[①]

廖平（1852～1932 年）经学思想多变，但从其早期思想的变化看，亦不出扬弃汉、宋而求今文之途。廖平早年主要是研习宋学和八股文，为科举考试做准备。光绪二年（1876 年），他进入尊经书院，受张之洞影响，"渐而开悟，有如伯玉知非"[②]，从笃信宋学转为博览考据诸书。《经学初程》述及这一转变："予幼笃好宋五子书、八家文。丙子（1876 年），从事训诂文字之学，用功甚勤，博览考据诸书。冬间，偶读唐、宋人文，不觉嫌其空滑无实，不如训诂书字字有意。盖聪明心思于此一变矣。"[③]光绪六年（1880 年），时王闿运主讲尊经书院，"终日为诸生讲说，多发明《公羊春秋》之义例"[④]，廖平受王影响，学术方向再次转变："庚辰（1880 年）以后，厌弃破碎，专事求大义，以视考据诸书，则又以为糟粕而无精华，枝叶而非

① 王闿运：《湘绮楼日记》第 1 卷，岳麓书社 1997 年版，第 15～16 页。

② 黄镕笺述：《五变记笺述》卷上，见《廖平选集》下册，巴蜀书社 1998 年，第 567 页。

③ 廖平：《经学初程》，第 12 页，收入《六译馆丛书》，民国三年四川存古书局刻本。

④ 王闿运：《湘绮楼日记》第 2 卷，第 751 页。

根本，取《庄子》、《管》、《列》、《墨》读之，则乃喜其义实，是心思聪明至此又一变矣。”①由宋返汉，由古而今，廖平的这两次学术转变，奠定了他此后“经学六变”的思想基础。

其中，廖平晚清时期大体完成四变，即“平分今古”、“尊今抑古”、“小统大统”、“天学人学”。从大的方面讲，廖平所变者主要是经学思想，即对于今、古文的看法，而他对程朱理学基本持否定态度，很少尊重程朱学说。他曾极端地表示：“宋学则如炭气有毒，中者非死则病。”②

批评程朱理学舍传从经。在经学典籍中，传为解经的重要形式，以至于某些传也获得了经的资格。宋儒为阐发自己的学说，轻传重经，甚至有人提出“舍传从经”之说。光绪十四年(1888 年)，廖平著《公羊补证》，主张合通三传，旨在提升公羊传的地位，而程朱理学家“舍传从经”的做法自然于他不利。为此，他抨击宋儒说：

> 宋以后儒者不知经之取义不必尽符事实，乃有舍传从经之说，以传必同经为准。既曰苟同，但就经立说可矣，何须考传？故有独抱遗经，束阁三传之派。

又说：“唐、宋诸儒好出新意，号为弃传从经，实则师心自用而已。”他认为，宋儒“所称性命学，全为误解经传，非果出于圣人。”③

批评程朱的《大学》定本及“格致”传。宋代二程以《大学》古本多有错简，写为定本，朱熹又以为有脱文，而补“格物致知”传。廖平《公羊补证》指出，二程定本与古本相较，不足为据，朱子补传不合《大学》本义：

---

① 廖平：《经学初程》，第 13 页。

② 廖平：《公羊补证》卷九，第 42 页，收入《六译馆丛书》。

③ 以上引文见廖平：《公羊补证》卷九，第 36、42 页。

《大学》格致本义，谓欲平天下，必先治天下之国；欲治一国，必先齐一国之家；欲齐其家，必先修其一家人之身，故治平之功先从修身起，谓国与家中所积之身，非皇帝一人之身。一身正而天下国家自平治，如八比家所有感应话，皆宋人误解，天下古今，不唯无此事，并无此理。[①]

抨击宋学空疏无用。廖平批评宗宋学者名为独守圣人之道，实则贻误君国，他们所讲之道，“与圣人之道不惟霄壤，并且反道而驰，高谈性命，合黄冠淄流别成一空疏无用之学派”[②]。他明确指出：“考宋人言心言性，无济时用。”[③]他于光绪十四年(1888 年)所著《知圣篇》，尊今文而抑汉、宋，指责汉、宋学脱离现实，无济于人才培养：“为今之计，以人才为主，不愿天下再蹈八比之理学，音训之汉学，以困人才。”[④]

鉴于《四书》的社会地位，廖平强烈表现出以今文经学重释和改造《四书》的意图。他的《公羊补证》以《大学》为皇帝专门之学，明确反对宋儒以之为道德入门之书。《知圣篇》重在阐发《论语》、《孟子》的微言大义。该书因“宋以后，专学《论》、《孟》，故取证二书尤详。学人囿于旧闻，于二书微言，最为奇险者，视为故常。一经洗伐，如震雷发人猛省，乃知《论语》多属微言，为六艺之锁钥，非教人行习之书”[⑤]。《知圣篇》以《论语》、《孟子》为中心，显然是受了宋儒的影响，但他又不满于程、朱的学说，以宋儒不知圣人之意，故

---

① 廖平：《公羊补证》卷九，第 42 页。
② 廖平：《公羊补证》卷九，第 52 页。
③ 廖平：《公羊补证》卷九，第 53 页。
④ 廖平：《知圣篇》，《廖平选集》上卷，第 209 页。
⑤ 廖师政编：《家学树坊》，《廖平选集》下卷，第 604 页。

主张以今文经学“微言大义”来解释《论语》、《孟子》：“《知圣编》用《论语》天生知命，《孟子》‘贤于尧舜’，以孔子生民一人，翻经立教，以空言垂法万世。”[①]为发挥《论语》的“微言大义”，他又于光绪二十二年(1896 年)作《论语汇解凡例》28 条，成《论语微言集证》4 卷、《论语汇考》6 卷、《论语集证》4 卷。甚至进入民国以后，廖平仍未出批评宋儒、改造《四书》的途辙。

四、扬弃与改造

晚清时期，西学东来，新学兴起，不仅对程朱理学及纲常名教形成了猛烈冲击，而且也影响了今文经学家与程朱理学的关系。康有为集今文经学与西学于一身，从程朱理学的角度看，今文经学与西学在他“托古改制”思想体系中并非仅是形式与内容的关系，二者还具有反理学的一致性。当然，他的今文经学思想不是对理学的全部否定，而是一种扬弃。

康有为(1858～1927 年)的学术思想以今文经学为主体，而他的今文经学与程朱理学存在一种明显的批判继承关系。从其学术历程看，他在治今文经学之前，出入宋学、汉学，较典型地体现了晚清时期治今文经学者的特点。关于治学路径的前后变化，康有为曾明确宣布：

> 始循宋人之途辙，炯炯乎自以为得之矣。既悟孔子不如是之拘且隘也，继遵汉人之门径，纷纷乎自以为践之矣。既悟其不如是之碎且乱也，苟止于是乎？孔子其圣而不神

---

① 廖师政编：《家学树坊》，《廖平选集》下卷，第 606 页。

矣。……既乃去古学之伪，而求之今文学。[1]

光绪十四年(1888年)，他“既不谈政事，复事经说，发古文经之伪，明今学之正”[2]，学术思想转入今学营垒。他接受今文经学、西学后，眼界大开，对此前所研习的汉学、宋学表现出强烈不满。

康有为指出，不仅汉学家脱离现实，“猎琐文单义，沾沾自喜，日事谀闻”，无关于风俗人心[3]，而且宋学家也是索索无任何生气可言。他在给友人的书信中直言道：“今之中国，圆颅方趾四万万，四子书遍域中诵之，而卓然以先圣之道自任，以待后学，不为毁誉、排挤、非笑所夺者，未有人焉。此所以学术榛塞，风气披靡也。”[4]而他往来于京、粤，“所经之地，所阅之民，穷困颛愚，几若牛马”，更激发了经世入世的热肠和对理学的愤懑，“慨然遂有召师之责，以为四海困穷，不能复洁己拱手而谈性命矣”[5]。他还对士林争立门户的做法提出了批评：“大抵正学中微，多起于陋儒之争席，讲声音，穷文字，图太极，明本心，栩栩谓得圣学之传，专己守残，如大道何！”[6]

为了宣传他的今文学说，他由指责汉、宋学无济时用，不承认其现实合理性，进而上升至学理层面诋毁汉学、宋学的学术基础，否定其历史合法性。他指出：

凡后世所指目为“汉学”者，皆贾、马、许、郑之学，乃“新

---

① 康有为:《礼运注叙》,《康有为政论集》上册,中华书局1981年版,第192页。

② 康有为:《康南海自编年谱》,文海出版社1972年版,第19页。

③ 康有为:《与朱一新论学书牍》,《康有为全集》第1卷,上海古籍出版社1984年版,第1019页。

④ 康有为:《与沈刑部子培书》,《康有为全集》第1卷,第379页。

⑤ 康有为:《与沈刑部子培书》,《康有为全集》第1卷,第380页。

⑥ 康有为:《子曰学而不思则罔》,《康有为全集》第2卷,上海古籍出版社1990年版,第26页。

学”，非“汉学”也；即宋人所尊述之经，乃多伪经，非孔子之经也。

古学皆刘歆之窜乱伪撰也，凡今所争之汉学、宋学者，又皆歆之绪余支派也。①

凡二千年经说，自魏晋至唐，为刘歆之伪学；自宋至明，为向壁之虚学。②

康有为否定汉学、宋学，目的是为宣传今文经学说扫除障碍。这从他与朱一新的辩论可见一斑。康有为贬宋学崇今文的做法引起了朱一新的不满，他指斥康有为“卑宋儒之论，而欲扬之使高，凿之使深。……高者可心知其意，而不可笔之于书，足下以董生正宋儒，而并欲推及董生所不敢言者，仆窃以为过矣”③。康有为在回信中则放言：“仆言今古刘、朱之学相盛衰者，正以循环之运，穷则反本。方今正当今学宜复之时。”④朱一新尊程朱理学为正统，对康有为反理学的倾向感受深刻。梁启超对康有为的这次学术转向也有解释，他说：有为“所谓义理者，又非言心言性，乃在古人创法立制之精意。于是汉学、宋学，皆所吐弃，为学界别辟一新殖民地”⑤。

康有为主观上宣称，他于光绪十四年（1888 年）“发古文经之伪，明今学之正”，学术思想转向今文经学，并对程朱理学进行了多方面清算。但这只体现了康有为今文经学与程朱理学关系的一个方面。实际上，由于程朱理学乃社会主流意识形态，加上康有为长

① 康有为：《新学伪经考》，《康有为全集》第 1 卷，第 573、585 页。

② 康有为：《桂学答问》，《康有为全集》第 2 卷，第 56 页。

③ 朱一新：《朱侍御复长孺第二书》，《康有为全集》第 1 卷，第 1030 页。

④ 康有为：《与朱一新论学书牍》，《康有为全集》第 1 卷，第 1035 页。

⑤ 梁启超：《清代学术概论》，上海古籍出版社 1998 年版，第 79 页。

期熏染其中，理学已成为他学术资源的一部分，因此，他在转向今文经学以后相当长的时间里，理学对他的影响仍旧存在。

《长兴学记》作于光绪十七年(1891 年)，为康有为长兴里讲学所定的学规，与二程、朱子的观点多有抵牾，但从其话语体系、理论范畴、思维模式看，又明显带有理学的烙印。学记开篇先论性命、仁义之旨，接下来尊《论语》"志于道，据于德，依于仁，游于艺"四言为纲，分注条目。其中，"志于道"所志有四，曰格物、厉节、辨惑、慎独；"据于德"其目有四，曰"主静出倪"、"养心不动"、"变化气质"、"检摄威仪"；"依于仁"其叙有四，曰"敦行孝悌"、"崇尚任恤"、"广宣教惠"、"同体肌溺"；"游于艺"列义理之学、经世之学、考据之学、词章之学等。可见，《长兴学记》师法理学的迹象明显。在一定程度上，此文可视作康有为调和今文经学与程朱理学的产物。

光绪二十年(1894 年)康有为所作《桂学答问》，具有十分鲜明的今文经学特征，然而于理学亦不主废弃。其中专门指出"当读义理书"，并详列书目如下：

> 宋儒专言义理，《宋元学案》荟萃之，当熟读。《明儒学案》，言心学最精微，可细读。《国朝学案小识》可备源流。《二程全书》、《朱子大全集》、《朱子语类》可精考。《正谊堂全书》可涉猎。《近思录》为朱子选择，《小学》为做人样子，可熟读。《司马书仪》、《朱子家礼》皆近世礼所从出，宜参考。千年之学，皆出于朱子，故《语类》、《大全集》宜熟读。《学案》最博，可通源流，皆宜精熟。数书宜编为日课，与经史并读者。《小学》尤为入手始基也。①

---

① 康有为：《桂学答问》，《康有为全集》第 2 卷，第 61～62 页。

对理学家遵奉的经典《孟子》，他也表示推崇，认为孟、荀二子为“孔门之门”，《孟子》与《公羊》同传圣人之意：“《孟子》之义无一不与《公羊》合”，“盖孟子重于心，荀子重于学，孟子近陆，荀子近朱，圣学原有此二派，不可偏废。”①

康有为此后几年的讲学，可见诸门人整理的《万木草堂口说》、《南海师承记》、《万木草堂讲义》等听课笔记，其中依然不乏肯定理学之处。《南海师承记》系张伯桢于光绪二十二年(1896年)、二十三年(1897年)在万木草堂的听课笔记。从该书卷一所列《讲正蒙》、《讲周子通书》、《讲性理》、《续讲正蒙及通书》四节看，康有为对宋儒张载的《正蒙》和《西铭》、周敦颐的《太极图说》和《通书》等著作都较为推崇。卷二所列《讲格物》、《讲励节》、《讲辨惑》、《讲主静出倪养心不动》、《讲变化气质检摄威仪》，讲宋学及其学案史等内容，亦可见康有为对理学的重视。

康有为宗今文而不全盘抹杀宋学，这在他与朱一新的辩论中也有体现：“宋儒之功，自不可没，当风波颓靡，毅然束之，至今赖焉。然当日经学破碎已极，礼乐不能复兴，则不得不求之于内，而语录之学出，势也。因是求孔子修已以敬之学，得《曲礼》、《玉藻》、《少仪》之意焉，实其美也。”②

戊戌变法前后，尤其是变法失败以后，康有为的学术思想又有所变化，表现在今文经学与程朱理学的关系上，主要是注释《礼运》和《四书》。从康有为本人的表述看，他在戊戌变法以前就曾注过《礼运》、《大学》、《中庸》、《论语》等书，但最后写定，则是在光绪二

① 康有为：《桂学答问》，《康有为全集》第2卷，第54～55页。

② 康有为：《与朱一新论学书牍》，《康有为全集》第1卷，第1052页。

十七年(1901年)、二十八年(1902年)之间。这些著作后曾选载于《不忍》杂志。变法失败后,康有为在颠沛流亡途中,为何要注释《四书》呢?他在《中国改制议》中对此曾做过解释:

> 今为中国言变法,有必宜更新者,有必宜沿旧者,骤遥躐等,非惟颠蹶,亦不能成。
>
> 今竞争之世,不患不讲变法,患不讲德育。故吾日写定夙昔所注之《礼运》、《大学》、《中庸》、《论语》、《孟子》、《春秋微言大义考》暨《人类公理》,以明大同太平之义。[①]

从学理上看,注释《四书》可视为他变法前所作《新学伪经考》、《孔子改制考》的继续。"既著《伪经考》而别其真赝,又著《改制考》而发明圣作",[②]他在完成了对《五经》的破与立之后,进而对《四书》进行阐释合乎逻辑。从思想内容上看,注释《四书》可视作康有为对变法失败进行深入反思后所做出的调整。维新时期,他重在借经学以言变法,故他的《孔子改制考》以《五经》为改制之书,以孔子为变法的圣王;而变法的失败则使他认识到,"不患不变法,患不讲德育","有必宜更新者,有必宜沿旧者",因此,他的努力方向由政治变革转移到德育建设,由此前的激进转趋于保守,由言变法改制转为言"太平大同"之义。

具体说来,《礼运》虽不属《四书》之列,但康有为的《礼运注》则是他《四书》注疏的纲要,在各种注疏中占有重要地位。康有为早在万木草堂讲学时就十分重视《礼运》,称赞"《礼运》备义理,兼制度","著《礼运》者,子游。子思出于子游,非出于曾子。颜子之外,

---

① 康有为:《中国改制议》,《戊戌变法前后》,上海人民出版社1986年版,第272页。

② 康有为:《春秋笔削大义微言考序》,《康有为政论集》上册,第469页。

子游第一。”[1]由于颜渊之学没有传承下来，所以他推崇子游实际上也就是在推崇《礼运》。在经学史上，康有为是第一个把《礼运》作为独立的文献从《礼记》中分离出来，并把它抬至《大学》、《中庸》的地位而进行诠释者。康有为在《礼运注》自序中说：

> 惜其(指今文经学)弥深太漫，不得数言而赅大道之要也，乃尽舍传说而求之经文，读至《礼运》，乃浩然而叹曰：“孔子三世之变，大道之真，在是矣；大同小康之道，发之明而别之精，古今进化之故，神圣悯世之深，在是矣；相时而推施，并行而不悖，时圣之变通尽利，在是矣。是书也，孔氏之微言真传，万国之无上宝典，而天下群生之起死神方哉！”

康有为认为，在此之前的中国社会，无论其治乱兴衰，总总皆小康之世：“凡中国二千年儒先所言，自荀卿、刘歆、朱子之说，所言不别其真伪精粗美恶，总总皆小康之道。”[2]他自以为《礼运》含大同进化之理，为继往圣、续绝学、救众生的鸿宝秘传：“今幸《礼运》犹在，大同发见，实稀世之鸿宝，中国之绝学，独一无二之秘传。”[3]康有为注《四书》，同样是发明孔子的大同、平等、进化之义，只不过借助《四书》的权威而已。

与对待古文经学的态度不同，康有为在注《四书》时，并没有把程朱理学家所遵奉的经典《四书》宣布为伪书，相反，他对《四书》表现出高度推崇。他称赞《大学》“内圣外王，条理毕具，言简而意

---

① 康有为:《万木草堂口说》,《康有为全集》第2卷,第317、316页。

② 以上引文见康有为:《礼运注·叙》,《孟子微·中庸注·礼运注》,中华书局1987年版,第235～236页。

③ 参见康有为《礼运注·叙》附录,《康有为政论集》上册,第194页。

赅”,“诚孔门之宝书,学者之阶准也”。[①]《中庸》“系孔子之大道,关民生之大泽”,“原于天命,发为人道;本于至诚之性,发为大教之化;穷鬼神万物之微,著三世三统之变”[②]。《孟子》“考之《中庸》而义合,本之《礼运》而道同,证之《春秋》、《公》、《榖》而说符”,“传平世大同之仁道,得孔子之本者也”[③]。康有为对《论语》的评价稍低,但也认为《论语》“凡人道所以修身待人、天下国家之义,择精语详,他传记无能比焉”,“所发大同神明之道,有极精奥者”[④]。不过,康有为对《四书》的推崇又与程朱理学家有别,他看重的不是《四书》中所蕴含的“程朱之道”,而是以《四书》为今文经,认为其中含有太平大同等“微言大义”。

至于《四书》的道统传授,康有为并不遵从朱熹等人的说法。在程朱理学的道统传授谱系中,曾子传《大学》,又作《孝经》,在孔门弟子中有较高的位置。康有为则认为,《大学》所记乃孔门弟子后学传孔子之口说,其中含有孔子之微言大义。他还指出,朱熹从《礼记》中选《大学》、《中庸》两篇,“诚为精要”,但由于不明孔子太平大同之道,所以将《大学》误分经传。[⑤] 他认为,“《论语》只为曾门后学辑纂,但传守约之绪言,少掩圣仁之大道,而孔教未宏矣。故夫《论语》之学,实曾学也,不足以尽孔子之学也。”[⑥]康有为以子游作《礼运》;以子思趋庭受教,兼传子游、有子之统,作《中庸》;子

---

① 康有为:《大学注序》,《康有为政论集》上册,第 510 页。

② 康有为:《中庸注·叙》,《孟子微·中庸注·礼运注》,第 187 页。

③ 康有为:《孟子微·自序一》,《孟子微·中庸注·礼运注》,第 2～3 页。

④ 康有为:《论语注·序》,中华书局 1984 年版,第 2～3 页。

⑤ 康有为:《大学注序》,《康有为政论集》上册,第 510 页。

⑥ 康有为:《论语注·序》,第 2 页。

思传孟子，“欲得孔子性道之原，平世大同之义，舍孟子乎莫之求矣”[①]。孟子之后，孔子之道先是遭刘歆篡圣作伪，扫地殆尽，接下来，“宋儒复出求道，推求遗经，而大义微言无所得”，[②]“遂割弃孔子大统之地，僻陋偏安于一隅”[③]。也就是说，宋儒虽然声称续往圣之绝学，但是于《四书》中孔、孟“太平大同之微言”、“平等同民之公理”、“隶天独立之伟义”[④]，并没有能够发明，所以他康有为才遍注《四书》，揭示微言大义。

康有为注《四书》采取“六经注我”的方式，糅今文、宋学、西学于一体，“朱子循文衍说，无须改作者，亦复录之”[⑤]，并不遵守今文家法。他注《四书》，目的在于借助《四书》的权威，以缓和儒家文化与近代西学之间的冲突，为宣传太平大同、民主平等思想服务，因此，武断强通、臆说附会之处多见。这样，康有为所注《四书》不仅在内容上已超出了儒家传统的限制，而且他所言说的今文经学、程朱理学亦不符合传统学术规范，为正统儒家所不容。朱一新在世时即直言不讳地指出康有为注译的思想倾向：

> 足下曩言西汉儒者乃公羊之学，宋儒者乃“四子书”之学，仆常心折是言。足下既知“四子书”与《公羊》各有大义矣，奚为必欲合之？汉、宋诸儒，大端固无不合，其节目不同者亦多。必若汉学家界书鸿沟，是狭僻迷谬之见也。然苟于诸儒所毕力讲明者，无端而羼杂焉以晦之，谅非足下任道之心所宜出

---

① 康有为：《孟子微·自序一》，《孟子微·中庸注·礼运注》，第3页。
② 康有为：《论语注·序》，第2页。
③ 康有为：《中庸注·叙》，《孟子微·中庸注·礼运注》，第188页。
④ 康有为：《孟子微·自序二》，《孟子微·中庸注·礼运注》，第5页。
⑤ 康有为：《论语注·序》，第4页。

> 也。汉学家治训诂而忘义理，常患其太浅；近儒知训诂，不足尽义理矣，而或任智以凿经，则又患其太深。夫浅者之所失，支离破碎而已，其失易见，通儒不为所惑也。若其用心甚锐，持论甚高，而兼济之以博学，势将鼓一世聪颖之士颠倒于新奇可喜之论，而惑经之风于是乎炽。[1]

康有为附会理学与公羊学的做法，已超出传统儒学的范围。

① 朱一新：《朱侍御答康长孺书》，《康有为全集》第1卷，第1029页。

第五章 晚清理学的分层与流动

晚清时期，程朱理学缺乏理论创新，“竭而无余华”，因此，从学术史、思想史角度考察，它处于中国理学末流，学术价值不大，但从文化社会学角度看，却不尽然。程朱理学是清代官方哲学，上至官僚士大夫，下及普通民众，乃至所谓的“新学家”，都不可能免受影响。而新与旧的激烈碰撞，更衬托出程朱理学与社会变革的内在关联。从这里说，弄清晚清理学的社会状况，有助于较全面地认识晚清文化与社会，推进近代文化研究。

一、清代官方哲学与意识形态

程朱理学内涵丰富，作为意识形态，封建统治者主要是利用其中的伦常名教、道德学说，进行思想文化控制。

清代以程朱理学为正学，始自康熙朝。康熙帝推崇程朱理学，明确规定以“崇儒重道”为统治思想。乾嘉年间，汉学鼎盛，程朱理学地位有所降低。晚清时期，清统治者出于挽救危局的需要，大肆提倡和强化“崇儒重道”，宣扬程朱理学。

1. 学校教育中灌输理学思想

鉴于世风浇漓，在各级教育中，清政府努力强化正学教育，培养切实奉行程朱理学的人才。道光帝登极后，多次谕令正学术以敦士习、端民风。道光十五年(1835 年),御史俞焜奏请严核优劣以端士习,道光帝借机发布上谕,称:“从来民风之淳朴,由于士习之端谨。凡有教士之责者,不徒课以文艺,务在敦崇实行,严为旌别,以树风声。”①清政府要求各督抚、府尹、学政严饬地方官暨各教职,务须随时训诫,认真稽查。

道光三十年十二月(1851 年 1 月),咸丰帝继位不久,两江总督陆建瀛进呈新刊《御纂性理精义》、《圣谕广训直解》,得到清廷嘉纳。咸丰帝颁发上谕,重申“经正民兴”的意义,要求各地方督抚务当实力奉行。谕中称:“朕思《性理》诸书,均为导民正轨,著各省督抚会同各该学政转饬地方官及各学教官,于书院、家塾教授生徒,均令以《御纂性理精义》、《圣谕广训》为课读讲习之要,使之家喻户晓,礼义廉耻油然自生,斯邪教不禁而自化,经正民兴,庶收实效。”②后又刊发《钦定满汉文大学衍义》等理学著作,以敦教化。

同治元年(1862 年)三月初,曾任顺天府尹的蒋琦龄上《中兴十二策疏》,较系统地提出了“崇正学以兴教化”,“退孔、郑而进程、朱,贱考据而崇理学”的建议。他指出,康熙朝国运昌盛,是由于正学昌明,“一以程、朱为归”之故,因此,“欲正人心、厚风俗以图太平,非崇正学以兴教化不能也”③。蒋的奏陈得到清政府重视,三月下旬,同治帝谕示天下,要求各直省切实加强程朱理学的宣扬与教化:“我朝崇儒重道,正学昌明,士子循诵习传,

---

① 刘锦藻编:《学校》四,《皇朝续文献通考》卷九十七,光绪年间刻本。

② 《文宗显皇帝实录》卷二十三,《清实录》第 40 册,中华书局 1986 年版,第 335 页。

③ 朱克敬:《儒林琐记·雨窗消意录》,岳麓书社 1983 年版,第 51～53 页。

咸知宗尚程、朱，以阐圣教。惟沿习既久，或徒骛道学之虚名，而于天理民彝之实际，未能研求，势且误入歧途，于风俗人心，大有关系。各直省学政等躬司牖迪，凡校阅试艺，固宜恪遵功令，悉以程、朱讲义为宗，尤应将《性理》诸书随时阐扬，使躬列胶庠者，咸知探濂、洛、关、闽之渊源，以格致诚正为本务，身体力行，务求实践，不徒以空语灵明，流为伪学。"[①]同年底，清政府又先后下诏敦促国子监祭酒、各省学政切实讲明正学，端正士风。上谕明确要求提高程朱理学在太学教育中的地位："近来国子监专以文艺课士，该祭酒等既以是为去取，而士子亦复以是为工拙，于造就人才之道何裨焉？著嗣后于应课诗文外，兼课论策，以经、史、《性理》诸书命题，用觇实学。并著该祭酒等督饬各堂助教、学正、学录，分日讲说，奖励精勤，惩戒游惰，黜华崇实，以端趋向。"[②]清廷还任命理学名儒倭仁为翰林院掌院学士，以导风向。倭仁负责制定的《翰林院条规》六条，实际上就是加强理学修养、培养正学风气的规程。同治帝本人，亦择倭仁、李鸿藻等理学人士为师。同治三年(1864 年)，清廷颁布上谕，以"古今治乱得失之源，圣贤身心性命之学，莫备于经，君临天下者，所当朝夕讲求"，令倭仁、贾桢等选派翰林，择《四书》、《五经》中切要之言，仿照《大学衍义》体例，衍为讲义[③]。

光宣年间，废科举，兴学校，推行新式教育，但清政府主观上从未放松对正学的宣传："近年历次兴学谕旨，惟以端正趋向为教育

① 《穆宗毅皇帝实录》卷二十二，《清实录》第 45 册，中华书局 1987 年版，第 609 页。

② 《穆宗毅皇帝实录》卷五十二，《清实录》第 45 册，第 1422 页。

③ 《穆宗毅皇帝实录》卷一百零二，《清实录》第 47 册，第 250 页。

之源，一则曰敦崇正学，造就通才，再则曰庠序学校，皆以明伦。圣训煌煌，无非以崇正黜邪为宗，以喜新忘本为戒。”①

譬如，光绪二十七年(1901 年)七月清廷颁布的停八股、改策论上谕明确告诫天下士人，“自此次降旨之后，皆当争自濯磨，务以《四书》、《五经》为根本，究心经济，力戒浮嚣，明体达用，足备器使，庶副朝廷求治作人之至意。”②同年八月颁布的改书院为学堂上谕中，清政府重申崇儒重道的重要性，要求各级学堂务必以儒学纲常大义植基立本：“人才为政事之本，作育人才，端在修明学术。历代以来，学校之隆，皆以躬行道艺为重，故其时体用兼备，人才众多。近日士子，或空疏无用，或浮薄不实，如欲革除此弊，自非敬教劝学，无由感发兴起。”著各级学堂，“其教法当以《四书》、《五经》纲常大义为主，以历代史鉴及中外政治、艺学为辅，务使心术纯正，文行交修，博通时务，讲求实学，庶几植基立本，成德达材，用副朕图治作人之至意。”③清政府所颁发的《学务纲要》，专列“理学宜讲明，惟贵实践而忌空谈”一条，强调指出：

> 理学为中国儒家最精之言，惟宗旨仍归于躬行实践，足为名教干城。此次章程，既专设品行一门，严定分数；又于修身、读经著重，是处处皆以理学为本。但性与天道，子贡未闻，浅学高谈性命，亦是大病，故于大学堂设有研究理学专科，又于高等学堂及优级师范学堂设人伦道德一科，专讲宋、元、明、国朝诸儒学案，及汉、唐诸儒解经论理之言，与理学家相合者，令其择要讲习。惟止可阐发切于身心日用之实理，不可流为高

---

① 张之洞：《创立存古学堂折》，《张文襄公全集》卷六十八，中国书店 1990 年影印本。

② 朱寿朋编：《光绪朝东华录》(四)，总第 4697 页，中华书局 1958 年版。

③ 朱寿朋编：《光绪朝东华录》(四)，总第 4719 页。

远虚渺之空谈，以防躐等蹈空之弊，果能行检笃谨，即是理学真儒。①

《奏定学堂章程》在课程设置时，把“修身”、“读经”、“人伦道德”科目置于各类各级学堂课程的首要位置。

2. 以理学选才

科举制度是清代最为主要的选官制度，而科举考试则以朱熹《四书章句集注》为本，遵奉程朱理学是其宗旨。晚清时期，尽管科举制度渐趋败落，但其对于维系程朱理学的正统地位，意义不可小觑。作为一种政治制度和文化传播渠道，它把程朱理学的思想学说渗透到全国各地，几乎没有多少士人能够避免。童生之县试三场，以《钦定四书文》为主。乡、会试第一场试《四书》文三篇、五言八韵诗一首，题解用朱熹集注。“自来以《四书》为一场者，以尊朱子故也。”②第二场试经文五篇，《五经》题解，《易》主程颐《传》、朱熹《本义》，《书》主蔡沈《传》，《诗》主朱熹《集传》，《春秋》以《左传》本事为主，参用《公羊》、《穀梁》，《礼记》主陈澔《集说》。关于科举制度与程朱理学的关系，邓云乡《清代八股文》指出：科举“从制度上把《四书》作为惟一的制艺命题范围书籍”，“五百年中，它不但是最主要的启蒙教材，必读教材，而且不少人都把它作为半辈子的必读书或终生的必读书。”③八股制艺对于维护程朱理学的独尊地位，起到了制度上的保障。

这一时期，为树立理学形象，端正趋向，清政府还加大了对理学人才的表彰。咸丰元年(1851 年)，清廷颁发上谕称，唐鉴“品学

---

① 《学务纲要》，第 17 页，《奏定学堂章程》，光绪二十九年山东官书局印本。

② 陈澧：《科场议二》，《东塾集》卷二，光绪十八年菊坡精舍刻本。

③ 邓云乡：《清代八股文》，河北教育出版社 2004 年版，第 194～203 页。

兼优，器识安定”，本欲令留京供职，因年逾七旬，不能服官，“优诏加二品衔，命回江南主书院讲席，矜式后学”[①]。同治七年（1868年），清政府对“年届耄耋，笃学不倦”的夏炘等理学人士进行表彰。光绪初年，陕西督学吴大澂、柯逢时先后以经明行修把贺瑞麟与杨树椿、薛于瑛入荐，皆得旨赐国子监学正衔，晋五品衔。理学硕儒万斛泉一再得到清廷垂青。光绪八年（1882年），湖广总督涂宗瀛以“恪守程、朱之学，躬行实践，老而弥笃”，奏加国子监博士衔；二十八年（1902年），总督张之洞、巡抚端方复疏陈万斛泉“学行端纯，化及一乡，议论正而不偏，教思耄而不倦”，诏加五品卿衔；宣统元年（1909年），宣付国史馆，列入儒林传。理学名儒受到如此礼遇，在乾嘉年间并不多见。

晚清时期对理学人才的重用也超过以往。清中叶，“弃宋返汉”成为风气，“士大夫皆不尚友宋儒，虽江浙文士之薮，其仕朝者无一人以理学著”[②]。这种状况在晚清有较大改变。同治元年（1862年），倭仁一载数迁，在短短8个月中，先后擢工部尚书、同治帝师傅、翰林院掌院学士、协办大学士、大学士、户部尚书、文渊阁大学士。时人称：“倭艮峰以道学直谏名，此举从人望也。”[③]李棠阶、吴廷栋也于同治元年内召入京。李氏授大理寺卿，连擢礼部侍郎、左都御史、署户部尚书。吴氏于同治二年连迁大理寺卿、刑部右侍郎、署户部左侍郎等职。方宗诚称：吴廷栋“与倭公艮峰、文园李公同朝。时倭公以大学士为师傅，李公以尚书掌军机，虽各有分位，未能越俎，而道义相契，可以密相赞襄，切磋德业，海内称为

---

① 李元度：《先正事略》，见唐鉴：《唐确慎公集》卷首，光绪乙亥校刊本。

② 昭梿：《啸亭杂录》，中华书局1980年版，第318页。

③ 吴语亭编注：《越缦堂国事日记》（一），文海出版社1974年版，第708页。

三大贤。都中凡有志正学之士，皆以三公为依归焉。”[1]同治帝的其他几位师傅李鸿藻、徐桐、翁同龢等，也学好程、朱。理学名臣同时荣登权要，这在政治史上并不多见。清政府表彰和重用理学人才，显然是为加强意识形态控制。

3. 教化民众

道光朝以后，清政府为向民众灌输其统治思想，宣传主流意识形态，采取了多种手段。诸如，旌表忠、孝、节、烈，设立昭忠祠、贤良祠、名臣专祠、贞节牌坊，宣扬忠、孝、节、义观念；设立官书局，大量刊刻《四书》、《朱子小学》、《近思录》等理学经籍；修建各地文庙、学宫，举行文庙祭祀活动，将理学名儒刘宗周、汤斌、陆世仪、张伯行等从祀，咸丰年间还把从祀文庙章程做了明确倾向程朱理学的修改：从祀名儒“应以阐明圣学，传授道统为断”[2]。兹主要以《圣谕广训》的宣讲为例。

以《圣谕广训》为主要内容的乡约教育是清代教化基层民众的重要方式。康熙帝以程朱理学为指导，颁布《圣谕》十六条，作为乡约教化的核心内容。雍正帝执政后，又将《圣谕》十六条扩充为《圣谕广训》万余言。乡约制度规定，凡直省州县乡村巨堡、土司地方，设立讲约处所，于举贡生员内挑选一人为约正，每月朔、望日，齐集百姓，宣讲《圣谕广训》。乾嘉时期，地方官讲约不重实效，一度流于形式。晚清时期，清统治者重新认识到教化民众的重要性，饬令各级官员认真宣讲。

道光十九年(1839 年)，道光帝诏告各级官吏，切实采取措施，

---

① 方宗诚：《吴竹如先生年谱》，见吴廷栋：《拙修集续编》附录，光绪九年六安求我斋刊本。

② 刘锦藻编：《学校》五，《皇朝续文献通考》卷九十八，光绪年间刻本。

广为宣传《圣谕广训》，以导民向善。上谕说：

> 向例各直省地方官朔望宣讲《圣谕广训》，俾乡曲愚民皆知向善，良法美意，允宜永远遵行；惟州县地方辽阔，宣讲仍虑未周。嗣后各学政到任，即恭书刊刻，颁行各学生童，令人人得以诵习。并著翰林院敬谨推阐《圣谕》内"黜异端以崇正学"一条，拟撰有韵之文进呈，候朕钦定，饬各学政一并恭书，遍颁乡塾，俾民间童年诵习，潜移默化，以敦风俗而正人心。①

清政府将阐发《圣谕广训》的四言韵文，颁行各省，作为化民成俗的普及讲本。咸丰帝登极后，重申宣讲《圣谕广训》的意义，严厉要求"各该督抚等务当实力奉行，毋得视为迂阔具文，日久生懈"②。同治年间，清政府广泛刊印《钦定满汉文圣谕广训》，并多次饬令各级教官身体力行，实力宣讲："饬各教官分日于该处城乡市镇，设立公所，宣讲《圣谕》，务使愚顽感化，经正民兴，正学昌明，人才蔚起，实有厚望焉。"③同治四年（1865年），根据山西道监察御史贾铎奏陈，清统治者再次颁布谕旨，申明旧例："著顺天府五城及各督抚大吏，严饬所属地方官，选择乡约，于每月朔望，齐赴公所，敬将《圣谕广训》各条，剀切宣示。其距城较远各乡，即著该地方官选择品行端正绅耆，设立公所，按期宣讲，仍由该地方官随时考察，毋得日久玩生。……倘有地方州县及各学教官，虚应故事，奉行不力者，即由该管督抚、学政据实参处，以维风化而振愚蒙。"④各地官吏也认识

① 《十朝东华录·道光朝》卷四十，光绪年间上海积石书局石印本。

② 《文宗显皇帝实录》卷二十三，《清实录》第40册，中华书局1986年版，第335页。

③ 《穆宗毅皇帝实录》卷五十二，《清实录》第45册，第1423～1424页。

④ 《穆宗毅皇帝实录》卷一百三十五，《清实录》第48册，187页。

到敦崇正学的必要性，注重落实。丁日昌任江苏布政使不久，即向各州县分发《圣谕广训直解》各 30 部，并通饬各州县优聘品行端方、学问通达之绅耆，分别城乡，认真宣讲，并要求各地教官将每期所讲具体情形随时上报①。闽浙总督查得地方官编有《圣谕广训衍》一书，即颁发各地宣讲，并对取得成效者予以嘉赏。② 同治七年（1868 年），清政府下令将理学名儒夏炘所撰《恭译圣谕广训附律易解》在各地广泛刊发。

清末，清政府在新政推行过程中，也没有放弃对《圣谕广训》的宣扬。光绪二十八年（1902 年），政务处鉴于风教日下，特上奏恳准申明旧章，“饬下各省督抚、学政，认真督饬各教官随时亲历城乡，传集绅庶，详细讲解，并将近年叠次所奉谕旨凡有关民教者，切实开导”，“如有奉行不力者，随时查参，用示惩儆”③。次年，清政府下令将原安徽繁昌知县梁延年所编《圣谕像解》一书刊刻石印，“分送各省，由督抚分发各厅、州、县各学堂，俾资观感，以端风化”④。除按旧制宣讲外，清政府还要求新式教育机构定期举行宣讲。光绪二十九年十一月（1904 年 1 月）颁行的《奏定各学堂管理通则》“讲堂规条”规定：“教习学生，一律遵奉《圣谕广训》，照学政岁科试下学讲书，宣讲《御制训饬士子文》例，每月朔由监督教员传集学生，在礼堂敬谨宣读《圣谕广训》一条。”⑤光绪三十二年（1906

---

① 丁日昌：《通饬各属延请端人宣讲〈圣谕广训〉及〈小学〉酌章禀复由》，《抚吴公牍》，《丁中丞政书》卷四，《近代中国史料丛刊续编》第 77 辑，第 666 页。

② 卞宝第：《通饬宣讲札》，《卞制军（颂臣）政书》卷二，《近代中国史料丛刊正编》第 20 辑，第 152 页。

③ 中国第一历史档案馆藏：军机处录副奏折，文教类，第 535 号。

④ 朱寿朋编：《光绪朝东华录》（五），总第 5005 页。

⑤ 《奏定各学堂管理通则》，第 6 页，《奏定学堂章程》，光绪二十九年山东官书局印本。

年），学部奏定颁布的《劝学所章程》明文规定，各厅、州、县劝学所负有宣讲之责，宜遵照从前宣讲《圣谕广训》章程，延聘专员，随时宣讲；其村镇地方，亦应按集市日期，派员宣讲；一切章程规则，统归劝学所总董经理，受地方官及巡警监督①。新式教育机构也担当起道德教化的重任。

二、士大夫的道、学、政

晚清时期，程朱理学在士大夫中影响广泛，宗奉理学的士人仍有一定规模。他们在思想信仰、学术研究、治身行政等方面遵守程朱之道，是程朱理学在晚清社会赖以存在的中坚。

首先，士大夫中宗奉理学者人数众多，出现了一些较为活跃的学术群体，理学的声势一度有所壮大。

道光朝以后，伴随汉学的式微，理学宗奉者活跃起来。尤其是在宋代理学家周、程、张、朱等人昔日讲学的湖南、河南、陕西、安徽、福建等地区，宗理学者声气相通，结成群体，其规模和声势均非乾嘉年间可比。湖南地区在清代受汉学影响较小，理学阵营庞大，多数士大夫奉理学为尊，诸如陶澍、贺长龄、贺熙龄、唐鉴、胡达源、罗泽南、曾国藩、左宗棠、胡林翼等，均好理学。河南地区以理学知名者有刘廷诏、苏源生、李棠阶、王检心、王涤心等。关中地区自宋代以来就有讲求理学的传统，晚清时期，朝邑的李元春、周至的路德、三原的贺瑞麟等人遵奉理学，又通过讲课授徒，培养了大批理

① 《奏定各省学务官制办事权限并劝学所章程折》，学部总务司案牍科编：《学部奏咨辑要》卷一，宣统元年铅印本。

学后进。安徽地区以桐城为中心，拥有方东树、姚莹、方宗诚、方潜等一批笃守程朱之道的学者，而霍山的吴廷栋、六安的涂宗瀛、当涂的夏炘和夏炯兄弟等也以理学闻名。继清初理学家李光地、蔡世远之后，福建的刘存仁、林春溥、郑星驷等人在学术上也首重程朱理学。

从时间上讲，道光二十年(1840 年)，唐鉴“再官京师，倡导正学”，可视作理学振兴的重要标志。顾云《盋山文录》说：“道光之末世，儒讲汉学者浸微，于是唐确慎公鉴、文端公倭仁、吴侍郎廷栋诸人起而讲宋学，曾文正公国藩亦会焉。”[①]这一年，唐鉴奉旨内转太常寺卿，在他周围聚集了倭仁、吴廷栋、曾国藩、何桂珍、吕贤基、窦垿等一批理学名士，从而在京师结成一个以唐鉴为核心、讲究程朱理学的学术群体。

唐鉴是理学复兴的宗主，倭仁、吴廷栋、曾国藩等则是理学复兴的主将。同治年间，倭仁、吴廷栋、李棠阶以正学立朝，他们身边聚集了一群讲究程朱理学的人士。在地方，以曾国藩为首的湘军集团也纠集了大批理学人士，除湘军首领左宗棠、胡林翼外，罗泽南、刘蓉、李元度、郭嵩焘、刘长佑、丁善庆、王鑫、李续宾、李续宜、蒋益澧、贺兴范、钟近衡、刘典、涂宗瀛、方宗诚、杨德亨、程鸿诏、洪汝奎、倪文蔚、何慎修、甘绍盘等，或为湘军成员，或一度为曾国藩幕僚，均有理学背景。从一定意义上说，湘军集团就是一个理学大本营。

具体而言，他们对程朱理学的遵奉与笃诚，由其舍弃举业，专事程朱理学，可见一斑。从理论上说，八股制艺以程朱理学为灵

---

① 顾云：《罗文学蒋孝廉别传》，《盋山文录》卷五，光绪十五年刻本。

魂，又是后者的制度保证，二者是相互依存关系。但在现实生活中，八股制艺的程式化、功利化、形式化却背离了程朱理学“实学实行”的宗旨。晚清时期，从追逐科举利禄改而专心致志于程朱理学者，不乏其人。潘德舆26岁弃科举之学，转以诚敬为本，尤好宋五子之书。山西薛于瑛亦视科举为俗学，弃而不就。张立基，字荩臣，“读书不屑屑治章句业，后因礼园以交于三原贺复斋先生，遂屏去帖括之旨，欲一一见诸行事”[①]。丁光斗，字济阳，三赴乡试不第，遂弃举子业，以理学自任，著有《四书旁通录》等[②]。江苏万斛泉年轻时读《性理精义》后遂不复事科举[③]，转而笃信身心性命之学，精研《大学衍义》及性理诸书。他主持书院数十年，以理学造士，影响遐迩。吴县吴大澂、元和王朴臣、吉林于荫霖、平定李用清等或亲炙门下，或投书问学。安徽黟县胡元吉追陪左右达27年，湖广、江浙地区前来就学者更不在少数。

陕西名儒贺瑞麟的事例颇具典型性。他认为，八股制艺不仅无益于修德明道，“《四书》非八比所能助也。自有朱子《章句集注》以来，《四书》不患不明，患不行耳。即或有所阐明，亦非大有关于身心，裨于世教。”[④]甚而有非圣无法之害，“然其弊也，与空言等。其甚弊则空言之中，又为剽窃庸滥、诡狂侮圣而愈不可问矣。”[⑤]因此，他绝然割弃科举，转修实学。他在与刘蓉的书信中曾述及这一

---

① 刘光蕡：《候选县丞张君荩臣墓志铭》，《烟霞草堂文集》卷四，1919～1921年思过斋刻本。

② 贺瑞麟：《丁济阳先生行实》，《清麓文集》卷二十二，光绪二十五年刘传经堂刻本。

③ 方宗诚：《柏堂师友言行记》卷二，京华印书局1926年版。

④ 贺瑞麟：《答王炽侯孝廉书》，《清麓文集》卷六。

⑤ 贺瑞麟：《赠李午亭北上序》，《清麓文集》卷三。

历程：

> 年二十四，始登桐阁先生（即李元春）之门，得闻圣学之大略，窃有意焉，而未知所入。既泛滥于有明以来诸讲学之书，书愈多讲愈烦而心愈无主，乃取《小学》、《近思录》稍稍读之，始微窥其门庭户牖之所在，诸家之说遂屏不事，然尚未离乎科举之业也。至是乃厌弃之，兄弟亲戚大不以为然，朋友书来又多见攻心，又窃疑前辈讲学亦有应举者，此或未害为学，终身穷饿都不计，恐学稍涉偏僻。痛思此理，经七昼夜，知学断当为己，无他计较。闻朋友中如此者，辄往正之，又反复程、朱说科举处，而志乃毅然不可易，然年且二十八矣。[1]

清代书院多以时文课士，贺瑞麟在陕西讲学，则以讲求实学、不事制艺闻名。他为学古书院所定学约规定："凡学于此者，一以圣贤之学为宗，世俗记诵词章、功名利禄之说务使扫除净尽，不以干其胸中，然后趋向专一，功夫纯笃，方有可冀。"[2]学生段子絅年逾三十，从其问学后，自动放弃了举业，专心致志于圣贤之学[3]。生员许思慎闻贺瑞麟之说，幡然变计，"夜即焚旧所业"，一意心性之学[4]。

从那些所谓的顽固守旧分子身上也可看出他们对程朱之道的笃诚。倭仁在思想上以恪守程朱理学自任，声称："孔门大路，经程、朱辨明后，惟有敛心逊志，亦趋亦步，去知一字行一字，知一理

---

① 贺瑞麟：《上刘霞仙中丞书》，《清麓文集》卷七。
② 贺瑞麟：《学古书院学约》，《清麓文集》卷十六。
③ 贺瑞麟：《赠段子絅》，《清麓文集》卷十二。
④ 贺瑞麟：《赠许思慎》，《清麓文集》卷十二。

行一理，是要务。”[①]他对程朱理学的遵奉，并未停留在理论方法的认识层面，而是在日用伦常中身体力行，将思想信仰与道德实践切实结合起来。他经常“端居深念，看圣人是如何，自己是如何，圣人何以为圣，自己何以为愚，朝夕以思之，饥渴以求之，弃旧图新，必期至于圣人而后已”[②]。从修养过程看，倭仁相当谨严。理学家的道德修养功夫不是一朝一夕能够完成的，而是穷其一生持之以恒的追求。倭仁坚持不懈地做省身日课，便是他蹈行理学修养的一个例证。倭仁做省身日课约始于道光十三年(1833 年)与李棠阶等人的“会课”活动。李棠阶在日记中多次表示：“宝儒、艮峰工夫皆严密”，“艮峰尤精严”[③]。吴廷栋则称：

其人笃实力行，专以慎独为功夫。有日记，一念之发，必时检点，是私则克去，是善则扩充，有过则内自讼而必改，一念不整肃则以为放心。自朝至暮，内而念虑，外而言动，及应事接物，并夜而考之，梦寐皆不放过，而一一记出以自责。[④]

据曾国藩日记，唐鉴对倭仁的修身功夫十分赏识，称倭仁“用功最笃实，每日自朝至寝，一言一动，坐作饮食，皆有札记。或心有私欲不克，外有不及检者，皆记出”[⑤]。曾国藩在家书中也予以称许：

倭艮峰先生则诚意工夫极严，每日有日课册，一日之中一念之差，一事之失，一言一默，皆笔之于书。书皆楷字，三月则

---

① 倭仁：《日记》，《倭文端公遗书》卷四，光绪二十年山东书局刻本。

② 倭仁：《日记》，《倭文端公遗书》卷四。

③ 李棠阶：《李文清公日记》，道光十四年十一月初二日、道光二十年五月二十八日。

④ 吴廷栋：《庚子都中与执夫子垣两弟书》，《拙修集》卷十，同治十年六安求我斋刻本。

⑤ 曾国藩：《曾国藩全集·日记》(一)，岳麓书社 1995 年版，第 92 页。

> 订一本。自乙未年起,今三十本矣。盖其慎独之严,虽妄念偶动,必即时克治,而著之于书。①

李棠阶、吴廷栋等皆为倭仁的至交,上述文字或出自日记,或源自家书,夸大其词的可能性不大。以程朱理学家的标准衡量,晚清时期,口是心非、言行不一的"假道学"大有人在,但如倭仁这样笃信圣道的"正人君子"也不在少数。

其次,宗理学的士大夫为维护程朱道统,传继正学,撰写了一批学术著作。

从整个中国理学史看,程朱理学发展至晚清,已是日暮穷途。当时富有影响的理学作品,诸如倭仁的《倭文端公日记》、曾国藩的《求阙斋日记》、吴廷栋的《拙修集》等,也不过是抱残守缺,并无多少理论创新。但仍有大批人身与其事,热衷于理学撰述。光绪年间所刊方宗诚《柏堂遗书》达76册,其中仅《柏堂集》一书即有94卷。贺瑞麟不仅著有《清麓文集》28卷、《清麓日记》4卷,还编校理学书籍上千卷,仅《清麓丛书》就收有宋、元、明、清各种理学书籍150余种。如此丰厚的著述,在理学史上并不多见,作为一种社会文化现象,引人省思。

不过,更值得关注的或许是晚清时期的理学学术史著作和辨学著作。较著名的学术史著作有何桂珍的《续理学正宗》、唐鉴的《国朝学案小识》、黄嗣东的《濂学编》和《道学渊源录》;辨学著作有方东树的《汉学商兑》、罗泽南的《姚江学辨》、刘廷诏的《理学宗传辨似》等。

《续理学正宗》凡4卷,成书于道光二十五年(1845年)冬,系

---

① 曾国藩:《致澄弟温弟沅弟季弟》,《曾国藩全集·家书》(一),第40页。

何桂珍领唐鉴之命续柘城窦克勤《理学正宗》而成。按，窦克勤是清初理学名家，所著《理学正宗》“止录正宗，其他儒行驳而不纯者”一概不录[1]，而他的“正宗”，仅限于濂、洛、关、闽诸理学大师，并不包括陆、王在内。《理学正宗》专门为理学“道统正宗”修史立传，实质是尊崇程、朱为理学正统，排斥陆、王于道统之外。《续理学正宗》是续补《理学正宗》漏缺的道学传人。根据唐鉴的意见，在元代许衡、明初薛瑄之后续补胡居仁、罗钦顺，清初续补陆陇其、张履祥，从而使宋、元、明、清理学道统清晰可见，绵延不断，与周、程、张、朱、许、薛等一起构成程朱理学的道统史。何、唐二人希望通过续统明宗，进一步强化《理学正宗》所已具有的理学宗派意识，尊朱辟王，排斥词章、故训之学，实现“师道立则善人多，善人多则天下治”的目标[2]。

唐鉴的《国朝学案小识》是晚清时期最有影响力的理学著作之一。该书始作于道光二十三年(1843 年)初，结撰于道光二十五年(1845 年)夏。全书依次为《传道学案》、《翼道学案》、《守道学案》及《待访录》、《经学学案》，外加卷末《心宗学案》，凡 15 卷。该书收录清代前中期约 200 年间学者凡 256 人，在各学案的次序排列、篇幅长短及传主详略等方面，均以程朱理学为中心，以“一统纪”为准则，排斥异说，置成就斐然的汉学于程朱理学之次，置阳明心学于正文之外。就学术宗旨而言，《学案小识》并非简单地对清代前中期理学作总结，沈维鐈在序中称此书之作，“盖纯从卫道辨学起见”[3]，可谓一语道破唐鉴修史续统的苦心。唐鉴所卫之“道”，即

---

① 窦克勤:《理学正宗·凡例》，求善居刊本。

② 唐鉴:《续理学正宗·序》，云南丛书本。

③ 沈维鐈:《清学案小识·序》，商务印书馆 1935 年版，第 2 页。

孔、孟、程、朱之道；所辨之“学”，即离经叛道之“学”。“《学案小识》辨阳儒阴释之非，揭穷理尽性之实，所以示学者向道之途，人人皆当宗朱子也。”[1]唐鉴认为，圣道不坠，有赖于讲明学术，反之，世道日下，人心不古，与学术屡变、邪说横行诋张有关，因此必须明辨学术，衡定是非。从辨学对象看，《学案小识》直指阳明心学、乾嘉汉学。

《道学渊源录》是清末学者黄嗣东为回应新思潮而纂辑的大型学术史，虽不是集道学大成之作，但却是最后一部由道学中人编修的道学通史。《道学渊源录》凡 100 卷，光绪三十四年（1908 年）凤山学舍刊行。该书以李文炤《圣学渊源全录》为基础，辑录朱熹《伊洛渊源录》14 卷，谢铎《续录》6 卷、《补录》3 卷、《洙泗录》4 卷、《附录》2 卷，参照熊赐履《学统》、张伯行《道统录》、黄宗羲《明儒学案》、黄宗羲和万斯同合著《宋元学案》等书，然后加以修订、增补、扩充，前后历 20 年编修而成。全书上起伏羲，下迄清末，按道学渊源流变分为八编（又称“八录”）。光绪末年，西学得以大量传播，民主思想已成不可阻抑的历史潮流，在此背景下，黄嗣东为什么还要编纂卷帙如此浩繁的道学史呢？其用意相当明确，就是要卫道续统，以道学对抗新学。这一点从辛亥革命前夕陈三立所作墓志铭也可得以印证：

> 自变法之议起，新说溢言亦日滋蔓，后生学子剽袭口语，恣为披猖。君痛中国人伦道法之懿刮扫且绝，往官陕时故辑有《濂学编》，至是益广罗三代以来迄于今兹圣哲儒者之说，部列条举，为《道学渊源录》一百卷，于疾病呻吟中昕夕搜订，复

---

① 黄膺：《清学案小识·重刊后跋》，第 1 页。

下已意为序表。君盖私冀以所为书稍饷来者，渐渍人心，系挽什一于千百，虽势格时迕，取骂讥笑，侮厌憎而不悔。[①]

如果说上述著作主要是通过修史从正面表彰程朱道统、弘扬正学，那么，方东树的《汉学商兑》、罗泽南的《姚江学辨》、刘廷诏的《理学宗传辨正》则是通过排斥异己来捍卫程朱理学的正统地位。顾名思义，《汉学商兑》、《姚江学辨》、《理学宗传辨正》分别以清代汉学、阳明心学和孙奇逢的《理学宗传》为针砭对象[②]。

《姚江学辨》成书于道光二十四年(1844年)。关于撰写此书的原因，罗泽南在与友人的书信中曾经道及，他说："象山之学，已经朱子明辨，弟固未曾及。惟姚江良知之说窃禅门之宗旨，乱吾儒之正道，虽经前人议论，而其中之似是而非者尚未能一一剖析，故曾为明辨之，固非攘臂于已毙之虎狼而欲居其除害之功也。"[③]罗泽南为捍卫程朱理学的正统地位，避免心学再度盛行，不得不重提程朱、陆王之辨，又鉴于前人已对陆九渊的心学进行了系统辩驳，因此将矛头直接指向了阳明学说。此书依照朱熹《杂学辨》的体例，引文辨文相间而行，先摘引阳明原文，然后作辨文予以批驳。全书围绕辨王申朱的宗旨，分为上下两卷。上卷从本体论入手，主要是以程朱的"性"、"理"学说驳阳明心性论之非；下卷从功夫论入手，主要是用朱熹的"格物致知"说否定阳明的"致良知"和"知行合

---

① 陈三立：《靖道府君墓志铭》，《道学渊源录》卷首，民国十九年铅印本。

② 《汉学商兑》乃为攻驳江藩《国朝汉学师承记》而作，成书于道光初年，凡三卷。首卷追溯汉学家畔道罔说之源，主要就《宋史》编纂者在《儒学传》之外另立《道学传》所遭汉学家的非议进行辩护；中卷辩驳汉学家依附经义、小学，臆改古义，妄诬圣道；末卷为总论，就江藩《国朝经师经义目录》中所标榜的"纯正"汉学家的观点进行批驳，胪列并总结汉学家种种罪状。因成书早于道光二十年，且学界成果较多，这里不再展开。

③ 罗泽南：《答云浦书》，《罗山遗集》卷六，同治二年长沙刊本。

一”说。《姚江学辨》对于扬朱抑王，推动程朱理学在晚清时期的再度兴起，起了重要作用。同光时期理学名儒贺瑞麟称：“《姚江学辨》一编，真足为吾道干城。”[①]

《理学宗传辨正》凡16卷，系河南永城学者刘廷诏批驳《理学宗传》的著作，约成书于道咸之际。刘廷诏，字虞卿，道光元年廪生，曾任考城、孟津两县学官。为学恪遵闽、洛渊源，力辟陆、王。《理学宗传》系清初著名理学家孙奇逢的作品，偏主陆、王而又折衷程、朱。刘廷诏在序中说：“顾理无二致，学只一途，理学之所宗所传而不取极于一正，恐其以异学乱正学，而宗失其宗，传失其传，裂道术二之也。是安可以不辨乎？”出于正学卫道的目的，他对《理学宗传》做了较大调整。卷1至卷5为“正传”，分列周、二程、张、朱五人，“以上接邹鲁之传”；卷6至卷15为“列传”，分列自汉代董仲舒至明代吕坤数十人；卷16为“附录”，分列宋代陆九渊、明代王守仁及其弟子十余人，即陆王心学诸儒传。这样，经刘廷诏辨别驳正、重加梳理后的理学宗传，已与原著大相径庭，跟程、朱学派“平列”的陆王学派诸儒全部被清除出理学道统，《理学宗传辨正》建立起一个“醇正”的程朱理学正宗体系。在倭仁等正统程朱理学家看来，此书“统绪分明，厘然不紊，可谓取向端而取舍审矣”[②]。同治年间，倭仁请吴廷栋校订时说：是书“能救良知之害而示学者以正途”[③]。倭仁、吴廷栋不仅对该书的学术邪正异同之辨津津乐道，而且亲自撰写按语、认真校订，并加以刊刻推广。吴廷栋本人更是

---

① 贺瑞麟：《重刻小学韵语序》，《清麓文集》卷二，光绪二十五年刘传经堂刻本。

② 倭仁：《校订〈理学宗传辨正〉叙》，《理学宗传辨正》卷首，同治十一年六安求我斋刊本。

③ 涂宗瀛：《理学宗传辨正·跋》，《理学宗传辨正》卷末。

视该书若已出，将该书与罗泽南《姚江学辨》一并编入他个人的文集。经倭仁、吴廷栋等人的表彰，原并不广为人知的《理学宗传辨正》在同治时期与《姚江学辨》、《汉学商兑》等一起产生了较大影响。方宗诚在校订《汉学商兑》代叙中称："永城刘虞卿先生著《理学宗传辨正》一书以明辨陆王心学之非，桐城方植之先生著《汉学商兑》一书以明辨近世宗主汉学之失，二书贯串群言，折衷至是"，皆有功于圣学昌明[①]。

与这一时期纂修的理学学术史相比，辨学著作的目标针对性更强。方东树《汉学商兑》之于江藩《国朝汉学师承记》，罗泽南《姚江学辨》之于阳明学说，刘廷诏《理学宗传辨正》之于孙奇逢《理学宗传》，一一对应，斤斤计较，完全没有清初理学那种兼容并包的气象。这至少可以说明两点：一是反映出程朱理学在这一时期确实有所复兴，不仅在规模上超过了乾嘉时期，而且"醇正"性超过了清代初期。二是这一时期的程朱理学家较之清初的理学家思想趋于保守，视野狭隘。

其三，晚清时期的士大夫以程朱理学经济天下，治军行政。

曾国藩集团治军行政，以理学经世，已为人熟知。兹以倭仁、吴廷栋等人为例。同治年间，倭仁、吴廷栋等宗理学者任职京师，倡导正学，对晚清政局产生了不可忽视的影响。

第一，以理学辅君。诚如吴廷栋所说："用人行政，要以君心为本，欲格君心而培养元德，要以师傅为第一义。"[②]君为一国之主，而君主的培养有赖于师傅，因此，历代正统理学家都以佐君教民为

---

① 方宗诚：《校刊〈汉学商兑〉叙》，《柏堂集余编》卷三，《柏堂遗书》第66册，光绪十二年刻本。

② 吴廷栋：《与方存之学博书》，《拙修集》卷九。

最高政治追求。倭仁、吴廷栋等“正人立朝”，得到以程朱理学端君心、正朝纲，进而将其推行于天下的机会。早在咸丰初年，倭仁等就曾疏劝皇帝要以立尧、舜之志为先：“此志既定，然后择同心同德之臣，讲求治道，切劘身心，由穷理修身以至于治平天下。”[①]同治初年，他们得受隆遇，立即着手把理学家的政治理想付诸实践。同治元年(1862 年)二月，初为帝师的倭仁迫不及待地献上所辑《帝王盛轨》、《辅弼嘉谟》二帙，以此作为“启沃圣心”的教科书。从书中内容及其按语看，倭仁的主旨是讲“君德治道”，用程朱理学把同治帝造就成“中兴”圣君。这次进呈得到两宫皇太后嘉纳表彰，并被赐以《启心金鉴》之名，陈设弘德殿以资讲肆。倭仁以程朱理学“启沃圣心”，从收入《倭文端公遗书》的《讲义》也可看出。《讲义》凡 12 条，与《四书》相关的内容就占了 11 条，宗尚理学的教育思想非常明确。

吴廷栋也把以理学端君心视作“致治之本”，视作第一要务。同治三年(1864 年)，湘军攻克天京，时“天下方谓中兴大业成矣，公(指吴廷栋)独忧之，以为治乱决于敬肆，敬肆根于喜惧……因上疏请加敬惧，持之以恒，永固长治久安之基”[②]。此疏即《金陵告捷请加敬惧疏》。他指出，要想从战争疮痍中恢复过来，就必须做到“坚定刻苦，持之以恒，积数十年之恭俭教养”，“培国脉，复元气”，“而其道莫大于敬，其几必始于惧”[③]。吴廷栋把君心的“敬肆”、“喜惧”视为天下治乱的根本所在，请求皇帝加以敬惧，实际上也就是要求皇帝加强理学修养而已。

---

① 倭仁：《敬陈治本疏》，《倭文端公遗书》卷二，光绪二十年山东书局刊本。

② 李鸿章：《吴竹如先生墓志铭》，见《拙修集续编》卷四。

③ 吴廷栋：《金陵告捷请加敬惧疏》，《拙修集》卷一。

要求通过内在的心性修养来端正君心、强化君权、培固国本，这是儒家思想的一贯主张，也是程朱理学的题中之义。值得注意的是，倭仁等人的主张一定程度上得到了朝廷的承认。如，吴廷栋的奏疏就受到清廷上谕表彰："兹览吴廷栋奏，于万方之治乱，百官之敬肆，皆推本于君心之喜惧，剀切敷陈，深得杜渐防微之意。"清廷并要求百官与朝廷同心，"上下交儆，慎始图终"[①]。对于倭仁等人的努力，《清史稿》评论说："倭仁晚为两宫所敬礼，际会中兴，辅导冲主，兢兢于君心敬肆之间，当时举朝严惮，风气赖以维持。"[②]这些说法从不同角度反映出理学经世取得一些实效。

第二，以理学正人心，育人才。倭仁、吴廷栋等一向看重程朱理学的社会影响力。吴廷栋称："吏治之坏，人才之衰，积习既深，蔽锢日甚，非大励廉耻之防，从人心挽回，岂能遽望转移。推原其故，正由正学不明，而积渐至此也。"[③]他们始终谨守程朱理学，以明正学术为己任，并成为一种思想自觉：

> 欲挽回尽人之无耻，必先视乎一二人之有耻。世有贤豪，固当独任其责，即吾人同生斯世，亦当分任其责。达而在上，权足以有为，则挽回以政教；穷而在下，权不足以有为，则挽回以学术。[④]

吴廷栋晚年校订有《汉学商兑》、《书林扬觯》等书籍，并与倭仁合作校刊刘廷诏《理学宗传辨正》，目的就在于明正学以辟邪说。

同治元年(1862 年)，倭仁被授命为翰林院掌院学士，任期达 5

---

① 吴廷栋:《金陵告捷请加敬惧疏》,《拙修集》卷一。

② 赵尔巽等:《清史稿》卷三百九十一，中华书局 1976 年版，第 11743 页。

③ 吴廷栋:《答宋雪帆阁部书》,《拙修集》卷八。

④ 吴廷栋:《复沈舜卿先生书》,《拙修集》卷八。

年之久。翰林院为朝廷储才之地，倭仁“得天下英才而教育之”，利用执掌翰林院之便，在士大夫中间大力倡导尊崇程朱理学的风气。这从倭仁主持制定的《翰林院条规》可见一斑。《条规》凡六款，宗旨是培养“由《大学》格致诚正以及于治平之规模，切己反身，痛自省克，将名利之病根抉剔净尽而后可以当大任、历变而不摇”的国家栋梁之才。简言之，就是要培养切实敦崇程朱理学的正学人才。其中，第四款明确要求翰林写读书省课日记，以供阅视考核；第五款要求“力行实践，勉为为己之学”；第六款要求“平日尤当省察身心，迁善改过，以仰副朝廷乐育人才之至意”。很显然，《条规》从学术宗旨到具体条款都带有倭仁理学思想的影响，而翰林们定时聚会、交流日记的修养方式，与倭仁早年的会课也较为相似。据称，倭仁本人“常至翰林院与群士讲明正学，诱掖人才”[①]。

同治年间，倭仁、吴廷栋“达而在上，权足以有为”，倡导理学，挽回世运，也寄托了广大宗理学者的厚望。方宗诚在给都察院左都御史罗惇衍的书信中，希望他与倭仁等人“共讲明孔、孟、程、朱之学，凡属吏门生进见，皆谆谆劝以读四子、《五经》及宋五子之书以为根本。”[②]曾国藩则致函吴廷栋：“阁下与诸君子穆穆在朝，经纶密勿，挽回气运，仍当自京师始。”[③]

第三，以理学维风纪，守夷夏之大防。士大夫中以道德学问直接影响朝纲风纪者，以倭仁最具代表性。倭仁素有道学直谏名望，喜谈名教，严辨义利，以“迂直”君子著称于朝。同治八年（1869年），同治皇帝大婚典礼时，倭仁上书谏言宜“崇俭以光”，反对皇室

① 曾国藩：《复倭仁》，《曾国藩全集·书信》（六），第4142页。

② 方宗诚：《上罗椒生先生》，《柏堂集外编》卷六，《柏堂遗书》第72册。

③ 曾国藩：《复吴廷栋》，《曾国藩全集·书信》（六），第4141页。

大肆铺张浪费。倭仁的同年朱兰(字久香)称:"但得先生一日在朝,必有一日之益。"[1]倭仁以首辅、师傅、翰林掌院之职而倡导力行"正学",感染了周围一批翰詹御史,不少人以弟子及门为荣。同光时期的游百川官至御史、于荫霖官至河南巡抚,以"矜尚气节,抗直敢言"著称,二人均从倭仁问学。与倭仁共事的李鸿藻、翁同龢、徐桐,亦具有理学倾向,李氏后为北清流的领袖,翁氏为南清流的魁首。他们三人不同程度受到倭仁的影响。徐世昌《艮峰学案》称,"晚遭隆遇,朝士归依,维持风纪者数十年,道光以来一儒宗也。"[2]这有夸大之嫌,但倭仁等"正人"在朝,确实对维系风气人心起了一定作用,并使清政府内部出现了一批讲究"正气"的清流谏垣。

宗理学者"正人立朝"产生的又一重要影响表现为形成了以倭仁为中心的政治保守阵营。伴随中外冲突与交流加剧,传统的华夷秩序和华夷观念受到严重挑战。同治六年(1867 年)正月,山东道监察御史张盛藻针对同文馆招收科甲正途人员入天文算学馆学习一事首先上疏反对,认为此举"重名利而轻气节",有碍士习人心[3]。此折遭到慈禧太后驳斥,但却引起了倭仁的关注。从倭仁奏折的内容看,学理逻辑一秉于其理学思想。倭仁与多数理学家一样,向来讲求"治本",认为世运之转移在人才,人才之高下在人心,而人心之邪正系于学术。"立国之道,尚礼义不尚权谋;根本之图,在人心不在技艺。"从本末观上考察,礼义道德、学术人心是根

---

① 吴廷栋:《寄倭艮峰中堂书》,《拙修集》卷九。

② 徐世昌:《艮峰学案》,《清儒学案》卷一百六十五。

③ 《同治六年正月二十九日掌山东道监察御史张盛藻折》,《洋务运动》(二),上海人民出版社、上海书店出版社 2000 年版,第 29 页。

本，倭仁强调从此入手，符合理学内在逻辑。就华夷观而言，倭仁反对以夷为师，也有其学术依据："客忧心海疆，愚意靖外必先治内，用人行政有多少事在？正学术，养人才，求直言，化畛域，裁冗食，警游惰，重本黜末，崇实黜华，皆要务也。"[①]他主张"靖外"以"治内"为先，"治内"以"正学术"为要，倡明正学乃根本所在。倭仁在奏折中津津乐道的义利之辨，也源于他的理学思想："三代之世所以人心正，风俗醇，治隆于上而教行于下者，以仁义故也。后世吏治坏，民心漓，廉耻道丧而寇贼日兴者，以利故也。千古治乱之机，莫不由此。《孟子》七篇反复辩论大抵不外此旨。"[②]

关于程朱理学与封建政治的这种结合，戊戌变法期间，力主守旧的曾廉评论说："其在道光时，唐鉴倡学京师，而倭仁、曾国藩、何桂珍之徒相从讲学，历有年数。罗泽南与其弟子王鑫、李续宜亦讲学穷庐，孜孜不倦。其后内之赞机务，外之握兵柄，遂以转移天下，至今称之。则不可谓非正学之效也。"[③]就"同治中兴"与"理学中兴"的关系而言，在某种意义上，倭仁、曾国藩等理学人士的"文治"、"武功"，带来了晚清时期所谓的"同治中兴"。

三、民间社会的文化宗仰

程朱理学作为中国封建社会后期的主流文化，其影响已深入下层士人和普通民众的文化性格和日常生活，成为民间文化宗仰

① 倭仁：《日记》，《倭文端公遗书》卷四，光绪二十年山东书局重刊本。

② 倭仁：《讲义》，《倭文端公遗书》卷一。

③ 曾廉：《应诏上封事》，《戊戌变法》（二），上海人民出版社、上海书店出版社2000年版，第493页。

和大众文化心理的重要部分。

程朱理学不同于道德伦理，但又存在密切联系，前者是后者的理论基础，后者是前者的社会表现。宋明理学家以理为本体，将天理人道合一，为纲常名教创立了一个本体论基础。这一点，晚清士人已有自觉认识。何忠万为咸丰九年（1959年）举人，曾任县学、教谕。他在书信中说："夫《五经》、《四书》之大端，大抵经纬礼俗，节理人情，恤隐民事，而其大者则不外五伦五常，而约之于心性。"①

晚清时期，民众对程朱理学的文化宗仰主要体现为笃守纲常名教。当时，因战争、动乱为名教殒身者急剧增加。从咸丰七年（1857年）到咸丰十一年（1861年），胡林翼曾先后17次为"忠臣义士"请恤。从咸丰十年（1860年）到同治四年（1865年），曾国藩先后21次上"忠义案请恤"折。光绪二十六年（1900年），八国联军侵略中国，京城失守。京津地区的大批官员或战死疆场，或自尽殉节。至次年秋季，崐冈续查奏报请恤官绅人等达15次之多。由此可以想见当时的数量与规模。

除去战争因素造就了大批"忠臣义士"外，传统的愚忠愚孝观念根深蒂固。据同治朝《徐州府志》记载，明代夫亡守节者计77人，遇变捐躯者57人，夫亡身殉者111人，未嫁殉烈及守贞者16人。而从清初至同治年间，夫亡守节者达4151人，遇变捐躯者1381人，夫亡身殉者918人，未嫁殉烈守贞者146人。尽管其中有人口增长的因素，但与明朝相比，清朝守节孀妇的绝对人数的确

① 何忠万：《与庶咸侄书》，《何子清先生遗文》卷上，光绪八年金陵翁氏茹古堂刻本。

有相当大的增长。即使到清朝末年，民主科学思想已开始传播，伤生疗亲、殉夫守节的事例依旧层出不穷。据俞樾《右台仙馆笔记》所载，晚清时期，不仅妻子要为亡夫守节，而且未婚之妻要为未婚而亡之夫守节，名之“守清”，甚且有人为得贞节之名，故意让女子缔婚于已死之男子，谓之“慕清”。林纾《技击余闻》记有这样一例，甚是愚陋：

> 闽中少妇丧夫，不能存活，则遍告之亲戚，言将以某日自裁。而为之亲戚者，亦引以为荣，则鸠资为之治榇。前三日，彩舆鼓吹，为迎神人，少妇冠帔衮服，端坐舆中，游历坊市，观者如堵。有力者，设宴饮之。少妇手鲜花一束，凡少年之未诞子者，则就其手中乞花，用为生子之兆。三日游宴既尽，当路结彩棚，悬绳其上，少妇辞别亲戚，慨然登台，履小凳，以颈就绳而殁。万众拍手称美。余七八岁，老媪曾抱余观之。迨年十九时，翁学本为抚民分府，恶其事，乃大张告示以谕众曰：“为严禁贞烈事。”余观而笑曰：“然则劝导淫奔耳。”闻者大笑。俗吏之不通，往往令人喷饭。[①]

诸如此类关于孝子、烈妇的记载，在《清实录》、地方志中不胜枚举。可以说，程朱理学及其所提倡的纲常名教，在晚清时期已发展到灭绝人性的地步，而广大民众身陷其中，竟混然不觉。

安徽桐城为理学发达之地，妇女的贞节观念较重，入清以后节烈妇女增长速度惊人。桐城烈女祠建于明代，时祀有 93 人。进入清代，又先后建立节孝祠、“待旌”之室、“总旌”之室，至道光中叶，所祀节烈贞孝妇女已达 2774 人。愈演愈烈的殉节之风，与理学观

---

① 林纾：《技击余闻》，《畏庐琐记》，漓江出版社 2013 年版。

念不无关系。姚莹《桐城烈女三祠堂记》说：

鸣呼！吾桐城一邑耳，而贞节之女若妇，宋代以前不过数人，明以后及今乃如此。世谓桐城风俗气节高于江左，非虚语也。旷观史传，忠贞节孝之事古以为难，宋、明至今一若为之甚易者，岂非宋儒讲学之力哉！自程子言饿死事小，失节事大，然后人人知有礼义廉耻，虽中人亦勉为之，然非圣天子崇儒重道以风天下，乌能若是？而轻薄小生辄以为后世好名，不若古人之朴，岂将禽兽吾人而后快欤？盖孔子《六经》垂教之功，至宋而大著，兹之盛也有由来矣。或曰妇人之心专一，故诚而无伪，非如男子二三其德，是说也，吾不敢非之。然则吾桐贞烈节孝之妇女，吾犹不以为多，必胥天下为妇人者人人知以贞烈节孝为事，然后不负圣人垂教、天子旌名之意，则二千七百七十四人，固多乎哉！①

在晚清，不少下层理学人士励节力行，为卫道翼教献出了自己的生命，转而成为他人褒奖的对象。如《石门县志·人物志》中就记有这样一位名教信徒：

匡朝鸣，字凤山，道光壬辰举人，挑发江西知县，以忧归，起复为通道教谕，兼主恭城书院。……咸丰初，以御贼功，晋盐提举司衔，迁沅州府教授，不赴。咸丰十一年，贼既陷绥宁，遇官军，败之靖州，遂走通道。……知县、总兵皆走……朝鸣怀印绶步入文庙庑下，据地坐，贼至，刃胁之，骂不绝口，遂遇害。②

① 姚莹：《桐城烈女三祠堂记》，《东溟文后集》卷九，同治六年安福县署刻本。
② 阎镇珩：《人物志上》，《石门县志》卷三，光绪年间北岳山房刻本。

从方宗诚《柏堂师友言行记》看，在镇压太平军起义过程中，有大批中下层宗主理学的士人为清廷尽忠效节，表现得大义凛然，甚至战死沙场。

文学作品从另一角度为我们展示了晚清时期民间社会的理学状况。

文学具有大众化、通俗化的特点，更贴近社会文化生活。程朱理学作为当时的主流文化和意识形态，是旧文学着力弘扬的主题和表彰的对象。诗词中的宋诗派、“同光体”，散文中的桐城派，坚持旧文体，标榜旧道德，拱卫程朱理学及其价值体系。《荡寇志》、《儿女英雄传》是晚清小说中维护封建礼教、宣扬忠孝节义观念的代表性作品，在民间广为流行。

《荡寇志》又名《结水浒全传》，是《水浒传》的续书，乃道光末年出现的一部反对农民起义的小说。作者俞万春（1794～1849年），字仲华，别号忽来道人，浙江山阴人。诸生出身。曾因镇压瑶民起义而获得清廷奖赏。俞万春主张“尊王灭寇”，对农民起义进行血腥镇压。他创作此书，是为了抵制《水浒传》的传播，宣传忠义观念，从思想上瓦解农民的反抗意识。这从小说引子中可以看出：

> 这一部书，名唤作《荡寇志》。看官，你道这书为何而作？缘施耐庵先生《水浒传》并不以宋江为忠义。众位只须看他一路笔意，无一字不描写宋江的奸恶。其所以称他“忠义”者，正为口里忠义，心里强盗，愈形出大奸大恶也。圣叹先生批得明明白白：忠于何在？义于何在？总而言之，既是忠义必不做强盗，既是强盗必不算忠义。乃有罗贯中者，忽撰出一部《后水浒》来，竟说得宋江是真忠真义。从此天下后世做强盗的，无不看了宋江的样：心里强盗，口里忠义。杀人放火也叫忠义，

> 打家劫舍也忠义，戕官拒捕、攻城陷邑也收叫忠义。看官你想，这唤做什么说话？真是邪说淫辞，坏人心术，贻害无穷。……如今他既妄造伪言，抹煞真事。我亦何妨提明真事，破他伪言，使天下后世深明盗贼、忠义之辨，丝毫不容假借。①

《荡寇志》初版于咸丰三年(1853 年)，正值太平天国起义风起云涌之时，它问世后，受到不少封建士大夫的吹捧，成为一些程朱理学维护者表彰的对象。有人颂扬作者“功德无量”，谓读此书，可“知忠义之不可伪托，而盗贼之终不可为。其有功于世道人心，为不小也”②。

《儿女英雄传》本名《儿女英雄传评话》，约成书于道光末年。作者文康，姓费莫氏，字铁仙，号燕北闲人，满族镶红旗人，大学士勒保次孙。约生于乾隆、嘉庆之际，逝于同治初年。晚年家境败落，遂作《儿女英雄传》以自遣。

小说《儿女英雄传》的主人公，一个是官宦子弟安骥，另一个是侠女十三妹。安骥之父安学海，南河知县，遭到河工总督陷害。安骥变卖家产，前往营救，不料途经能仁寺时遇难，幸得十三妹相救，困于寺中的村女张金凤也同时得救。由十三妹做媒，安、张二人结为夫妻。十三妹本名何玉凤，中军副将何杞之女，因其父为大将军纪献唐所害，立志为父报仇。安父得救后，寻见何玉凤，告诉她纪献唐已被朝廷所诛。经安学海夫妇反复劝说，何玉凤也嫁给安骥，与张金凤和睦相处。后安骥连中举人、进士，钦点探花，授编修，擢翰林院侍讲学士、国子监祭酒，继而升内阁学士兼礼部侍郎，简放山东学政，政声载道，位极人臣。何、张二氏相夫教子，安老夫妇寿

---

① 俞万春：《荡寇志》，人民文学出版社 1981 年版，第 1 页。

② 半月老人：《荡寇志续序》，见朱一弦编：《明清小说资料选编》上册，齐鲁书社 1989 年版，第 405 页。

登期颐，子贵孙荣，书香传家。

关于此书的创作意图，鲁迅《中国小说史略》称其“有憾于《红楼》”而作，可谓切中肯綮。《红楼梦》的主题之一是怀疑和批判中国传统社会迂腐的人生价值观，此书则在重振儒家的人生价值观念和封建主义道德伦理。作者在该书第三十四回中借题发挥说：世人爱读《红楼梦》，是“为曹雪芹所欺”。联系当时的历史背景来分析，实际上，该书的写作与道光、咸丰年间经世学风的抬头、程朱理学的“复兴”是相一致的。文康对于儿女性情的界定、故事情节的构造、人物形象的刻画，都是从程朱理学出发，力图维护正统的思想观念，压制人们正常的自然生活欲求，挽救日渐颓废的社会风气。

与《红楼梦》等歌颂儿女真情的小说不同，《儿女英雄传》对“儿女之情”作了重新界定。作者在“缘起首回”中开宗明义，儿女之情就是英雄至情，就是忠孝节义。

> 这“英雄儿女”四个字，如今世上人，大半把他看成两种人，两桩事；误把些使气角力好勇斗狠的认作英雄，又把些调脂弄粉断袖余桃的认作儿女：所以一开口便道是某某英雄志短，儿女情长；某某儿女情薄，英雄气壮。殊不知有了英雄至性，才成就得儿女心肠；有了儿女真情，才作得出英雄事业。譬如世上的人，立志要做个忠臣，这就是个英雄心，忠臣断无不爱君的，爱君这便是个儿女心；立志要做个孝子，这就是个英雄心，孝子断无不爱亲的，爱亲这便是个儿女心。至于“节义”两个字，从君亲推到兄弟夫妇朋友的相处，同此一心，理无二致。必是先有了这个心，才有古往今来那无数忠臣烈士的文死谏武死战；才有大舜的完廪浚井，泰伯、仲雍的逃至荆蛮；

才有郊、祁兄弟的问答；才有冀缺夫妻的相敬；才有汉光武、严子陵的忘形。这纯是一团天理人情，没得一毫矫揉造作。浅言之，不过英雄儿女常谈；细按去，便是大圣大贤身份。①

显然，《儿女英雄传》所颂说的“情”不是《红楼梦》中宝玉、黛玉式的真挚爱情，它实际上是“理”的翻版，是程朱理学名教思想的具体化。作者从故事情节的安排到人物形象的勾画，都是遵从此“理”的。

从故事情节上看，《儿女英雄传》借助于一个家庭的兴旺发达，来歌颂忠孝节义之情。安学海父子报效朝廷，鼓吹的是一个“忠”字。安骥千里救父，何玉凤立志为父报仇，宣扬的是他们的孝道。何、张“二凤”共事一夫，劝其“奋志成名，力图上进”，又善理家财，厚待公婆，推崇的是她们的妇道、女节。乌钦差惩治贪官，为安学海洗冤，因为他是安的门生；安学海弃官寻找何玉凤，因为他是何玉凤祖父的弟子，表彰的是一个“义”字。这种对程朱理学忠孝节义观念的颂扬，与《红楼梦》形成鲜明对比。小说中的人物形象塑造，安骥与贾宝玉，安学海与贾政，安夫人与王夫人，张金凤、何玉凤与黛玉、宝钗……也是一一对应，又适成反差。恰如胡适所说：“《儿女英雄传》与《红楼梦》恰是相反的。曹雪芹与文铁仙同是身经富贵的人，同是到了晚年穷愁的时候才发愤著书。但曹雪芹肯直写他和他的家庭的罪恶，而文铁仙却不但不肯写他家所以败落的原因，还要用全力描写一个理想的圆满的家庭。”②

《荡寇志》、《儿女英雄传》不过是晚清时期社会文化的一种写

① 文康：《儿女英雄传》（上），第4～5页。

② 胡适：《〈儿女英雄传〉序》，《胡适全集》第3卷，安徽教育出版社2003年版，第532～533页。

照。作为通俗读物，它广为民众所接受，不仅反映了作者的思想倾向，也体现了同时代民众的文化观念。

晚清时期，维护纲常名教、敦崇程朱理学的诗词较为常见。安徽黟县诸生黄德华所作《琐尾吟》系列，从维护孔、孟、程、朱之道出发，就太平天国的思想文化展开了猛烈抨击。其中《纪贼》一首，笃守儒家伦理，极度仇视农民起义，可与曾国藩《讨粤匪檄》一比。诗中写道：

何代无盗贼，此贼凶且顽。

擢发罪难数，言之摧心肝。

人所异禽兽，尊卑差等明（叶弥延切）。

贼皆呼兄弟，五伦全弃捐（贼中男女私，虽夫妇亦斩。萧贼朝贵父与妻合，众觉告朝贵，朝贵告杨贼秀清，遂杀之。朝贵谓人曰：父母苟合，不足为父母也）。

文载道不坠，人心危赖全。

贼持耶稣教，荒蔑典坟编。

古人有功德，庙祀绵万年。

贼独不矜式，一炬玉石焚。

助彻取民制，贼乃不谓然。

民货皆其货，民田皆其田。

诛求猛如虎，蝗过无稍捐（贼谓之曰：天下之田皆天王之田，天下之货皆天王之货）。

改字乃侮圣（贼改五帝三王皆为僭，改文王为文狂，谓爷火华为天父名，改火为亮，华为花，又改圣为正，国为国，老为考，亥为开，丑为好，卯为荣），变时不畏天（贼不置闰，以三十日为双月，三十一日为单月）。

蜂衔列官使(贼中工匠皆称将军,妇女亦有丞相、检点等官),槐国殊衣冠(贼帽上绣伪职字样,有伪职者扎黄巾,余用红色)。

是岂一时灾?先圣先民冤。

呜呼谁雪冤?引领望幽燕。[①]

作为一种思想信仰和道德学说,程朱理学在民间有广泛基础。晚清时期各地的方志对此也有广泛而详实的记载。在编纂思想上,全国各地方志无不把表彰程朱理学及其道德伦理作为首要职责,这实际上就很好地说明了地方社会和基层民众对理学的看法。而志中所录忠、孝、节、烈人数的大幅度增长,则从另一侧面说明广大普通民众并未因社会危机的加剧就能在短时间内突破纲常名教的桎梏,失去对封建道德伦理的信仰。相反,在各种因素的复杂作用下,封建制度的危机有时还强化了他们的思想信仰,不少人心甘情愿为名教做出牺牲。尽管程朱理学并不等同于封建道德伦理学说,但却是后者最为主要的理论来源,正如理学人士所说:"性命之理,著落在君臣、父子、夫妇、兄弟、朋友其中。"[②]程朱理学与封建宗法制度、封建道德伦理是紧密结合在一起的,从这一层面上说,人们对封建纲常名教的维护实际上即是对程朱理学的维护。

需要指出的是,过去,人们常以程朱理学为上层专制下层民众的工具,这需要辩证地看待。光绪二十八年(1902 年),四川总督岑春煊长子举人岑德固因其母病逝,以身殉母[③]。光绪二十八年

① 黄德华:《纪贼》,《琐尾吟》,《江浙豫皖太平天国史料选编》,江苏人民出版社 1983 年版,第 313～314 页。

② 倭仁:《日记》,《倭文端公遗书》卷四,第 41 页,光绪二十年山东书局重刊本。

③ 《德宗景皇帝实录》卷五〇六,《清实录》第 58 册,第 688 页。

十二月(1903年1月),热河正总管恩隆次女崇芪殉身尽孝。袁世凯在请旌奏折中说:"该孝女崇芪,父病焚香割股,父殁仰药捐躯,至性过人,非寻常孝女可比。现当邪说朋兴,亟须表彰孝道,自应专片奏请。"[①]就笃守名教而言,上层亦不例外。

四、社会流动:一种动态分析

对晚清理学作分层讨论后,接下来作一种动态分析。这样,有助于解释理学在当时是如何参与权力运作,也有助于解释理学在晚清的兴衰。

晚清理学系统,不仅有从上而下的意识形态灌输,而且交织着理学人士自下而上的努力。作为社会主流文化,程朱理学得到政府提倡只是一个方面,其间,各阶层宗理学者不是被动的,他们通过各自的主观力量不同程度影响着理学的进展。兹举两例。

一是理学人士相互举荐。

倭仁等人在同治朝受到重用,固然有清政府加强意识形态控制的需要,但也不能忽视理学人士的努力。

咸丰初年,宗理学者紧紧抓住朝廷亟须人才的机遇,为朝廷献计献策。以唐鉴为首的理学群体,更是屡屡上疏咸丰帝倡言匡济天下之道,抒发挽救时局之见,何桂珍一月中奏竟达二十封之多[②],曾国藩、倭仁等人也均有上疏进呈。在这批上疏中,尤为引

---

① 袁世凯:《热河正总管恩隆次女崇芪请旌片》,《袁世凯奏议》中册,天津古籍出版社1987年版,第702~703页。

② 吴廷栋:《吴拙修先生记何丹溪死事》,见《何文贞公遗集》卷首,光绪十年六安求我斋刊本。

人注目的是他们对于本群体理学人才的相互推荐。

何桂珍利用其与咸丰帝的关系，多次为朝廷引荐理学人才。如他在咸丰二年(1852年)十二月越职上陈的《请特用诸臣疏》中，就力荐唐鉴、倭仁、吴廷栋、曾国藩、李棠阶等人学有所成，堪托重任。疏中说：

今欲求如二人(指韩琦、李纲——引者注)者而用之，诚不易得，然即近乎此者而历试焉，未始不可收二人之效。臣观前任太常寺卿唐鉴、现任叶尔羌帮办大臣倭仁、署直隶河间府知府吴廷栋三臣，皆秉性忠贞，见理明决，处危疑而不惧，临利害而不摇。考其生平言行，一一不负所学，虽庸俗未测其浅深，而圣明早精其鉴别，若投以艰巨之任，必能尽言竭力，死生以之。倘用之不效，一毫有负于君国，臣甘伏铁钺之诛以谢天下。

臣思前任礼部侍郎曾国藩、前任兵科给事中苏廷魁，俱明于大节，胸有经纬，现丁尤在籍，可否饬下湖南、广东抚臣，令驰赴湖北，与钦差大臣徐广缙商办防剿事宜。又前任广西巡抚周之琦、前任太常寺少卿李棠阶告病在籍，二臣皆清刚正直，夙应乡望，可否饬下河南抚臣，或令筹办团练，或令襄理粮台。以上四臣，例应专折奏事，藉以考察军情，俾文武官员各知警惧，不敢欺罔宸聪，庶功罪分明，于军务实有裨益。或谓任人不一，恐事多牵制，则四臣素行固非各执己私而不恤公事之急者，似亦可无深虑。①

当时的理学名儒几乎尽括疏中。吴廷栋在与方宗诚的书信中也曾道及何桂珍引荐理学人才之事：“唐镜海太常被召来京，观察屡进

---

① 何桂珍：《请特用诸臣疏》，《何文贞公遗集》卷一。

言于辅臣，谋处以清要，留侍左右，以备顾问。江中丞之抚皖，亦其所密陈也。”[①]曾国藩在咸丰帝即位之初也递上举荐人才折，疏荐李棠阶、吴廷栋、江忠源等五人品学纯粹，才大可用[②]。吴廷栋于咸丰初年擢升道府，并蒙召见，即缘于何桂珍、曾国藩的疏荐[③]，而他在召对中反过来又举荐曾国藩、倭仁的人品学识[④]。实际上，他们私下里也在互通声气，唐鉴在给曾国藩的书信中就直言说："愚所虑者，皋、夔、稷、契之俦，阁下而外，亦不过艮峰、竹如、丹溪三数人，其余君子一边者固多，而其能知格致诚正者恐亦难得，即外间河海兵农亦何能洞见款要，行之都有把握。"[⑤]

同治初年，理学人士再次利用新主初立之机展开活动，积极为程朱理学也是为他们自己寻找上达之路。吴廷栋抓住为同治帝择师的契机，力荐倭仁。同治帝 6 岁继位，正值受教育的年龄，"亟宜典学，以端蒙养之基"，帝师之选成为朝廷内外备受关注的国家大事。清廷规定，皇帝简选的师傅必须是"老成端谨、学问优长之士"[⑥]。在吴廷栋看来，倭仁当是帝师最合适人选。他多次致书方宗诚，"切论此事"：

> 某窃谓，用人行政要以君心为本，欲格君心而培养元德，要以师傅为第一义。非第一人不足以当斯任，因非徒资质之美、不愧正人君子遂能有济也。盖此乃根本之地，不容稍有夹杂，即师傅之学问心性不容稍有假借，庶不致别留病根。惟艮

---

① 《吴拙修先生记何丹溪死事》，见何桂珍：《何文贞公遗集》卷首，第 3 页。

② 黎庶昌：《曾国藩年谱》，岳麓书社 1986 年版，第 15 页。

③ 据《国史本传》和方宗诚所辑《吴竹如年谱》，见吴廷栋：《拙修集续编》附录。

④ 吴廷栋：《召见恭纪》，《拙修集》卷一，同治十年六安求我斋刊本。

⑤ 唐鉴：《复曾涤生侍郎书》，《唐确慎公集》卷三。

⑥ 《穆宗毅皇帝实录》卷七，《清实录》第 45 册，中华书局 1987 年版，第 185 页。

峰先生之学以诚为本，工夫一以慎独为归，其积诚必足以格正君心，而杜渐防微必能预绝非几，而且力破功利之渐。其用处必不至或滋流弊。……舍其人其学不足当师傅之任也。故此日之中兴，直当以艮峰先生决之，使得膺斯任，培养君德十年，何难重睹盛治。[①]

此时，方宗诚在南下投奔曾国藩幕府的途中，因故适逗留于河南巡抚严树森幕府。吴廷栋致信要求方宗诚敦请曾国藩推荐倭仁的同时，又急不可耐地直接致函曾国藩，以自己"位卑分微，无能为役"，故"乞特上一疏专保艮峰以固根本，万不可放过此关"，"每伏枕合目即梦与阁下陈论此事，且一日数次也"[②]。焦灼之情溢于言表。方宗诚也致书曾国藩，鼓动曾氏举荐倭仁："窃谓大臣中德学兼备、老成硕望足以涵养圣德而懋勉圣学者，无逾于艮峰先生矣。"[③]方宗诚还利用在严树森幕之便，以严氏名义起草并上奏《应诏陈言疏》，推荐倭仁。疏中说：

左都御史倭仁，学正养和，人伦表率。自幼笃志力行，即以慎独诚意为宗。……实可胜师傅之任。夫流俗之病在以圣人之道为迂腐，抑思二帝三王之道行于时而天下治，孔、孟、程、朱之道不行于时而天下乱，然则圣人之道乃救时良策，非迂论也。救时不本于圣道，则皆杂霸权谋，虽补苴于目前，流弊究不可殚述。倭仁之学虽不敢言及孔、孟、程、朱，然能诵其言，守其法，躬行实践，忠君爱国，著有明效。若用为师傅，日为我皇上开陈善道，则以聪明睿智之资，日闻乎古圣先贤之

① 吴廷栋：《与方存之学博书》，《拙修集》卷九。
② 吴廷栋：《与曾涤生先生书》，《拙修集》卷九。
③ 方宗诚：《上曾节帅书》，《柏堂集续编》卷八，第10页，《柏堂遗书》第51册。

> 训，涵濡既久，心体力行，扩而充之，则二帝三王之治不难见于今日矣。①

蒋琦龄所上《中兴十二策疏》也极力主张敦崇正学，重用倭仁：

> 欲正人心、厚风俗以图太平，非崇正学以兴教化不能也。则曷不仰法圣祖，提倡宗风，退孔、郑而进程、朱，贱考据而崇理学？今世之能为宋学者，如倭仁、李棠阶，已为硕果之余，宜隆以师儒之任，责以教胄之事。②

经多方努力，倭仁以"老成端谨"、"学问优长"而与祁寯藻、翁心存、李鸿藻一起被列为同治帝的汉文师傅③。倭仁得以重用后，反过来又联合周祖培等人举荐李棠阶、吴廷栋④。如此往复，宗理学者在朝中的地位趋于壮大。

二是张履祥从祀文庙。

"文庙以崇正学而彰风教。"文庙祭典是清政府崇儒重道政策的文化象征，也是敦行纲常名教的重要手段。清代历朝统治者通过祭祀活动，以崇重正学，端正趋向，规范纲常伦理秩序。顺治年间，谥孔子为"至圣先师"，追封孔子先世五代。康熙帝执政期间，把朱子由东庑先贤升至大成殿十哲之次。雍正二年（1724 年），理学名臣陆陇其从祀文庙。道光朝以降，文庙从祀、祭祀先贤更为频繁。同治十年（1871 年），清初理学名儒张履祥从祀文庙，并重刊《杨园先生文集》。

---

① 方宗诚：《应诏陈言疏》，《柏堂集续编》卷二十一，《柏堂遗书》第 58 册。

② 朱克敬：《儒林琐记・雨窗消意录》，岳麓书社 1983 年版，第 53 页。

③ 《穆宗毅皇帝实录》卷十八，《清实录》第 45 册，第 491 页。

④ 慈禧太后初召倭仁到京时，就曾想任命他为军机大臣，倭仁以"授读难以兼顾辞，而荐李棠阶自代"。据费行简：《近代名人小传》，第 72～73 页。

文庙从祀是清政府维护纲常名教举措的重要组成部分。晚清时期，从太平天国起义到戊戌变法、辛亥革命，对封建礼教形成了强有力的冲击，而西学东渐，民主思想的传播，也无不对清政府的文化专制统治形成严重威胁。在这种情况下，清政府希望通过崇正学术、表彰醇儒来树立正统权威，进而达到维护纲常礼义秩序的目的，文庙从祀就是其措施之一。

从祀文庙也是地方士绅维持伦常秩序的需要，反映了基层社会的要求。浙江士绅为张履祥请祀时所申述的理由中非常明确地指出了这一点：

> 方今粤逆倡乱至十数载，始仗天威一旦扫荡，而人民荼毒已不堪言。推原其故，皆由乡无正人君子讲明正学，化导愚顽，而异端之教从而簧鼓，故民之稍有聪明才力者，不安于凿井耕田，而犯上作乱，至于此极。若得如杨园先生之安贫乐道，纂明圣教者，以为表率，移风易俗，左券可操。倘蒙奏恩请施，准其从祀，俾天下咸知一介儒生暗修尔室，生虽未沾一命之荣，而数百年后尚得仰邀旷典，俎豆千秋，则草野之间，抱负非常而为有司所遗者，皆将不攻乎异端而惟潜修之是尚，斯于今日风俗人心大有裨益。[①]

从其过程看，崇祀文张履祥从祀文庙是通过由下而上来实现的，它不仅是一种政府行为，代表国家的意志，而且反映了地方士绅的声音。张履祥生前并不显赫，靠课徒为生，“声誉不出里巷”[②]；去世之初，亦不为人重视，甚至未被列入其师刘宗周的专

---

① 《人物上》，《光绪桐乡县志》卷十三，光绪十三年苏州陶漱艺斋刻本。

② 左宗棠：《张杨园先生〈寒风伫立图〉跋后》，《左宗棠全集·家书·诗文》第13册，岳麓书社1987年版，第290页。

祠。道光朝以后，学术风尚由汉趋宋，张履祥的地位也在悄然发生变化。道光四年(1824 年)，经浙江巡抚请旨，张履祥入祀乡贤祠。但地方士绅并不以此为满足，要求将张履祥入祀文庙。太平天国起义期间，江浙一带战祸连绵，人心思变。《桐乡县志》记载："自粤贼倡乱以来，所至毁学宫，坏书院，诗书之泽扫地无遗。吾邑陷于贼者四年……仁义之道熄，而风俗人心遂不可问矣。"[①]当地士绅为"辟邪救弊"，纷纷以讲求正学自任，并抬出张履祥的道德文章为救世药方。他们说：

> 方今言利日兴，士不知向学，幽渺无稽之邪说肆行于世而莫之禁，又远非先生时比。傥以同人之力，继是能并祠堂而新之，俾远近益知诵法先生，相与紬绎其遗书，崇仁义而斥功利，反经常而远邪慝，以端人心，以茂风俗，则世道幸甚。[②]

当地士绅为张履祥建祠堂、修墓冢、刻书籍，并在桐溪、分水、立志、鸳湖等众多书院供奉栗主，欣欣然以继承与弘扬杨园学说为己任："窃念先生卫道之功，昭然在天下万世，而我里幸近大贤之宇，先生又尝寓居设教于此，义不容坐视其颓废，爰与同志集议兴修，众皆踊跃。"[③]为了树立崇祀的偶像，咸丰、同治年间，当地士绅数次联名上书桐乡县令胡日宣、浙江巡抚左宗棠，要求提高祭祀级别。同治十年(1871 年)，张履祥最终获准从祀文庙，实际上也是前一年陆以恬、沈祖懋、严辰、顾光誉等 16 名地方士绅上书浙江学使徐树铭，请求他代奏所促成的。请祀成功后，桐乡"邑人闻命欢呼，奔走

---

① 《义学》,《建置中》,《光绪桐乡县志》卷四。

② 顾光誉:《代柞溪同人募修张杨园先生墓启》,《悔过斋文集》卷三，咸丰年间刻本。

③ 顾光誉:《代柞溪同人募修张杨园先生墓启》,《悔过斋文集》卷三。

相告，以为从来未有之盛事”，为此专门举行了特别隆重的祭祀仪式。[①] 祭礼结束后，严辰对士子的谈话，再次揭示了从祀的意义：“吾乡入此学者，欲求为状元宰相或限于命而不能必得，若欲学杨园之为诸生，则正可存舜何人也予何人也之想，即不能俎豆千秋，亦必有可不朽于一乡者矣。”[②]很显然，士绅的请祀并非是出自政府的要求，而首先应视作一种“卫道”的自觉行为，因为张履祥的思想学说为他们宣扬道德教化、维持乡里伦常秩序提供了工具。

社会流动的又一表现，是因学术宗尚转移而导致士人在不同学派间变换。

士人学术宗尚的转移，一定程度上可反映出程朱理学的兴衰变化。同治朝以前，从其他学派流入理学阵营者不乏其人，同治朝后期以降，不仅理学名儒倭仁、吴廷栋、曾国藩等先后凋零，缺乏理学后进，而且出现宗理学者改宗新学的现象。

咸同时期较为活跃的理学人物如唐鉴、倭仁、夏炯等早年并不宗奉程朱学说。唐鉴、夏炯原研习汉学。李肖聃称唐鉴少年时“亦习于汉学之说，既乃一变至道，笃宗宋儒”[③]。夏炯早年曾受凌廷堪、程瑶田、汪莱等汉学家的教诲，“嗜国朝阎、顾、江、戴诸家之学，长治诸经注疏，旁及六书、音韵”[④]。道光九年(1829年)，父丧居家，夏炯“次第尽读理学诸儒各编，不觉解悟，灼然知读书门径原有大道康庄”[⑤]，反“观百余年前理学盛，其为有用如彼；百余年后训

---

① 《人物上》，《光绪桐乡县志》卷十三。

② 严辰：《重修桐乡县学宫碑记》，《光绪桐乡县志》卷四。

③ 李肖聃：《镜海学略》，《湘学略》，第165页。

④ 方宗诚：《夏炯子传》，见《夏仲子集》卷首，民国十四年刊本。

⑤ 夏炯：《书程后议序》，《夏仲子集》卷一。

诂词章盛，其为无用如此”[①]，转而以程朱理学为宗，编著《书程后议》7册。

倭仁由阳明心学改宗而来。道光二十年（1840年），唐鉴讲学京师，倭仁考德问业。唐鉴告诉他：“学以居敬穷理为宗，此外皆邪径也。”[②]在唐鉴、吴廷栋等的影响下，倭仁由兼采阳明心学转向以程朱理学为宗。方宗诚称：倭仁“从陆、王入手，朴实做工夫，做得行不去时，乃深知程、朱之是”[③]。大约在道光二十一年（1841年）前后，倭仁“洗净王学一归程、朱”[④]，从此变为谨守程、朱的理学宗奉者。方潜，字鲁生，原究心于陆王心学，所著《心述》混心学、释、道于一，曾以之就教于吴廷栋。经过吴的反复劝说，方潜“豁然大悟”，弃陆、王而专宗程、朱，复著《性述》，一以程朱理学为归[⑤]。杨德亨，字仲乾，安徽石埭人，初为阳明、二曲之学，“年六十余岁见先生，乃折节读程、朱书”，拜吴廷栋为师[⑥]。

光绪、宣统时期，程朱理学在下层士子心目中的地位则大为衰落。据《道学渊源录》记载，湖南校经书院号治古学，颇涉轻笮宋儒之习，成孺在此主讲，举宋儒之说，引起诸生哄堂大笑，成孺愤而无奈，不久辞去。其继任者杜贵墀“于汉、宋门户之见苦口力戒，诸生始知读宋五子书”[⑦]。校经书院虽以古学相标榜，但湖南一向有理

① 夏炯：《学术有用无用辨》，《夏仲子集》卷一。

② 倭仁：《日记》，《倭文端公遗书》卷四。

③ 方宗诚：《柏堂师友言行记》卷二。

④ 据咸丰十一年（1861年）吴廷栋给方宗诚的信称：倭仁“确守程、朱居敬穷理之训二十年”，可推知倭仁转向恪守程朱理学约在道光二十一年（1841年）前后。见吴廷栋：《与方存之学博书》，《拙修集》卷九。

⑤ 方宗诚：《吴竹如先生年谱》，见吴廷栋：《拙修集续编》附录。

⑥ 方宗诚：《吴竹如先生年谱》，见吴廷栋：《拙修集续编》附录。

⑦ 黄嗣东：《杜贵墀》，《道光渊源录》卷一百。

学传统，如此贱视理学，亦可见全国学风状况。攻读《四书章句集注》以就举业的士子同样对真道学不感兴趣，他们“以为科举之外别无学问，一闻道学之名，例以为迂，讪笑毁谤，无所不至”[①]。更遑论有年轻人愿以程朱理学为己业了。

当时，大多数士大夫引理学为耻，鄙夷理学成为士林风气。贺瑞麟在寇允臣重刻《文庙通考》后叙中写道：“匪惟昏愚无知之徒懵然不知道学为何事，即学士大夫例以此二字为大忌，不敢出诸其口。”[②]朱一新形容说：“近人好攻宋儒，见有与宋儒异趣者，无论理之是非，必称述之以为快。”[③]康有为也认为，“今之中国，圆颅方趾四万万，《四子书》遍域中诵之，而卓然以先圣之道自任，以待后学，不为毁誉、排挤、非笑所夺者，未有人焉。”[④]康有为本人早年即曾随岭南大儒朱次琦研习过理学。

世易时移，理学已不能适应时代需要，随着封建君主专制制度在中国的结束，程朱理学在光宣时期走向衰落自是必然现象。

---

① 贺瑞麟：《与焦雨田邑侯书》，《清麓文集》卷九。

② 贺瑞麟：《重刻文庙通考序》，《清麓文集》卷二。

③ 朱一新：《朱侍御答长孺论性书》，见《康有为全集》第1卷，上海古籍出版社1984年版，第1056页。

④ 康有为：《与沈刑部子培书》，《康有为全集》第1卷，第379页。

第六章　唐鉴与《国朝学案小识》

学案体史籍，在中国学术史上占有重要一席。其中著名者如清前期的《宋元学案》、《明儒学案》，民国初年的《清儒学案》等，已备受研究者瞩目。但学界对于清中叶的《国朝学案小识》则关注较少。[①] 实际上，唐鉴的《国朝学案小识》承前启后，与清代学术尤其是清代中晚期程朱理学的关系尚可作进一步探讨。

唐鉴（1778～1861 年），字栗生，号敬楷，又号镜海，湖南善化人。嘉庆十四年（1809 年）进士，选翰林院庶吉士。道光二十年（1840 年）召为太常寺卿。晚年历主金陵、尊经、钟山、白鹿洞诸书院讲席。唐鉴治学崇程朱、辟阳明，著述丰厚，弟子众多，为晚清时期卓有影响的理学名儒。曾国藩称：

> 公潜研性道，宗尚洛、闽诸贤，所至以是敕其躬，亦以是牖于人，时时论著以垂于后。在翰林时著有《朱子年谱考异》、《省身日课》、《畿辅水利》等书，在广西著《读易反身录》，居丧著《读礼小事记》。官平乐时延纳人士入署，亲与讲授，设立义塾，诲诱寒畯。官贵州时亦如之，官江宁亦如之。及入为九卿，又著《易牖》、《学案小识》等书，扶掖贤俊，倡导正学。时如今相国倭仁艮峰、侍郎吴廷栋竹如、侍御窦垿兰泉、何文贞公

---

① 卢钟锋《中国传统学术史》、陈祖武《清儒学案拾零》对此有所阐述。

桂珍辈皆从公考德问业。国藩亦追陪几杖，商榷古今。……晚岁著《读易识》，编次《朱子全集》，别为义例，以发紫阳之蕴。[①]

道光年间，程朱理学呈现复兴之势。编纂理学史作为振兴程朱理学和维护封建道统的重要手段，受到宗理学者的重视。唐鉴的《国朝学案小识》即是当时最有影响力的理学著作之一。该书始作于道光二十三年（1843年）初，结撰于道光二十五年夏，经曾国藩、何桂珍、黄倬等校核后，同年冬在京刊行。这里主要就《学案小识》的著述宗旨、编纂体例、学术思想等做些分析，以期揭示学术史与思想史之间的复杂关系。

一、著述宗旨

就学术宗旨而言，《学案小识》不仅是对清代前中期约200年间的理学学术作总结，而且寓含着作者唐鉴的思想成见，鲜明地体现了作者的学术思想和学术立场。沈维鐈在序中称此书之作，"盖纯从卫道辨学起见"[②]，可谓一语道破唐鉴修史续统的苦心。

具体说来，唐鉴所卫之"道"，即孔、孟、程、朱之道，用其外孙黄膺的话说就是："公之书，悉本之朱子。即公之《学案》也，亦即国朝诸先生宗朱、学朱者之学案也"；"《学案小识》辨阳儒阴释之非，揭穷理尽性之实，所以示学者向道之途，人人皆当宗朱子也"[③]。唐

---

① 曾国藩：《皇清诰授通奉大夫二品衔太常寺卿谥确慎唐公墓志铭》，见唐鉴：《唐确慎公集》卷首，光绪乙亥校刊本。

② 沈维鐈：《清学案小识·序》，上海，商务印书馆1935版，第2页。

③ 黄膺：《清学案小识·重刊后跋》，第1页。

鉴"生平志朱子之志，学朱子之学"，以《学案小识》与《朱子学案》两书最为得意。对照《朱子学案》有助于我们深入理解《国朝学案小识》的宗旨。按，《朱子学案》系唐鉴晚年之作，卷帙浩繁，生前未及印行，身后遗稿被家人遗失。唐鉴在给何桂珍的书信中记有该书的写作计划：

> 今拟分为五案：开章总案，曰敬，曰诚；次格致案；次诚正案；次修齐案；次治平案。敬者所以补《小学》之缺，诚者所以立《大学》、《中庸》之基。敬字无工夫，则血气溢而为戾为乖为忿为暴虐，形骸肆而为惰为骄为偷为淫泆。心欲公而私阻之，身欲正而邪夺之，知与意可恃乎？此敬之所由必补也。诚字无工夫，则知假意假心身假，而齐、治、平亦假。在《中庸》则中假庸假达道假达德假。即《九经》亦假。是何以尽性达天乎？此诚之所以必立其基也。[①]

结合留存于《唐确慎公集》中的《朱子学案目录序》及相关记载，不难蠡测《朱子学案》题旨：该书以朱熹《四书章句集注》为依归，重点分析《大学》"三纲八目"中"格物、致知、诚意、正心、修身、齐家、治国、平天下"等修养功夫，强调《大学章句》进学路径的不可替代性。这一点从曾经读过该书的黄膺那里可得以印证："《朱子学案》析《大全》之名言精理，发《大学》之条目工夫，所以示学者入德之门，人人皆可学朱子也。"[②]两学案互相应和，前后贯通。《学案小识》重在树立尊崇圣道的典范，使人人皆知宗朱子；《朱子学案》首在示学者入德之门，使人人知如何学朱子。两相对比可知，《学案小识》

---

① 唐鉴：《复何丹溪编修书》，《唐确慎公集》卷三。

② 黄膺：《清学案小识·重刊后跋》，第1页。

以“圣人之学，格、致、诚、正、修、齐、治、平而已，离此者畔道，不及此者远于道也”开篇，实际上，此句正是全书主旨所在。

黄膺称唐鉴“生平志朱子之志，学朱子之学，慎思明辨，笃信谨守”[①]，由此看来，这并非全是吹嘘之词。《学案小识》全书正是紧紧围绕这一修养之“道”为中心。唐鉴认为，“夫学圣贤者，未有不由格、致、诚、正而得者也”，“知致而后意诚，意诚而后心正，心正而后身修，身修而后家齐、国治、天下平也”[②]，“人能持此道于必不变，则可与天地立矣”[③]。而社会之所以出现“人心异”，“世道离”，“举纲常伦纪、政教禁令，无不荡然于诐辞邪说之中”，主要是由道学不明造成的。而“道之所以歧，儒之所以不真，岂有他哉？皆由不识格、致、诚、正而已”[④]。因此，他力主以“以孔、孟、程、朱之道为道，以孔、孟、程、朱之学为学”[⑤]。

唐鉴所辨之“学”，即离经叛道之“学”。唐鉴认为，圣道不坠，有赖于讲明学术，反之，世道日下，人心不古，与学术屡变、邪说横行诋张有关，因此必须明辨学术，衡定是非。从辨学对象看，《学案小识》首先所指的当是阳明心学。他说：“有新建者，援象山之异，揭良知半语为宗旨，托龙场一悟为指归，本立地成佛，谓满街都是圣人，大惑人心，愈传愈谬，逾闲荡检，无所顾忌，天下闻风者趋之若骛，骎骎乎欲祧程、朱矣。”[⑥]他认为阳明心学“发明本心”的做法，猖狂恣肆，重者陷溺人心，轻者流为空谈，阳儒阴释，近乎禅说。

---

① 黄膺：《清学案小识·重刊后跋》，第1页。
② 唐鉴：《清学案小识·叙》，第1～2页。
③ 唐鉴：《清学案小识·学案后序》，第2页。
④ 唐鉴：《清学案小识·叙》，第3页。
⑤ 沈维鐈：《清学案小识·序》，第1页。
⑥ 唐鉴：《清学案小识·叙》，第2页。

唐鉴以之为"叛道"。

乾嘉考据学是《学案小识》又一重点抨击对象。他指责汉学求之末叶、不问本根，是"以剩余糟粕，夸为富强"的务外之学："朱子之博，盖博于内而不博于外也"，"今夫礼乐兵农，典章名物，政事文章，法制度数，何莫非儒者之事哉？然当以大经大纶蓄之怀抱，不当以剩余糟粕夸为富强"。唐鉴进而以"典章"、"政事"为例阐释说：

> 圣人之言典章也，莫大于颜子之问为邦，曰夏时、殷辂、周冕、韶乐，曰放郑声，远佞人。是必有顺天应人，长治久安，大经济，大功业，以运用于两间。岂惟推天文，考舆服，讲求乐律而已哉！其言政事，莫大于哀公之问政，曰达道五，行之者三；曰九经，行之者一。是必有事亲知天，明善诚身，真本原，真学问，以弥纶于无际。岂惟考官禄，别等差，讲明礼节而已哉！[①]

他由此断言，考据之学"沾沾焉辨论于粗迹者，不知圣人之学也，外之故也"[②]。在唐鉴看来，汉学家治学远离了《中庸》所说的成己成物合外内之道乃"时措之宜也"的原则，因此，他以考据学为"远道"。

唐鉴认为，心学空谈，汉学守残，"空谈者，索之于昭昭灵灵，而障于内；守残编者，逐之于纷纷藉藉，而蔽于外，斯二者皆过也"，均非正道，真正合内圣外王之道，"不障于内，不蔽于外，惟格、致、诚、正者能之"[③]。也就是说，诸学中只有朱子学说才是学术正宗。

作为学案体著作，黄宗羲《明儒学案》有发凡之功，但在学术思

---

① 唐鉴：《清学案小识·叙》，第3页。
② 唐鉴：《清学案小识·叙》，第3页。
③ 唐鉴：《清学案小识·叙》，第3页。

想上，未能尽脱“求理于心”的王学樊篱。唐鉴“生平力崇正学，辟阳明，不为调停两可之说”①，黄宗羲及其《明儒学案》成为《学案小识》的又一针砭对象。唐鉴《学案小识》将黄宗羲摈之于道学之外，置之于经学案首，诋斥黄所编学案迷乱圣道：

(黄宗羲)辑有《宋儒学案》《元儒学案》《明儒学案》，数百年来，醇者驳者，是者非者，正者偏者，合并于此三编中。学者喜其采之广而言之辨，以为天下之虚无怪诞，无非是学，而不知千古学术之统纪由是而乱，后世人心之害陷由是而益深也。②

实际上，唐鉴之所以大肆攻击黄宗羲兼综百家的学术特点，与他对当时学风的看法也有关系。这一点从沈维鐈的序中可窥一斑。沈氏在序中解答说：

或问：此编出，徒为言王学者集矢，今王学势已衰矣，何亟亟于是？

余谓：……即好陆、王，亦高明之过，无二子之本领气魄也。顾惟一种似是而非议论，务通朱、王二家之邮，最足滋后学之惑，究其调停，皆左袒也。至理无两是，正路无旁歧，得是书分明别白，而谬悠之说，不扫而自退，故断断不可少也。③

也就是说，《学案小识》批判黄氏“搅金银铜铁为一器”，与其说是仅针对历史上的黄宗羲一个人而发，不如说是对当时学界调和程朱、陆王学风的不满和批评。

① 李元度：《国朝先正事略》，见唐鉴：《唐确慎公集》卷首。

② 唐鉴：《清学案小识》，第401页。

③ 沈维鐈：《清学案小识·序》，第2～3页。

二、内容取舍

《国朝学案小识》以唐鉴个人的好恶为去取标准，在传主择取、学案内容的编纂等方面进行了精心设计，含有很强的主观性和宗派性。

《学案小识》共14卷，依次分为《传道学案》2卷、《翼道学案》3卷、《守道学案》及《待访录》6卷、《经学学案》3卷，外加卷末《心宗学案》1卷，实际为15卷。全书收录清代前中期约200年间学者凡256人，在各学案的次序排列、篇幅长短及传主详略等方面均以程朱理学为中心，以“一统纪”为准则，排斥异说，置成就斐然的汉学于程朱理学之次，置阳明心学于正文之外。

《传道学案》“表圣道之统绪”。据唐鉴的解释，“传道”最为重要，故居于卷首。他分析说：“传何由而得其道乎？曰孔、孟、程、朱。道何由而传得其人？曰述孔、孟、程、朱。述孔、孟、程、朱何由而遽谓之传乎？曰孔、孟、程、朱之道晦，而由斯人以明；孔、孟、程、朱之道废，而由斯人以行。孔、孟、程、朱之道何由而遽明、遽行乎？曰辨之严，异说不能乱；行之力，同志服其真。虽未必遽能大明与行，而后之学者，可由是而进于明、进于行也。则谓之明可，谓之行可，谓之传可。”传道者不仅能够述道、明道，而且要做到身体力行，“同志服其真”，才符合标准[①]。《传道学案》列陆陇其、张履祥、陆世仪、张伯行4人，这四人“心程、朱之心，学程、朱之学，而言与行，卓然表见于天下，上可以此追踪乎孔、曾、思、孟，下可以此近接乎

---

① 唐鉴：《清学案小识·提要》，第1页。

许、薛、胡、罗。盖广大精微，传古圣贤之遗绪于不坠者，此其选也”[①]。从唐鉴的《提要》看，他认为此 4 人于圣道存亡绝续关头，矫邪说，挽狂澜，直接孔、孟、程、朱，许（衡）、薛（瑄）、胡（居仁）、罗（钦顺）之道，比之为孟、朱亦未尝不可：

> 盖明自正（德）、嘉（靖）以后，讲新建者，大肆狂澜，决破藩篱，逾越绳检，人伦以坏，世道日漓，邪说诬民，充塞仁义。逮及鼎革，托为老师宿儒者，尚欲以诐淫邪遁，淆乱人心，伤何如哉！……夫孟子岂可复生哉！世有欲正人心以熄邪说者，即谓之孟子可也，即谓之朱子可也。道之传也，非斯人其谁与归。[②]

《翼道学案》“重圣道之干城”。唐鉴认为，传道者少，若翼道者众，“翼之则道不孤矣。道不孤，则乱道者不能夺其传矣。不能夺其传，而后统纪可一，法度可明，学术正而人心端，教化肃而风俗美，人道与天道、地道并立矣”。同时，“道之传也，传者传之，翼者亦相与传之也”[③]。圣道不孤，正是有赖羽翼者人数众多，发扬光大，所以《学案小识》紧继传道者之后，列翼道者汤斌、顾炎武、张尔岐等 19 人，以作斯道干城。这 19 人“言足以匡迪群流，行足以羽仪四海，举偏颇而扶之以中正，祛迷罔而牖之以诚明”[④]，他们之于传道 4 人，如子思、孟子之于孔子，张栻、吕祖谦之于朱熹。

《守道学案》“严圣道之防闲”。唐鉴认为，“天下之大患，莫大于不顾防检，不敦节概，不修礼义廉耻，不遵规矩准绳”，而立身“守

---

① 黄倬：《清学案小识・跋》，第 1 页。
② 唐鉴：《清学案小识・提要》，第 1 页。
③ 唐鉴：《清学案小识・提要》，第 1～2 页。
④ 黄倬：《清学案小识・跋》，第 1 页。

道"可以辅世救时，救此弊病：

夫救时者人也，而所以救时者道也。正直可以慑回邪，刚健可以御强梗，庄严可以消柔佞，端悫可以折侵侮，和平可以息横逆，简易可以综繁赜，抱仁戴义可以淑心身，周规折矩可以柔血气，独立不惧可以振风规，百折不回可以定识力，守顾不重乎哉？[①]

换句话说，正是因为有"坚定以立其志，严肃以持其身，尔室屋漏，俯仰于无所愧，万马千军，撼动而莫可摇，盖有定识定力，独立不惧者"的存在，程朱之道才得以衍传不断[②]。以此为选择标准，唐鉴列于成龙、魏裔介、李光地、陈廷敬等 44 人入《守道学案》。

《学案小识》以超过 80% 的篇幅阐述以上三个学案，可见三案在全书中的主干位置，亦可见全书首在表彰正学。在这三个学案中，作者重点突出传道之"真"、翼道之"众"、守道之"坚"：传道之真，得所传而道不坠；翼道之众，得所翼而道不孤；守道之坚，得所守而道益明。如果说，这三个学案把表彰正学与弘扬正道紧密结合在一起，是从正面褒扬，那么，其后的《经学学案》和《心宗学案》则是树立反面典型。

《经学学案》商"经学之纯驳"。唐鉴指出，"传圣人之道以存经者，朱子一人而已矣"，即经求道，未尝不为圣学之正轨，但只知"训诂其文字，考索其典章，重名物不重心身，知猎取不知格致"，远搜旁猎，穿凿附会，这至多不过是"字里行间之经，非道德性命之经也"[③]。唐鉴《经学学案》收列黄宗羲、朱鹤龄、梅文鼎、王锡阐、阎

---

① 唐鉴：《清学案小识·提要》，第 3 页。

② 黄倬：《清学案小识·跋》，第 1～2 页。

③ 唐鉴：《清学案小识·提要》，第 4 页；黄倬：《清学案小识·跋》，第 2 页。

若璩、胡渭等百余人,目的就是要为程朱理学争正统,清除汉学异说,尤其是对那些"尊汉经师而诋朱子"的乾嘉考据学者们痛下针砭。

《心宗学案》剖心学"非学而足以乱学"。唐鉴认为,阳明心学为学害道:"无善无恶之说倡,天下有心而无性矣;有心无性,人非其人矣。世安得不乱哉!"心学乃造成天性绝路,明社成墟的罪魁祸首[①]。盱衡往迹,俯念未来,其祸懔懔可戒,唐鉴卷末附《心宗学案》就是要以前车之覆警诫世人。其外甥黄倬为唐鉴立《心宗学案》的良苦用心辩解说:

> (《国朝学案小识》)每于其害道者一一辨之,夫辨岂得已哉!如今日之言王学者,大抵无师承,无提倡,原不似末明之若狂若醉,横行无忌。而旷达之流,往往假此以为托身之地,非特贪其简便,亦且恃为尊崇,而脱离程、朱矩范,逾闲荡检,无不可以自由。是不摈心宗,何以正洙泗之坛坫,严洛闽之藩篱乎?此吾舅之苦心[②]。

全书最后以《经学学案》、《心宗学案》结束,贬斥乾嘉考据学和陆王心学,正体现了唐鉴编著此书用心之深。

三、编纂体例

《国朝学案小识》是继《明儒学案》、《宋元学案》之后明确地以学案题名的学术史著作,它在编纂体例方面对这两部著作虽有所

---

① 唐鉴:《清学案小识·提要》,第4页。

② 黄倬:《清学案小识·跋》,第2页。

借鉴，但又有较大不同。

其一，《明儒学案》与《学案小识》卷首均有自叙（序），但《学案小识》有《提要》而无《凡例》、《师说》。《学案小识》以《提要》之名把全书《传道》、《翼道》、《守道》、《经学》、《心宗》五大部分的著述宗旨、分撰原则集于卷首，开宗明义，比之于《明儒学案》各案之总论，更加突出了道统意识和思想派性。

其二，在案卷的设立与传主的选择上，《明儒学案》和《宋元学案》虽以理学为主干，但不排除理学以外的重要学派和学者，一些向来被斥为“功利”或“异端”的学者也得以设案立传，如《宋元学案》为叶适、陈亮、王安石分别设有《水心学案》、《龙川学案》、《荆公学案》；在程朱理学与陆王心学之间，《明儒学案》虽不脱王学樊篱，但较少门户之见，既为明初笃守朱熹学说的薛瑄立《河东学案》，又列受宗程朱学者非议的王廷相、吕坤等人于《诸儒学案》。《学案小识》则凭作者好恶，扬宋抑汉，尊朱黜王，如《经学学案》斥宗尚汉学、诋其宋学的毛奇龄于不录，《心宗学案》斥宗尚心学的孙奇逢于不录。孙奇逢与李颙、黄宗羲并称清初三大儒，同宗阳明心学，唐鉴以李颙入《翼道学案》，以黄宗羲入《经学学案》，已是意分轩轾，而置孙奇逢于不录，尤为后人不满，李元度《国朝先正事略》、徐世昌《清儒学案》在各自《凡例》中均指责唐氏门户之见太过，认为不足取法。

其三，《学案小识》在体裁上更接近于类传体。《明儒学案》、《宋元学案》是学案体学术史的集大成之作，采用的是以人物为纲、因人立传的形式，又以学派源流为分类。《学案小识》虽也以人物为纲，但在为人立传之前，先是仿照书志体进行了分类，把传主明确区分为五等。这五等的划分不是按照学派、师承或地域来进行的，而是以对于道统传承的重要性为标准。朱一新认为，《学案小识》这一体裁是受了孙奇逢《理学宗传》定主辅、别内外编纂思想的影响[①]。实际上，《学案小识》的体裁与熊赐履的《学统》更为接近。按，《学统》一书凡56卷，将自春秋至明代2000余年间的“道术”“学脉”按正统、翼统、附统、杂统、异统分为五类，把传主分别归入不同类别。对比《学案小识》五大学案的划分，其间影响相当明显。

其四，传主的写法也不尽同。就标题而言，《明儒学案》以传主地望标题，不相统系者标以诸儒学案，以传主之字标题者惟有止修、蕺山二案；《宋元学案》或以字，或以谥，或以地为名，更为驳杂；《学案小识》目录则以传主之字标题，正文则以地望加姓氏冠名，较为统一。《明儒学案》、《宋元学案》注重师承授受，如《宋元学案》每案前必有一表以叙其渊源出入、支分派别，卷末附有讲友、学侣、同调、家学、门人、私淑、续传、别传等目，用以表明他们与传主的关系；《学案小识》也附有“同学”、“从游诸子”、“门人”等目，不过相当简略。对各案传主学行的编著，《明儒学案》、《宋元学案》分列传主小传、传主学术资料选编，并相当注重传主语录摘抄和资料选编；《学案小识》则合小传与资料选编于一体，首在褒贬传主的学行。在传主资料选取上，《宋元学案》、《明儒学案》重在体现各个学派的学术特色，如对欧阳修的疑经思想、司马光的非孟思想、王廷相的反理学思想照录不误；《学案小识》重在表彰道统，否则讳而不书，如对陆陇其尊朱黜王思想所受吕留良的影响避而不提，对《翼道学案》诸儒的王学背景则表现出漠视。

《国朝学案小识》虽与此前的《明儒学案》、《宋元学案》表现出

① 朱一新：《无邪堂答问》，中华书局2000年版，第5页。

一些不同，但这些不同主要是借鉴《学统》等正统理学史的特点，从根本上说并不是对学案体著述的进一步发展和完善；相反，相对于《明儒学案》、《宋元学案》的广搜博采、力求客观的学术特色而言，却是一种倒退。

时人即认为《国朝学案小识》过于拘滞、主观。潘德舆的弟子鲁一同是道光十五年（1835年）举人，好经世之学，并不排斥理学，他在读了《学案小识》之后虽赞佩唐鉴的卫道苦心，但对“其书体义不敢苟同”，在与友人书信中一口气写下四“不可”。他指出，唐氏之书“徒凭纂述议论”，横列传道、翼道、守道三等，“综计一代老师耆德魁艾大贤而第其上下，进退率于胸怀，轻重凭其位置，虽具尚论之识，实乖虚己之义，不可一也”。《传道》、《翼道》、《守道》三案主次倒置，“传者未必能守，守者断无不传”，“守之与传，何判优劣？”而且“翼只是辅，守乃为主，加翼于守，尤所未喻，其不可二也”。经学、理学同传圣人之道，“经不蹈道则非学，道不宗经则非道，（《经学学案》）适开门户之私，又非文章、性道合一之旨，其不可三也”。唐氏抨击王学太过，徒便其爱憎党伐之私，“程朱之学，模范秩然，圣哲由之以利用，中材循之以安身。陆王之学，高明得之为简易，愚顽蹈之为猖狂，此其优劣乃在疏密之分，非关邪正之别，意见一胜，彼此凿枘，遂使吾道之内矛戟森立，歧畛横分，世变日下，人才至难，何苦自相摧败如此？推寻唐氏一书，不过攻王尊朱，用意良厚，然持之过坚，有一言攻击王氏者，虽其底蕴未尽可知，而必加褒美，或少涉出入，虽以李二曲之笃实、李文贞之醇深，而不无抑扬”，辩论太多，遂成同异，“而道几乎裂矣”，其不可四也①。同

① 鲁一同：《与高伯平论学案小识书》，《通甫类稿》卷二，咸丰九年刻本。

治、光绪之际，李元度在书信中说，唐鉴信道虽笃，但门户之见过深，并表示对此书的辟王不敢附和："是书辟阳明是其宗旨。其于夏峰先生既摈之不录矣，复深致鄙夷，与孙北海辈一例攘斥，亦已太甚。且辟阳明于今日，实与病源不相应……几于无病而呻矣。"[①]朱一新主张汉宋兼采，他在《国朝学案小识书后》发表了与此大体相同的看法，认为《学案小识》"宗旨固甚正，惜乎其体例未尽善"，对唐氏贬抑经学、排斥心学的做法不以为然[②]。

作为一种思想文化现象，《国朝学案小识》在著述宗旨、内容取舍、编纂体例等方面所表现出的特点，不仅寄寓了作者的学术好尚，而且体现了道光时期的学术趋向，对于晚清理学复兴的影响不容忽视。唐鉴的《国朝学案小识》与窦克勤的《理学正宗》、何桂珍的《续理学正宗》"相翼而行"[③]，从而构成一部从宋至清代中叶道统完整的程朱学派"正学"体系。咸丰时期，吕贤基将何桂珍的《续理学正宗》与唐鉴的《学案小识》进呈朝廷，"藉为正学之助"[④]。黄倬在跋中称《国朝学案小识》一书，"正洙泗之坛坫"，"严洛闽之藩篱"，"为斯世扫榛莽，为后学正趋向，为希贤作圣者立一必可至之正鹄"。唐鉴等人的道统史编纂，重新树立程朱理学的道统正宗形象，再度兴起"卫道辨学"之风，对于当时程朱理学复兴无疑起了导向作用。

---

① 李元度：《与邢星槎孝廉书》，《天岳山馆文钞》卷三十六，光绪六年爽溪精舍刻本。

② 朱一新：《无邪堂答问》，第 5 页。

③ 何桂珍：《清学案小识·跋》，第 2 页。

④ 李元度：《吕文节公别传》，《天岳山馆文钞》卷十一。

第七章　曾国藩的理学思想

曾国藩是晚清时期的理学名儒，有"一代儒宗"之称。其理学思想的演变大体上经历了三个阶段：第一阶段为道光二十一年(1841年)以前，他就读于湘乡涟滨书院和长沙岳麓书院，较为系统地接受了书院教育，初步奠定学术基础。第二阶段始于道光二十一年，唐鉴由江宁藩司入官太常寺卿，他追陪杖下"讲求为学之方"，唐鉴以义理之学相勖，曾国藩"遂以朱子之学为日课，始肆力于宋学矣"①。在此前后，他结交了贺长龄、倭仁、吴廷栋、何桂珍、窦垿等宗理学人士，"益致力程朱之学"②。第三阶段为咸同年间，曾国藩由侍郎升任封疆大吏，虽军旅、政务在身，但不忘理学经世，把程朱理学付诸实施，与经济天下结合起来，成为程朱理学的有力倡导者和维护者。

曾国藩没有专门、系统的理学著作，其治学内容也并不限于程朱理学，对经济、考据、辞章以及诸子学等皆有所好，但这并不意味着他在理学方面无所成就，没有特色。曾国藩的理学思想具有相对开放性，以义理为本又不为前人成说所限，吸纳了考据、经济、辞章等其他学问的特点。

---

① 黎庶昌：《曾国藩年谱》，岳麓书社1986年版，第7页。

② 黎庶昌：《曾国藩年谱》，第7页。

一、绍述程、朱，以义理为本

曾国藩是晚清理学经世派的代表人物，不以对天理性命等理学范畴的思辨见长。他直接以程朱理学为题的专论只有《顺性命之理论》、《君子慎独论》等少数几篇，多数理学见解散存于文章、笔记、书信的字里行间，往往与对具体问题的阐发结合在一起。下面简要分析他对理学基本理论的阐述。

在本体论方面，曾国藩继承程朱理学成说，以"太极"、"理"为宇宙的本原，以阴阳二气的动静变化来解释宇宙的生成过程。他说：

> 盖天下之道，非两不立，是以立天之道，曰阴与阳，立地之道，曰柔与刚，立人之道，曰仁与义。乾坤毁则无以见《易》，仁义不明则亦无所谓道者。传曰：天地温厚之气，始于东北，而盛于东南，此天地之盛德气也，此天地之仁气也；天地严凝之气始于西南，而盛于西北，此天地之尊严气也，此天地之义气也。斯二气者，自其后而言之，因仁而育物，则庆赏之事起；因义以正物，则刑罚之事起。①

宋代理学家周敦颐、朱熹等人，发挥《易传》的宇宙生成学说，以天地阴阳之气来说明"道"的变化，并把天道、地道、人道结合在一起，从而为仁义、刑政等学说寻找理论根据。曾国藩上述说法与宋儒学说一致。曾国藩还吸收了邵雍、朱熹等人运用象数奇偶变化来解释太极生成万物的思想：

> 天地之数以奇而生，以偶而成。一则生两，两则还归于

---

① 曾国藩：《答刘蓉》，《曾国藩全集·书信》(一)，岳麓书社 1995 年版，第 20 页。

一。一奇一偶，互为其用，是以无息焉。物无独，必有对，太极生两仪，倍之为四象，重之为八卦，此一生两之说也。两之所该，分而为三，淆而为万，万则几于息矣。物不可以终息，故还归于一。天地细缊，万物化醇；男女构精，万物化生。此两而致于一之说也。一者阳之变，两者阴之化。故曰：一奇一偶者，天地之用也。①

曾国藩的"性"、"命"理论同样秉承二程、朱熹的思路，认为"性"、"命"原乎"天理"、"太极"而存在。他在《顺性命之理论》中指出：

尝谓性不虚悬，丽乎吾身而有宰；命非外铄，原乎太极以成名。……盖自乾坤奠定以来，立天之道曰阴与阳，静专动直之妙，皆性命所弥纶。立地之道曰柔与刚，静翕动辟之机，悉性命所默运。是故其在人也，细缊化醇，必无以解乎造物之吹嘘。真与精相凝，而性即寓于肢体之中。含生负气，必有以得乎乾道之变化。理与气相丽，而命实宰乎赋畀之始。②

人性与天道、太极相连，蕴含着天地阴阳刚柔、动静翕辟变化之理。具体说来，"以身之所具言，则有视、听、言、动，即有肃、铦、哲、谋。其必以肃、铦、哲、谋为范者，性也；其所以主宰乎五事者，命也。以身之所接言，则有君、臣、父、子，即有仁、敬、孝、慈。其必以仁、敬、孝、慈为则者，性也；其所纲维乎五伦者，命也。此其中有理焉，亦期于顺焉而已矣。"③就个体所具而言，人有视、听、言、动，就有肃、

① 曾国藩：《送周荇农南归序》，《曾国藩全集・诗文》，第162页。
② 曾国藩：《顺性命之理论》，《曾国藩全集・诗文》，第133页。
③ 曾国藩：《顺性命之理论》，《曾国藩全集・诗文》，第133页。

铦、哲、谋为范，这就是由人性决定的。同样，就社会关系而言，人有君、臣、父、子之别，就有仁、敬、孝、慈为范，这也是由人性决定的。而人性之所以要合乎规范，这是由天命，也就是天理决定的。正是由此，他提出了“顺性命之理”的思想，在人性论上主张“复性”说。

孟子主性善论，程朱理学分“性”为“天理之性”与“气质之性”，并以后者为恶。曾国藩继承了程朱理学的说法，认为其间没有矛盾。他说：“程、朱又分出义理之性、气质之性，以明孟子性善之说之无失，亦自言各有当。”[①]他在“理善气恶”的基础上提出了“复性”学说：“人性本善，自为气禀所拘，物欲所蔽，则本性日失，故须学焉而后复之，失又甚者，须勉强而后复之。”[②]

在修养功夫方面，曾国藩对“居敬”、“主静”、“明诚”等的阐释有一定特色。

宋儒中，周敦颐提倡“主静”，二程、朱熹首重“居敬”。曾国藩论修养功夫，既讲“居敬”，又讲“主静”。他于道光二十四年(1844年)所作修身课程《五箴》，其二为“居敬”，其三为“主静”[③]。咸丰十年(1850年)他在日记中写道：“睡后，思八年所定‘敬、恕、诚、静、勤、润’六字课心课身之法，实为至要至该。吾近于静字欠工夫耳。”[④]二箴并列，说明他对“居敬”与“主静”有不同于程、朱的理解。

他的《课程十二条》以“敬”居首，并解释说：敬者，“整齐严肃，

① 曾国藩：《韩昌黎集》，《曾国藩全集·读书录》，第 278 页。
② 曾国藩：《笔记二十七则》，《曾国藩全集·诗文》，第 378 页。
③ 曾国藩：《五箴》，《曾国藩全集·诗文》，第 147 页。
④ 曾国藩：《曾国藩全集·日记》(一)，第 535 页。

无时不惧。无事时心在腔子里，应事时专一不杂。清明在躬，如日之升。”[①]他在家书中要求其子以“主敬”为日课：

> 主敬则身强。敬之一字，孔门持以教人，春秋士大夫亦常言之，至程朱则千言万语不离此旨。内而专静纯一，外而整齐严肃，敬之工夫也；出门如见大宾，使民如承大祭，敬之气象也；修己以安百姓，笃恭而天下平，敬之效验也。程子谓上下一于恭敬，则天地自立，万物自育，气无不和，四灵毕至。聪明睿智，皆由此出。以此事天飨帝，盖谓敬则无美不备也。吾谓敬字切近之效，尤在能固人肌肤之会筋骸之束。庄敬曰[日]强，安肆日偷，皆自然之征应，虽有衰年病躯，一遇坛庙祭献之时，战阵危急之际，亦不觉神为之悚，气为之振，斯足知敬能使人身强矣。若人无众寡，事无大小，一一恭敬，不敢懈慢，则身体之强健，又何疑乎？[②]

曾国藩所理解的“敬”，遵循程、朱学说，首先是强调道德修养主一而无适，严肃而敬畏，提撕斯心，恪守纲常名教，以合于“天理”。他从工夫、气象、效验等方面对“敬”所做的阐释，丰富了程朱理学的内涵。

程、朱以“主敬”取代“主静”，乃担心静字易流入释、老虚无之途。曾国藩以静坐为日课之一，则是恪守儒家之义理，为了“体验来复之仁心”。他说：“每日不拘何时，静坐四刻，体验来复之仁心。正位凝命，如鼎之镇。”[③]他认为，“静”既是涵养之道，又是“主敬”的一种结果和境界。一个人按照儒家的道德伦理去践履，自然

---

① 曾国藩：《课程十二条》，《曾国藩全集·诗文》，第396页。

② 曾国藩：《谕纪泽纪鸿》，《曾国藩全集·家书》(二)，第393～394页。

③ 曾国藩：《课程十二条》，《曾国藩全集·诗文》，第396页。

能静。

> 自濂溪揭“主静”之旨，程、朱亦常以“静”字垂教，苟其遗弃伦物而于静中别求端倪者，或不免误入歧途。若习静以涵养此心，则即《大学》所云“定静安虑”者，又何岐趋之有？朱子注《中庸》首章有云：“自戒惧而约之，以至于至静之中，无少偏倚，而其守不失。”此数语者，谓之主静可也，谓之居敬亦可也。盖不善言“静”，恐入生熙之门，善言“静”，犹是存养之道。言岂一端，夫各有所当也。[①]

他还指出，静不能离乎“仁心”，静的最高境界即“未发之中”，主静也就是涵养此仁心：“我辈求静，欲异乎禅氏入定冥然罔觉之者，其必验之此心。有所谓一阳初动，万物资始者，庶可谓之静极，可谓之未发之中、寂然不动之体也。不然，深闭固拒，心如死灰，自以为静，而生理或几乎息矣。况乎其并不能静也，有或扰之，不且憧憧往来乎？”[②]在曾国藩看来，“主敬”与“主静”有别，但又是统一的，敬偏于动态，静侧于静态，敬是行动，静则是敬的一种境界和状态。

“诚”是程朱理学的重要范畴。周敦颐、程颢等理学家都曾借助于《中庸》反复阐述过“诚”的意义。曾国藩注重“明诚”的修养功夫。他在致贺长龄的信中说：“窃以为天地之所以不息，国之所以立，贤人之德业之所以可大、可久，皆诚为之也。故曰：‘诚者，物之始终，不诚无物。’”[③]“诚者，物之始终，不诚无物”，出自《中庸》。《中庸》以“诚”为沟通天、人，合“内圣”与“外王”为一的理想境界。由此，曾国藩以“明诚”为道德修养的重要门径。他说：

---

① 曾国藩：《复陈艾》，《曾国藩全集·书信》(十)，第7051页。

② 曾国藩：《周易》，《曾国藩全集·读书录》，第3页。

③ 曾国藩：《复贺长龄》，《曾国藩全集·书信》(一)，第3页。

> 诚者，不欺者也。不欺者，心无私著也。无私著者，至虚也，是故天下之至诚，天下之至虚者也。当读书则读书，心无著于见客也。当见客则见客，心无著于读书也。一有著则私也。灵明无著，物来顺应，未来不迎。当时不杂，既过不恋，是之谓虚而已矣，是之谓诚而已矣。①

“诚”就是“不欺”，不著于外物，就是“心无私著”，“灵明无著”，“主一无适”。他还就自己的修养进行反思，指出：“盖尝抉剔平生之病源，养痈藏瘤，百孔杂出，而其要在不诚而已矣。”②这说明，他平常是重视“明诚”修养功夫的。他在论慎独功夫时也指出：“明宜先乎诚，非格致则慎亦失当。心必丽于实，非事物则独将失守。此入德之方，不可不辨者也。”③他认为“明诚”可以避免“世儒以格物为外求”之弊。

二、“一宗宋儒，不废汉学”

曾国藩不像一些宗理学者拘于门户之见，一味排斥汉学，而是主张“一宗宋儒，不废汉学”④。

其一，调和汉、宋，兼采汉学。汉学、宋学各筑壁垒，“党同妒真，判若水火”，严重削弱了封建专制主义思想的统一性。曾国藩认识到了这种现象对于封建统治的危害性：“君子之言也，平则致

① 曾国藩：《周易》，《曾国藩全集·读书录》，第2页。
② 曾国藩：《复贺长龄》，《曾国藩全集·书信》(一)，第3页。
③ 曾国藩：《君子慎独论》，《曾国藩全集·诗文》，第181页。
④ 曾国藩：《复夏教授》，《曾国藩全集·书信》(五)，第3467页。

和，激则召争；辞气之轻重，积久则移易世风，党仇讼争而不知所止”[1]，因此主张化解汉学与宋学的矛盾。他一方面指出汉学末流存有“变更古训”、“破碎害道”的毛病，另一方面对左宗棠、姚莹、孙鼎臣等人用私意分别门户，“追溯今日之乱源”，归诸汉学家头上的做法不以为然，强调汉学有失亦有得[2]。他还反复指出：宋学在孔门为德行之科，汉学在孔门为文学之科，“言道则宋师为大”，“言艺则汉师为勤”，各有短长[3]。“许、郑亦能深博，而训诂之文，或失则碎。程、朱亦且深博，而指示之语，或失则隘。”[4]汉学的博稽名物、考证事实，有助于纠正理学的空疏之病。在曾国藩看来，兼取汉学、宋学二者之长，“见道既深且博”，才能真正实现维护圣王之道的目的[5]。以汉、宋息争为基础，曾国藩力图实现二者的会通，当然，这种会通是以宋学为主的会通。比如他对“即物穷理”与“实事求是”的阐释：

> 近世乾嘉之间，诸儒务为浩博。惠定宇、戴东原之流钩研诂训，本河间献王实事求是之旨，薄宋贤为空疏。夫所谓事者，非物乎？是者，非理乎？实事求是，非即朱子所称即物穷理者乎？[6]

他认为，即物穷理乃古圣贤共由之轨，汉学家讲实事求是也并未逸出其外。

其二，重视汉学修养。曾国藩较为重视汉学的研习与训练。

---

① 曾国藩：《孙芝房侍讲刍论序》，《曾国藩全集·诗文》，第256～257页。
② 曾国藩：《孙芝房侍讲刍论序》，《曾国藩全集·诗文》，第255页。
③ 曾国藩：《圣哲画像记》，《曾国藩全集·诗文》，第250页。
④ 曾国藩：《致刘蓉》，《曾国藩全集·书信》(一)，第6～7页。
⑤ 曾国藩：《致刘蓉》，《曾国藩全集·书信》(一)，第7页。
⑥ 曾国藩：《书〈学案小识〉后》，《曾国藩全集·诗文》，第166页。

从他的日记、书信、读书录中可以看出，曾国藩阅读了大量的汉学著作。道光末年以后，他自称“于本朝大儒，学问则宗顾亭林、王怀祖（王念孙字怀祖）两先生”①。在戎马倥偬中，他不忘提醒子弟，“欲读周汉古书，非明于小学无可问津”，告诉他们要以王氏为榜样，认真研习汉学，实现他梦寐以求的理想：“余于道光末年，始好高邮王氏父子之说，从事戎行未能卒业，冀尔竟其绪耳”②，“（王安国、王念孙、王引之祖孙）三代皆好学深思，有汉韦氏、唐颜氏之风。余自憾学问无成，有愧王文肃公远甚，而望尔辈为怀祖先生，为伯申（王引之字伯申）氏，则梦寐之际，未尝须臾忘也。”③他还对曾纪泽说：有清一代，风会所扇，群彦云兴，顾炎武、阎百诗、戴东原、江慎修、钱辛楣、秦味经、段懋堂、王怀祖数人都是学有所成的名家，“尔有志读书，不必别标汉学之名目，而不可不一窥数君子之门径”④。他教导子弟不离“八本”、“三致祥”，而八本之首即“读古书以训诂为本”⑤。

顺便指出，曾国藩虽笃守程朱理学，但不弃陆王心学。晚清理学家像倭仁、吴廷栋等人都力排陆王心学，曾国藩文集中（如《书〈学案小识〉后》）虽也有批评陆王学说的言论，但并非对陆王学说一概否定，而是有所分析，有所调和，强调用彼所长。清儒每每鄙薄王学空谈误国，曾国藩则称赞王阳明镇压义军，有事功建树：“大率明代论学，每尚空谈，惟阳明能发为事功”，“且谓明季流寇祸始

① 曾国藩：《致沅弟》，《曾国藩全集·家书》（一），第749页。
② 曾国藩：《谕纪泽》，《曾国藩全集·家书》（二），第809页。
③ 曾国藩：《谕纪泽》，《曾国藩全集·家书》（一），第453页。
④ 曾国藩：《谕纪泽》，《曾国藩全集·家书》（一），第477页。
⑤ 曾国藩：《谕纪泽纪鸿》，《曾国藩全集·家书》（一），第662页。

于王学之淫诐,岂其然哉!”[1]他还追慕阳明的为文之道:“文章之道,以气象光明俊伟为最难而可贵。……阳明之文,亦有光明俊伟之象。虽辞旨不甚渊雅,而其轩爽洞达如与晓事人语,表里粲然,中边俱澈,固自不可几及也。”[2]程朱理学与陆王心学长期聚讼不已,曾国藩则提出消解朱、陆门户之见:

> 朱子五十九岁与陆子论无极不合,遂成冰炭,诋陆子为顿悟,陆子亦诋朱子为支离。其实无极矛盾,在字句毫厘之间,可以勿辨。两先生全书俱在,朱子主道问学,何尝不洞达本原?陆子主尊德性,何尝不实征践履?[3]

其调和陆、王与兼容汉、宋,用意相同。

三、“词章之学,亦所以发挥义理者也”

辞章之学在传统学术中占有重要地位。晚清时期,理学家入盟桐城文派,曾国藩具有代表性。桐城文派以清洁雅正之文载孔、孟、程、朱之道相标榜,并在清代文坛上以正宗自居。道光朝以后,桐城文派一度波澜不惊,无所作为。当此桐城古文衰落之际,曾国藩在《圣哲画像记》中却公然声称学宗姚鼐,以桐城文派传人自许。原始反终,曾国藩宣布归诸门下,除却他的古文素养和个人嗜好外,与桐城文派的学术主张尤其是理学思想不无关系。这里主要就曾国藩的辞章与理学思想之间的关系进行探讨。

曾国藩看重的是桐城文派“文贵载道”、文学经世的为学宗旨。

---

① 曾国藩:《复朱兰》,《曾国藩全集·书信》(八),第5876页。
② 曾国藩:《阳明文集》,《曾国藩全集·读书录》,第367页。
③ 曾国藩:《复夏教授》,《曾国藩全集·书信》(五),第3466页。

桐城古文以宣传理学而与乾嘉考据学分庭抗礼。曾国藩继承并发展了桐城文章弘扬孔孟之道的功能，强调指出："词章之学，亦所以发挥义理者也。"[①]反过来，道又必须以辞章为依托："今日欲明先王之道，不得不以精研文字为要务"；道无文则无以致远，道"必求以文字传之后世"。"古之知道者，未有不明于文字者也。能文而不知道者，或有矣，乌有知道而不明文字者乎？……道之散列于万事万物者，亦略尽于文字中。""于百家之著述，皆就其文字以校其道之多寡，剖其铢两而殿最焉。"[②]从这种反复阐述中，不难看出曾国藩对辞章之学的重视。郭嵩焘在为曾国藩写的墓志铭中对此评说道：曾国藩"穷极程、朱性道之蕴，博考名物，熟精礼典，以为圣人经世宰物、纲维万事，无他，礼而已矣。浇风可使之醇，敝俗可使之兴，而其精微具存于古圣人之文章。故其为学，因文以证道。常言：载道者身，致远者文，天地民物之大，典章制度之繁，唯文能达而传之"[③]。曾国藩的辞章之学为"义理"所统辖，具有强烈的功利性和工具性，这就对辞章本身提出了更高要求。

首先，曾国藩进一步抬高义理在辞章中的地位。由于时势的变迁和政治地位的不等，曾国藩与姚鼐在对待道与文的关系上有所不同。桐城学派开创者主要生活于康、雍、乾"盛世"，以文人立命，以华国文章宣扬圣道清明。曾国藩身处乱世，礼秩倒置，名教扫地，作为重臣，负有无可推卸的匡扶天下的责任，仅袭用前人"文以载道"的成说已无多大新意。由此，他一方面在"载道"基础上提

① 曾国藩：《致澄弟温弟沅弟季弟》，《曾国藩全集·家书》（一），第55页。

② 曾国藩：《致刘蓉》，《曾国藩全集·书信》（一），第5、8页。

③ 郭嵩焘：《曾文正公墓志铭》，见黎庶昌：《曾国藩年谱》附二《曾国藩荣哀录》，第94～95页。

出“卫道”的主张，强调“卫道”与“立言”的结合，强化辞章对圣人之道的服务功能：“周濂溪氏称文以载道，而以‘虚车’讥俗儒。夫‘虚车’诚不可，无车又可以行远乎？孔、孟没而道至今存者，赖有此行远之车也。吾辈今日苟有所见，而欲为行远之计，又可不早具坚车乎哉？故凡仆之鄙愿，苟于道有所见，不特见之，必实体行之，不特身行之，必求以文字传之后世”①。“仆之所志，其大者盖欲行仁义于天下，使凡物各得其分；其小者则欲寡过于身，行道于妻子，立不悖之言以垂教于宗族乡党”②。这种“立不悖之言以垂教于宗族乡党”的文学观表明，集理学家和政治家二任于一身的曾国藩具有明确的文学功利倾向。另一方面，他对刘大櫆、姚鼐等人的文学观表示不满，批评姚氏“有序之言虽多，而有物之言则少”，“未得宋儒之精密”，指出天下文章“能深且博，而属文复不失古圣之谊者，孟氏而下，惟周子之《通书》、张子之《正蒙》”③。曾国藩指责前辈疏于义理，目的是正本清源，纠正桐城文章在后期义理削弱的毛病，纠正士林学子于辞章极端求工的弊端。

> 凡作诗文，有情极真挚，不得不一倾吐之时。然必须平日积理既富，不假思索，左右逢源，其所言之理，足以达其胸中至真至正之情，作文时无镌刻字句之苦，文成后无郁塞不吐之情，皆平日读书积理之功也。若平日蕴酿不深，则虽有真情欲吐，而理不足以适之，不得不临时寻思义理，义理非一时所可取办，则不得不求工于字句，至于雕饰字句，则巧言取悦，作伪日拙，所谓修词立诚者，荡然失其本旨矣！以后真情激发之

---

① 曾国藩：《致刘蓉》，《曾国藩全集·书信》(一)，第7～8页。
② 曾国藩：《答刘蓉》，《曾国藩全集·书信》(一)，第22页。
③ 曾国藩：《致刘蓉》，《曾国藩全集·书信》(一)，第6页。

时，则必视胸中义理何如，如取如携，倾而出之可也。不然，而须临时取办，则不如不作，作则必巧伪媚人矣。①

义理不仅是辞章之学的核心，而且决定辞章之学的高下，提高和维护义理的地位是辞章之学的首要任务。

为了更好地维护圣道，"坚车行远"，增强辞章的实用性，曾国藩对辞章之学提出两点主张。

一是发展了姚鼐"以考证助文境"的思想，以汉学实辞章之疏。在强调以理学充实辞章内容的同时，曾国藩还注重吸收汉学之长以改进作文的方法。这从他写给曾纪泽的家信中可以看出：

尔《说文》将看毕，拟先看各经注疏，再从事于词章之学。余观汉人词章，未有不精于小学训诂者，如相如、子云、孟坚于小学皆专著一书，《文选》于此三人之文著录最多。余于古文，志在效法此三人，并司马迁、韩愈五家。以此五家之文，精于小学训诂，不妄下一字也。尔于小学，既粗有所见，正好从词章上用功。《说文》看毕之后，可将《文选》细读一过。一面细读，一面钞记，一面作文，以仿效之。凡奇僻之字，雅故之训，不手钞则不能记，不摹仿则不惯用。自宋以后能文章者不通小学，国朝诸儒通小学者又不能文章，余早岁窥此门径，因人事太繁，又久历戎行，不克卒业，至今用为疚憾。②

刘大櫆、姚鼐论文重视考据，但止于字句，曾国藩则前进了一步，认为文章要做到文义明确、声调铿锵，还必须精研文字、音韵、训诂之学。

---

① 曾国藩:《曾国藩全集·日记》(一)，第130～131页。

② 曾国藩:《谕纪泽》,《曾国藩全集·家书》(二)，第831～832页。

一是吸收汉赋、六朝文、史传文丰腴桐城古文的文采。桐城始祖方苞为保持古文的独尊，反对将辞赋语言汇入其中。姚鼐编《古文辞类纂》虽列入辞赋，但仍"屏弃六朝骈丽之习"[①]。曾国藩在姚门弟子刘开所提出的骈散相通基础上，主张以汉赋的雄奇、骈文的华美、史传文的笃实济桐城古文之短。他所编选的《经史百家杂钞》不局限于姚鼐《古文辞类纂》的体例，不仅选入了六朝的辞赋，而且增加了"叙记"、"典志"两类史传文。曾国藩博采众长的做法，大大突破了一宗唐、宋的桐城文统。他在给曾纪泽的信中说道：

> 尔于小学训诂颇识古人源流，而文章又窥见汉、魏、六朝之门径，欣慰无已。余尝怪国朝大儒如戴东原、钱辛楣、段懋堂、王怀祖诸老，其小学训诂实能超越近古，直逼汉唐，而文章不能追寻古人深处，达于本而阂于末，知其一而昧其二，颇所不解。私窃有志，欲以戴、钱、段、王之训诂，发为班、张、左、郭之文章。久事戎行，斯愿莫遂，若尔曹能成我未竟之志，则至乐莫大乎是。……尔既得此津筏，以后便当专心壹志，以精确之训诂，作古茂之文章。由班、张、左、郭上而扬、马而《庄》、《骚》而《六经》，靡不息息相通。[②]

曾国藩一扫桐城末流窳弱懦缓之风，挈揽众长，"尽取儒者之多识格物、博辩、训诂，一内诸雄奇万变之中"，"扩姚氏而大之"，"席西汉而还之三代，使司马迁、班固、韩愈、欧阳修之文绝而复续"[③]，与弟子张裕钊、吴汝伦、黎庶昌、薛福成等一起，形成了晚清桐城文派颇有声势的支脉——湘乡派。通过对桐城文学的改造，

---

① 黎庶昌：《续古文辞类纂叙》，《拙尊园丛稿》卷二，光绪十六年刊本。

② 曾国藩：《谕纪泽》，《曾国藩全集·家书》(二)，第947页。

③ 黎庶昌：《续古文辞类纂叙》，《拙尊园丛稿》卷二。

"并功、德、言于一途",他的辞章之学一定程度达到了"文以卫道"、服务于程朱理学的目的。他那老辣的反对太平天国起义的檄文《讨粤匪檄》,他那有理有节的书札、奏稿,他那不无自负的言词①,都体现了这一点。

四、"义理与经济初无两术之可分"

道光朝以后,原曾被人讥为空疏无用的理学,却因以新的特点而有复起之势。这种新的特点之一,即唐鉴、倭仁、吴廷栋、曾国藩、何桂珍等理学家均不同程度地注意把理学与经世致用相结合,从而形成了一股不大不小的理学经世思潮。其中,曾国藩的理学经世倾向最为明显。他明确提出把经济之学纳入理学范畴,并见诸事功,成为理学经世思想的集大成者。论曾国藩理学思想的特点,不能不讲他的理学经世思想。

促成曾国藩理学经世思想最为直接的原因是时局的变化,而理论渊源则在经史的熏陶、湖湘学风的润化以及师友的影响等方面。儒家对君国天下的责任感和进取有为的人生态度激励了曾国藩,他宣称:"尧、舜、禹、汤、文、武、周公、孔子之学……国藩不肖,亦谬欲从事于此。"②他不仅把远古先王与周公、孔子作为自己学习的榜样,而且把周、孔的事业作为自己终身致力的目标:"周公之材艺,孔子之多能,吾不如彼,非吾疚也。若其践形尽性,彼之所

---

① 曾国藩在镇压太平天国起义后,在《湘乡县宾兴堂记》中称:"方今大难削平,弓矢载櫜。湘中子弟忠义之气,雄毅不可遏抑之风,郁而发之为文。道德之宏,文章之富,将必有震耀寰区。"见《曾国藩全集·诗文》,第241页。

② 曾国藩:《答刘蓉》,《曾国藩全集·书信》(一),第21～22页。

禀,吾亦禀焉。一息尚存,不敢不勉”[①],毅然以“行仁义于天下”为己任[②]。湖湘学风则推动了理学经世思想的发展。曾国藩出生的湖南,程朱理学自宋以来一直在此地独领风骚,即使在考据之风盛行全国之时,“湖湘尤依先正传述,以义理、经济为精宏”[③],占绝对优势地位。魏源所辑《皇朝经世文编》一书在当地卓有影响,“三湘学人,诵习成风,士皆有用世之志”[④]。入京以后,曾国藩与唐鉴、倭仁、吴廷栋、何桂珍等师友往复研习理学,并以“实学相砥砺”[⑤]。唐鉴、倭仁、吴廷栋等人都是当时声望卓著的理学家,讲究义理而不忘实行。与唐鉴等的交游,进一步加快了曾国藩理学与经世之学的结合,并最终促成了理学经世思想的形成。

就理论结构而言,曾国藩明确把经济之学从传统学术门类中单列出来,化姚鼐、唐鉴等人提出的三门学问为四,并重新解释它们之间的关系,以突出并强化经世致用的重要地位。他曾多次强调经济之学不可或缺,否则就失去了圣人之学的完整性:圣人为学之术有四,“有义理之学,有词章之学,有经济之学,有考据之学。义理之学即宋史所谓道学也,在孔门为德行之科;词章之学在孔门为言语之科;经济之学在孔门为政事之科;考据之学即今世所谓汉学也,在孔门为文学之科。此四者阙一不可”[⑥]。

关于躬行实践对于理学思想的价值,他在致诸弟的家书中作了较为详尽的阐释:君子之立志为学,“有民胞物与之量,有内圣外

① 曾国藩:《答冯卓怀》,《曾国藩全集·书信》(一),第 67 页。
② 曾国藩:《答刘蓉》,《曾国藩全集·书信》(一),第 22 页。
③ 罗汝怀:《绿漪草堂文集》卷首,第 5 页。
④ 黄濬:《花随人圣庵摭忆》,上海古籍出版社 1983 年版,第 200 页。
⑤ 黎庶昌:《曾国藩年谱》,第 7 页。
⑥ 曾国藩:《问学》,《曾文正公全集·求阙斋日记类钞》卷上,第 4 页。

王之业，而后不忝于父母之生，不愧为天地之完人。故其为忧也，以不如舜、不如周公为忧也，以德不修、学不讲为忧也。是故顽民梗化则忧之，蛮夷猾夏则忧之，小人在位、贤才否闭则忧之，匹夫匹妇不被己泽则忧之，所谓悲天命而悯人穷。此君子之所忧也"[①]。也就是说，没有经世致用、建功立业，也就不能实现内圣外王的理想，也就不是真正的贤才、圣者、完人。显然，这是有感于当时理学末流的空谈而发。

同时，他又指出，这四者不是并列关系，而是以理学为宗："私意以为义理之学最大，义理明则躬行有要而经济有本。"[②]"苟通义理之学，而经济该乎其中矣。程、朱诸子遗书俱在，曷尝舍末而言本、遗新民而专事明德？"[③]曾国藩通过整合理学与经世之学，提出理学经世思想，实即意味着把孔子的"德行"、"政事"两科合而为一，既强调了理学的"事功"内涵及其合理性，又使政事（经世）不脱离义理的控制。道德为本，经济为用，经世为义理所统辖，这是曾国藩对义理作出的新解释。

实际上，强调经济对于义理的意义，并不始于曾国藩，姚鼐、唐鉴等人就曾提出过。不过，姚鼐等桐城派的经世主张，主要指"以文载道"，也就是以文经世；唐鉴的"经济之学，即在义理内"[④]；倭仁以理学明体达用，重心落诸内在的修养。他们于外在事功的建树上，均远远逊色于曾国藩，而事功建树恰恰最能体现理学经世实体实行的特色。曾国藩以理学治军，就是很好的例证。

---

① 曾国藩：《致澄弟温弟沅弟季弟》，《曾国藩全集·家书》（一），第 39 页。
② 曾国藩：《致澄弟温弟沅弟季弟》，《曾国藩全集·家书》（一），第 55 页。
③ 曾国藩：《劝学篇示直隶士子》，《曾国藩文集·诗文》，第 443 页。
④ 曾国藩：《曾国藩全集·日记》（一），第 92 页。

总体上看，经世之学对于理学达到了双重效果。一方面，曾国藩用经济改造理学，使理学不脱离现实、为现实服务，相对摆脱了过去的空疏无用，从理论上加强了理学的社会实践功能。另一方面，又以理学为宗，使现实社会的发展不脱离理学的范围，在实践中提高了理学的社会地位。

五、义理、考据与经济，则一秉乎礼

仁礼学说是儒家思想的核心内容，但“礼”在理学系统中地位并不突出。曾国藩理学思想的一大特色，则是以“礼”合“理”，秉乎礼学，重视礼治。

曾国藩礼学思想的形成与清代学风密切相关。“礼”在清代受到相当高的关注。从清初顾炎武、张尔岐、万斯同，到晚清的孙诒让等人，均不同程度地重视研治礼经，并涌现出江永《礼书纲目》、秦蕙田《五礼通考》、凌廷堪《礼经释例》、胡培翚《仪礼正义》、邵懿辰《礼经通论》、黄以周《礼书通故》等一批专著。这些礼学著作涉及国家制度、社会秩序、风俗习惯等各方面内容。

曾国藩一贯重视研治“礼”学。他年轻时，曾往浏阳孔庙，研究礼乐数十日不倦。他不仅与邵懿辰交往密切，而且视江永的《礼书纲目》、秦蕙田的《五礼通考》为实体达用的典范。曾国藩为翰林之时，“穷极程、朱性道之蕴，博考名物，熟精礼典，以为圣人经世宰物、纲维万事，无他，礼而已矣。”[①]因此，他一生以实践先王之礼为己任：“仆之所志，其大者盖欲行仁义于天下，使凡物各得其分；其

① 郭嵩焘：《曾文正公墓志铭》，《曾国藩年谱》附二《曾国藩荣哀录》，第94页。

小者则欲寡过于身，行道于妻子，立不悖之言以垂教于宗族乡党。”[①]他以礼为国家大政礼俗教化之大本，实施礼治，推行礼教，事功建树乃他人所莫及。仅就理学思想而言，他以“礼”合“理”，协调汉、宋，把理学与经世之学结合在一起，“礼”成为他整个理学思想中不可或缺的组成部分。

其一，以“礼”合“理”，沟通汉学与宋学。

针对汉学家薄宋学为空虚、宋学家薄汉学为支离的争讼现象，曾国藩提出要做到由博返约、格物正心，“必从事于《礼经》，考核于三千三百之详，博稽乎一名一物之细，然后本末兼该，源流毕贯，虽极军旅战争，食货凌杂，皆礼家所应讨论之事。故尝谓江氏《礼书纲目》、秦氏《五礼通考》，可以通汉、宋二家之结，而息顿、渐诸说之争”[②]。由博返约、格物正心，实际上是程朱理学“理一分殊”的延伸。照此理论，“理”作为本体，统率万事万物，又中散于具体的万事万物身上。曾国藩认为，汉学家从“三千三百”、“一名一物”中考核博稽“古礼”，所做的正是由博返约、格物正心的具体工作，汉学家的“明礼”与宋学家的“穷理”并没有本质不同。同时，他又指出，“为义理之学者，盖将使耳、目、口、体、心思，各敬其职，而五伦各尽其分，又将推以及物，使凡民皆有以善其身，而无憾于伦纪。”[③]理学的目的在于推行礼治，与汉学家的“明礼”也没有实质区别。

以往学界鲜有人关注，曾国藩在《圣哲画像记》、《王船山遗书序》中各用一大段文字铺叙礼学谱系的意义所在。

先王之道，所谓修己治人、经纬万汇者，何归乎？亦曰礼

① 曾国藩：《致刘蓉》，《曾国藩全集·书信》(一)，第22页。

② 曾国藩：《复夏弢甫》，《曾国藩全集·书信》(二)，第1576页。

③ 曾国藩：《劝学篇示直隶士子》，《曾国藩全集·诗文》，第442～443页。

而已矣。秦灭书籍，汉代诸儒之所掇拾，郑康成之所以卓绝，皆以礼也。杜君卿《通典》，言礼者十居其六，其识已跨越八代矣！有宋张子、朱子之所讨论，马贵与、王伯厚之所纂辑，莫不以礼为兢兢。我朝学者，以顾亭林为宗，国史《儒林传》褎然冠首。吾读其书，言及礼俗教化，则毅然有守先待后，舍我其谁之志，何其壮也！厥后张蒿庵作《中庸论》，及江慎修、戴东原辈，尤以礼为先务。而秦尚书蕙田，遂纂《五礼通考》，举天下古今幽明万事，而一经之以礼，可谓体大而思精矣。①

昔仲尼好语求仁，而雅言执礼。孟氏亦仁礼并称。盖圣王所以平物我之情，而息天下之争，内之莫大于仁，外之莫急于礼。自孔、孟在时，老、庄已鄙弃礼教。杨、墨之指不同，而同于贼仁。厥后众流歧出，载籍焚烧，微言中绝，人纪紊焉。汉儒掇拾遗经，小戴氏乃作记，以存礼于什一。又千余年，宋儒远承坠绪，横渠张氏乃作《正蒙》，以讨论为仁之方。船山先生注《正蒙》数万言，注《礼记》数十万言，幽以究民物之同原，显以纲维万事，弭世乱于未形。其于古昔明体达用，盈科后进之旨，往往近之。②

从表面上看，这两段文字体现了曾国藩对儒家学说中“礼”的重视，但值得深究的是，这一谱系中宋儒前承汉儒，后启清儒(汉学家)，有悖程、朱直接孔、孟的理学道统。其用意在于：一是以“礼”合“理”，指出理学家也讲“礼”，以回应汉学家对理学空虚的指责；二是以礼为基础，使汉学、宋学的矛盾在圣人之礼面前得以调解、

① 曾国藩：《圣哲画像记》，《曾国藩全集·诗文》，第250页。

② 曾国藩：《王船山遗书序》，《曾国藩全集·诗文》，第277～278页。

统一。

其二，以“礼”为纽结，联通理学与经世之学。

曾国藩强调“礼”的内涵多指“经济之学”、“治世之术”，曾明确表示：“古人无所云经济之学、治世之术，一衷于礼而已”①，“古之学者，无所谓经世之术也，学礼焉而已”②。他认为礼几乎无所不包，“《周礼》一经，自体国经野，以至酒浆廛市，巫卜缮稿，夭鸟蛊虫，各有专官，察及纤悉”③，《五礼通考》“于古者经世之礼之无所不该”④。他认为礼几乎无所不能，“浇风可使之醇，敝俗可使之兴”⑤。因此，学“礼”也就是学“治世之术”。

这样，曾国藩以礼为纽带、为桥梁，使原在孔门为德行之科的理学与政事之科的经世之学实现了相顾兼容的统一：“古之君子之所以尽其心、养其性者，不可得而见。其修身、齐家、治国、平天下，则一秉乎礼。自其内焉者言之，舍礼无所谓道德；自外焉者言之，舍礼无所谓政事。”⑥以此为基础，他进一步指出：“义理与经济初无两术之可分”⑦，从而形成了具有特色的理学经世思想。

其实，“礼”不仅在调和汉宋之争、连接理学与经世之学方面发挥了重要作用，而且在曾国藩整个理学思想中也居于核心地位。曾国藩理学思想在人事上的体现，就是以“礼”为主要内容的封建纲常礼教；在政治上的体现，就是以“礼”为核心的封建礼治。曾国

① 黎庶昌：《曾国藩年谱》，第 12 页。

② 曾国藩：《孙芝房侍讲刍论序》，《曾国藩全集·诗文》，第 256 页。

③ 曾国藩：《孙芝房侍讲刍论序》，《曾国藩全集·诗文》，第 256 页。

④ 曾国藩：《笔记二十七则》，《曾国藩全集·诗文》，第 359 页。

⑤ 郭嵩焘：《曾文正公墓志铭》，见黎庶昌：《曾国藩年谱》附二《曾国藩荣哀录》，第 94～95 页。

⑥ 曾国藩：《笔记二十七则》，《曾国藩全集·诗文》，第 358 页。

⑦ 曾国藩：《劝学篇示直隶士子》，《曾国藩全集·诗文》，第 443 页。

藩以义理、辞章、经济、考据对应孔门四科，同时又认为“圣人经世宰物、纲维万事，无他，礼而已矣”[1]，以“礼”统摄义理、辞章、经济、考据四科，由理一分殊又回到了义殊归一，居于理学（礼学）一间。

从曾国藩的理学思想看，他博采众说而出新，能够体现出晚清理学在整个理学发展史上的一些特点。

① 郭嵩焘：《曾文正公墓志铭》，见黎庶昌：《曾国藩年谱》附二《曾国藩荣哀录》，第94～95页。

第八章　倭仁的理学思想

倭仁是清咸丰、同治年间的理学名臣，地位显赫，仅同治元年(1862年)，即先后擢工部尚书、同治帝师傅、翰林院掌院学士、文渊阁大学士等职。在政治上，他是同文馆之争中顽固派的核心人物，以顽固守旧、排斥洋务著称。在学术上，他又以理学醇正闻名，为晚清“理学复兴”的中坚，是当时为数不多的程朱理学名儒之一。值得省思的是，笃守理学何以与顽固排外集结于倭仁一身？二者之间有何联系？[①]

从其学术理论、修养功夫以及道德实践看，他都是程朱学说的忠实信奉者和执行者，在较大程度上达到了理论、道德与践行的统一。而这种对理学正统亦步亦趋、不知变通的思想特点，从一个方面为理解其在政治上顽固守旧提供了学理根据。

一、恪守程朱之道的为学宗旨

倭仁在思想理论上无所创新也不求创新，其理学思想以明辨

① 与倭仁相关的论著主要有陆宝千：《倭仁论》(载《中央研究院近代史研究所集刊》1971年第2期)；宫明：《倭仁与曾国藩》(载《近代史研究》1990年第2期)；李细珠：《晚清保守思想的原型：倭仁研究》(社会科学文献出版社2000年版)等。

程朱理学、恪守程朱之道为特征。这从他对程朱理学基本范畴、基本命题的解释可见一斑。

在理气关系上，以理为宇宙本体。倭仁认为，“天地只此阴阳之气，健顺之理，吾与万物同得此理气以生”。[①]“气非理无主，理非气不行，二者不相离亦不相杂。”[②]人与万物同由理气构成，但二者的地位并非平等。“万物之生，天命流行，自始至终，无非此理”[③]，“天地间实理充塞，无纤毫空缺，无一息间断”[④]。理无处无时不在，是宇宙万物的本体，处于第一位。

在心性关系上，以性为心之本体。倭仁认为，“性者，万物之一源，非有我所得私。”[⑤]按照程、朱的说法，“性即理也”，理是世界的本源，性自然也是世界的本源。朱子以“人心是知觉”[⑥]，倭仁则形象地解释为“心是天人交关处一个至灵至妙底大机括”，是需时时“存养省察”的天下至宝[⑦]。在倭仁看来，心体虚明，可浑具众理。他说：

> 人心湛然虚明，无偏无倚，本是正底。及其感物而动，忿懥、好乐、恐惧、忧患为主，于内或先事期待，或事后留滞，或临事意有偏重，纷纭轇轕，虚灵之体遂失。朱子于正心章注中补一“敬”字、“察”字，诚能敬以直内，而应物之际精心察之，庶乎其少偏矣。[⑧]

---

① 倭仁：《日记》，《倭文端公遗书》卷六，光绪二十年山东书局刊本。
② 倭仁：《日记》，《倭文端公遗书》卷六。
③ 倭仁：《日记》，《倭文端公遗书》卷六。
④ 倭仁：《日记》，《倭文端公遗书》卷六。
⑤ 倭仁：《日记》，《倭文端公遗书》卷四。
⑥ 朱熹：《朱子语类》（五），中华书局1986年版，第2013页。
⑦ 倭仁：《日记》，《倭文端公遗书》卷六。
⑧ 倭仁：《日记》，《倭文端公遗书》卷六。

> 心是个虚灵物事，虚具众理，灵应万事。惟众理浑具，中无亏欠，故外边所应，感而遂通，体用不相离也。[①]

也就是说，心作为认识主体，本体虚明，没有偏蔽，但在外来事物的干扰下，就会产生偏蔽，因此要时时以"敬"、"察"等修养功夫来保持心的本体虚明。"性即理也"，性理是天下万物的本体，心概莫例外，也当以性理为本体。倭仁认为这也是判分程朱理学与陆王心学异同的重要标准："程子云：'性即理也。'姚江云：'心即理也。'学术是非全从此处分手。"[②]由此，他主张为学要从根本处着眼，先明是非："学贵知性……若徒降伏其心，无论心为活物不可强制，即制伏得下，亦是无主脑之学，鲜不流于异端"。[③]

在知行关系上，以知为先。理学家所论知行关系实际上是道德认知与道德践履的关系，倭仁明确指出二者次序不可颠倒，"力行尤以致知穷理为先"[④]，也就是要以明辨孔、孟、程、朱之道为首务。如何"致知穷理"呢？倭仁强调最多的是做"格物"、"主敬"工夫：

> 明善知性，是格物第一义工夫。[⑤]
>
> 《大学》"格物"就本节观之，物即身心家国天下之物，格物即格修齐治平之理，文义本极明显。至格物之方，或察之念虑之微，或考之事为之著，或求之文字之中，或索之讲论之际，朱子教人无余蕴矣，本此致力，功夫岂不切实？[⑥]

---

① 倭仁：《日记》，《倭文端公遗书》卷六。
② 倭仁：《日记》，《倭文端公遗书》卷五。
③ 倭仁：《日记》，《倭文端公遗书》卷四。
④ 倭仁：《辅弼嘉谟》，《倭文端公遗书》卷首下。
⑤ 倭仁：《日记》，《倭文端公遗书》卷四。
⑥ 倭仁：《又答窦兰泉》，《倭文端公遗书》卷八。

倭仁反复申述居敬穷理的重要性："心主于敬，无少放纵，然后至虚至灵之中，有以穷夫酬酢万变而理无不明，盖未有不居敬而能穷理者。"[①]在他看来，居敬是穷理的必要条件。

> 千差万错只是不敬，不敬则妄气乘之，以至于妄言妄动，而成一妄人。[②]

> 非主敬存诚则知无由致，而己亦无由克，帝王与儒士无二功也。[③]

> 敬字工夫，天德王道，一以贯之，正位凝命笃恭而天下平。[④]

敬可达于天德王道，治平天下；不敬则沦为妄人，流入人欲。倭仁认为，读书也是穷理的重要途径："为学之道莫先于穷理，穷理之要必在于读书，读书之法贵乎循序而致精，而致精之本则又在于居敬而持志。"[⑤]"读书穷理，字字不可放过，心思细，应事庶不粗疏。"[⑥]他在此所讲的读书，主要是指《四书》及二程、朱子等理学家的注疏、文集。

上述不是倭仁理学思想的全部，但对照程、朱的著作不难看出，他对程朱理学这些基本范畴、命题的诠释完全是以程、朱学说为转移，谨谨恪守程、朱之道的为学宗旨十分明显。倭仁的著述，不论是奏疏、讲义，还是书信、日记，反复阐扬而不厌的是程朱理学。或者说，他竭尽全力所做的，就是要对程朱理学做出合乎程朱

① 倭仁：《日记》，《倭文端公遗书》卷四。
② 倭仁：《日记》，《倭文端公遗书》卷四。
③ 倭仁：《日记》，《倭文端公遗书》卷五。
④ 倭仁：《日记》，《倭文端公遗书》卷六。
⑤ 倭仁：《嘉善录》，《倭文端公遗书》卷九。
⑥ 倭仁：《日记》，《倭文端公遗书》卷六。

理学的解释,以还程朱理学的本来面目。他本人对此有着非常清醒的认识,曾多次说:

> 孔门大路,经程、朱辨明后,惟有敛心逊志,亦趋亦步,去知一字行一字,知一理行一理,是要务。[①]

> 道理经程、朱阐发已无遗蕴,后人厌故喜新,于前人道理外更立一帜,此朱子所谓硬自立说,误一己而为害将来者也,可为深戒。[②]

这与曾国藩所说"前世所袭误者,可以自我更之,前世所未及者,可以自我创之"[③],适成鲜明对比。方宗诚称:"倭仁之学虽不敢言及孔、孟、程、朱,然能诵其言,守其法,躬行实践。"[④]这也说明倭仁为学恪守程、朱,无所创新。

二、推己及人的为学之方

与上述理论认识相一致,倭仁以程朱理学为据专门设计了一套修养方法,即《为学大指》。《为学大指》约成书于道咸时期,系仿照明代理学家胡居仁《续白鹿洞规》之意,辑录《四书》、《五经》及宋五子等的言论而成,专讲为学之方,凡一卷六条。

第一条,"立志为学"。倭仁解释说:

> 学以学为人也,人性皆善皆可适道,自气拘而为人之理遂失。诚一旦发奋自强,不甘暴弃,则由希贤希圣以希天,孰能

---

① 倭仁:《日记》,《倭文端公遗书》卷四。

② 倭仁:《日记》,《倭文端公遗书》卷五。

③ 曾国藩:《治道》,《曾文正公全集·求阙斋日记类钞》卷上,1915年铅印本。

④ 方宗诚:《应诏陈言疏》,《柏堂集续编》卷二一。

御之。[1]

儒家以优入圣域、成就圣贤人格为人生理想，孔子讲"吾十有五而志于学"，这里的"志"乃志尧、舜所志，"学"乃学尧、舜所学。倭仁指出，只有先立定学做圣人之志，才能明理见性，自强不息，最终实现内圣外王的宏伟抱负。在倭仁看来，为学必先立志，立志是为学的第一下手工夫。

第二条，"居敬存心"。倭仁解释说：

> 志既立矣，便当居敬以涵养其本原。盖人心虚灵，天理具足，仁、义、礼、智皆吾固有，苟能端庄静一以涵养之，则志气清明，义理昭著。以此穷理，理必明，以此反身，身必诚，乃学问之大本原也。[2]

"居敬存诚"、"涵养省察"是程朱理学的重要修养功夫。倭仁认为，"居敬"、"涵养"是保持心之本体虚灵的关键，是心性修养的大本大原。在这一条下，倭仁博引孔、孟、程、朱的语录，多角度多方面讲解"居敬"、"涵养"的重要性、内涵及其具体修养方法。

第三条，"穷理致知"。倭仁解释说：

> 本原既养，则天理之全体固浑然于吾心矣。然一心之中虽曰万理具备，天秩天叙，品节粲然，苟非稽之圣贤，讲之师友，察之事物，验之身心，以究析其精微之极致，则知有所蔽，而行必有所差。此《大学》诚意必先格物致知，《中庸》笃行必先学问思辨也。[3]

结合倭仁所征引的语录分析，这一条可分三个层次。第一层讲经

---

① 倭仁：《为学大指》，《倭文端公遗书》卷三。

② 倭仁：《为学大指》，《倭文端公遗书》卷三。

③ 倭仁：《为学大指》，《倭文端公遗书》卷三。

过“居敬存心”，本原既养，天理具备，但天理作为一种客观存在，不可能自我呈现，需要人们主动去体认，去认知，去做穷理工夫。第二层讲致知、穷理对于道德实践的重要性，也就是《大学》所说的“欲诚其意者，先致其知，致知在格物”。第三层讲“穷理致知”的含义及方法，如他引《二程遗书》“一物必有一理，须是穷致其理，穷理亦多端，可读书讲求义理，或论古今人物别其是非，或应接事物处其当否，皆穷理也”，来解释穷理致知有多方途径。

第四条，“察几慎动”。倭仁解释说：

> 理既穷矣，而念虑萌动之初，为善恶分途之始，尤为学紧要处，先儒所谓日用第一亲切工夫也。大舜精以察之，颜子有不善未尝不知，皆于此致力焉。[①]

这一条讲的是道德认知与道德实践的中间环节，也就是“穷理致知”到“笃实力行”的转变和过渡处。在程朱理学中，“几”处于“已发”、“未发”之间。周敦颐《通书》有多处说到“几”字，如：“动而未形，有无之间者，几也”。倭仁宗奉宋儒之说，认为“穷理”之后，人的思虑萌动，存在为善、为恶两种可能，因此必须“察几慎动”，亲善疏恶，存理去欲，决取舍于方萌。

第五条，“克己力行”。倭仁解释说：

> 察之念虑，则必见之事为。果天理耶，行之唯恐不力；果人欲耶，去之唯恐不尽。视听言动必求合理，子臣弟友必求尽分，日用伦常务尽乎天理之极，而无一毫人欲之私，则知不徒知，庶几躬行之君子矣。[②]

---

① 倭仁：《为学大指》，《倭文端公遗书》卷三。

② 倭仁：《为学大指》，《倭文端公遗书》卷三。

程朱理学讲究合内外之道，言行如一，不仅要获得对天理的内在体认，而且要将道德认识付诸道德实践，敦行践履，在日用伦常中按照道德规范严格要求自己，迁善改过，实下工夫。倭仁认为“说知便要知至，说行便要笃行，真是不容一毫假借”①，“知至”之后，便要“力行”，也就是如何实现自我道德实践，造就“尽乎天理之极”的躬行君子。

第六条，“推己及人”。倭仁解释说：

> 成己必须成物，明德继以新民。穷则独善，达则兼善。盖必尽己性、尽人性、尽物性以至赞化育、参天地，而性量始全。所谓为天地立心，为万物立命，为往圣继绝学，为万世开太平，皆吾分内事也，人顾可自小也哉。②

儒家学说是入世的学问，倭仁指出，从“立志为学”到“克己力行”，不过是个体道德修养的完成，只是为学的一部分，还远远不够。孔子“己立立人，己达达人”，《大学》之道“在明明德，在亲民，在止于至善”，朱子“君子之心，廓然大公”，讲的都是“推己及人”的道理，由身修进而家齐、国治、天下平，实现内圣外王的理想，才是为学的圆满。

《为学大指》虽是恪守程朱之说、辑录前贤言论语录而成，但从倭仁的按语及所选语录内容看，遵循《大学》“条目”为序，富有逻辑，反映了倭仁多年出入理学经典的心得体会和对程朱理学的深入理解，而绝非是简单堆砌前人词藻。方宗诚称：“《为学大指》六条，则正学之津梁也。”③它既是倭仁向士人指明的为学之方，也是

---

① 倭仁：《日记》，《倭文端公遗书》卷四。

② 倭仁：《为学大指》，《倭文端公遗书》卷三。

③ 方宗诚：《柏堂师友言行记》卷四。

他本人为学方法的写照。

从《为学大指》“六条”看，倭仁较好领会并表达了程朱理学的为学之方，再次反映了他谨守绳墨、“醇正无疵”的学术特点。这从他与曾国藩对《大学》“条目”理解的差异中尤可见一斑。曾国藩在书信中与刘蓉论“用功之方”时认为“八条目”没有前后缓急之分，主张“修”、“齐”、“治”、“平”同进并营：“所格之物无次第，非谓格得诚正再讲修齐，格得修齐再讲治平。”①倭仁则说：“未有无格致诚正之功而能致齐治均平之效者。”②显然，倭仁的说法是对程朱理学的正确表达，曾氏之说不合程朱理学的原意。曾、倭对理学道德修养方法的不同诠释，从一个方面也说明了二人理学思想的差异所在。

三、笃实力行的道德实践

倭仁对程朱理学的遵奉，并未停留在理论方法的认识层面，而是在日用伦常中身体力行，将思想信仰与道德实践切实结合起来。

倭仁《为学大指》按照程朱理学的要求，以“立志为学”居首。从倭仁文集、日记及其书信看，他不仅立有希贤希圣之志，而且实现这种志向的愿望还表现得十分强烈。他经常“端居深念，看圣人是如何，自己是如何，圣人何以为圣，自己何以为愚，朝夕以思之，饥渴以求之，弃旧图新，必期至于圣人而后已。”③同治年间，倭仁以“理学名臣”饮誉朝野，反过来也印证了他拥有成贤成圣的人生理想。

---

① 刘蓉：《答曾涤生检讨书》，《养晦堂文集》卷四，光绪年间思贤讲舍刻本。

② 倭仁：《日记》，《倭文端公遗书》卷五。

③ 倭仁：《日记》，《倭文端公遗书》卷四。

从修养过程看，倭仁相当谨严。理学家的道德修养功夫不是一朝一夕能够完成的，而是穷其一生持之以恒的追求。倭仁坚持不懈地做省身日课，便是他蹈行理学修养的一个例证。倭仁做省身日课，约始于道光十三年（1833 年）与李棠阶等人的"会课"活动。李棠阶在日记中多次表示："宝儒、艮峰工夫皆严密"，"艮峰尤精严"[①]。吴廷栋则称：

其人笃实力行，专以慎独为工夫。有日记，一念之发，必时检点，是私则克去，是善则扩充，有过则内自讼而必改，一念不整肃则以为放心。自朝至暮，内而念虑，外而言动，及应事接物，并夜而考之，梦寐皆不放过，而一一记出以自责。[②]

据曾国藩日记，唐鉴对倭仁的修身功夫十分赏识，称倭仁"用功最笃实，每日自朝至寝，一言一动，坐作饮食，皆有札记。或心有私欲不克，外有不及检者，皆记出"[③]。曾国藩在家书中也予以称许：

倭艮峰先生则诚意工夫极严，每日有日课册，一日之中一念之差，一事之失，一言一默，皆笔之于书。书皆楷字，三月则订一本。自乙未年起，今三十本矣。盖其慎独之严，虽妄念偶动，必即时克治，而著之于书。[④]

李棠阶、吴廷栋等皆为倭仁的至交，上述记述或出自日记，或出自家书，夸大其词的可能性不大。

倭仁道德修养功夫的笃实还可见诸他的日记、书信。日记既

---

① 李棠阶：《李文清公日记》，道光十四年十一月初二日、道光二十年五月二十八日，民国四年石印本。

② 吴廷栋：《庚子都中与执夫、子垣两弟书》，《拙修集》卷十，同治十年六安求我斋刻本。

③ 曾国藩：《曾国藩全集·日记》（一），岳麓书社 1986 年版，第 92 页。

④ 曾国藩：《致澄弟温弟沅弟季弟》，《曾国藩全集·家书》（一），第 40 页。

是倭仁修养功夫的一部分，也是倭仁道德实践历程的记录。日记内容涉及他本人从“格物致知”到“治国平天下”道德修养的种种状况，尤其集中地反映了他在“格物致知”、“居敬存诚”、“涵养省察”、“见过自讼”等方面的修养功夫。

作为一种道德实践哲学，程朱理学家认为，实体实行才是真理学。从一定意义上说，倭仁做到了这一点。这不仅体现在其自觉的内在道德修养上，而且有外在表现。倭仁在为人处事、齐家治国方面有一种儒者气象。曾经三次谒访过倭仁的方宗诚做了如此描述：

> 同治九年，余随曾文正公入都，三谒见公（指倭仁）。时公以首辅为帝师，终日辅导宏德殿，日将晡始出。余往，公尚未归，门者先请余入坐厅，事见公门庭肃然，仆隶皆气息严整，如公在也者，诸孙读书声敬一，亦如公在也者，心益钦之。未几，公至，延余坐宾位，问对移时，语默动静，从容中礼。余告退，必送至车前，固辞不获，俟登车，揖而后反。三见皆然。①

以程朱理学家的标准衡量，倭仁无疑是合格的“正人君子”。倭仁“家人子妇俭素勤敬，各有职司，无游惰自安者”②。庚子年间，八国联军攻陷京师，倭仁之子福裕闻两宫蒙尘西幸，仰药自杀，侄儿福润也于同年殉节，由此可鉴倭仁家教之一斑。前已述及，倭仁以理学直谏名望荣膺首辅、帝师、翰林掌院，他在事君为官方面概莫例外，一以理学为准。他在上咸丰帝的《应诏陈言疏》中，力陈“用人行政莫切于严辨君子小人”；《敬陈治本疏》本程颢“君志定而后天下之治成”之说，大谈“求治之主以立志为先”，建议咸丰帝以立

---

① 方宗诚：《节录倭文端公遗书跋》，《柏堂集后编》卷六，光绪年间刻本。

② 费行简：《近代名人小传》，中国书店 1988 年版，第 74 页。

尧、舜之志为本。《倭文端公遗书》所收上同治帝及皇太后的奏折，其内容也多以立志、崇俭、守礼、戒惧、慎独为主。在同文馆问题上与奕䜣的争论，他的立论以程朱理学反复申辩的“义利”、“华夷”观念为据。任翰林院掌院时，他主持制订的“条规”，其主旨在于崇尚正学。作为帝师，他恪守程朱理学的教育宗旨，奏疏、讲义以《大学》为本，讲的是“君德治道”、“修齐治平”，目标是造就一代“圣君”。这些外在表现，既是他道德践履的产物，反过来又强化了他的道德修养，体现出内外交感、明体实行的特点。如他在日记中这样省思格君心的感受：

以尧、舜责君，自己先不做禹、皋事业，即是欺。前以此语涤生侍郎矣，自问如何？[①]

竹如云：“格君之非，必先自格其非，责君以善，尤当自勉于善。”闻之惕然。前以修养身心之道告吾君矣，试自问修养何如？[②]

同文馆事件后，倭仁深为自己的修养不够而后悔说：“同文馆一事致起波澜，亦是自己学养不至，激成变局。”[③]有人评论说：“道咸之间，从宋儒之学身体力行者，必推公为首选。”[④]在旧学家眼中，倭仁无疑是明体达用、实体实行的道德楷模。

至于曾国藩，虽也以重视道德修养著称，但比之倭仁，则稍逊一筹。道光二十一年（1841年）夏，曾国藩正式研习理学，唐鉴授

---

① 倭仁：《日记》，《倭文端公遗书》卷六。

② 倭仁：《日记》，《倭文端公遗书》卷五。

③ 吴廷栋：《复倭艮峰中堂书》，《拙修集》卷九。

④ 匡辅之：《倭文端公别传》，见《续碑传集》卷五，《清代碑传全集》下册，上海古籍出版社1987年版，第825页。

以"读书之法"、"检身之要"，当以《朱子全集》为宗："此书最宜熟读，即以为课程，身体力行，不宜视为浏览之书"，并告诉他倭仁"用功最笃实"，可引为榜样[1]。此后曾国藩虽每天悉心研读性理之书，但并未能把读书与修身很好地结合起来，未曾专门做修身札记和静坐功夫。这种状况一直持续到次年十月，曾国藩向倭仁请教修身之道后才有所改变。他在日记中写道：

> 拜倭艮峰前辈，先生言："研几"工夫最要紧，颜子之"有不善，未尝不知"，是研几也。周子曰："几善恶。"《中庸》曰："潜虽伏矣，亦孔之照。"刘念台先生曰："卜动念以知己。"皆谓此也。失此不察，则心放而难收矣。又云：人心善恶之几，与国家治乱之几相通。又教予写日课，当即写，不宜再因循。[2]

> 归，接到艮峰前辈见示日课册，并为我批此册，读之悚然汗下，教我扫除一切，须另换一个人。安得此药石之言！细阅先生日课，无时不有戒惧意思，迥不似我疏散，漫不警畏也。[3]

曾国藩对倭仁的切实笃行肃然起敬，从此开始按照倭仁的要求每天写日课册、静坐思过、养气保身，并与倭仁、吴廷栋、何桂珍等一起参加会课活动。但是，曾国藩如此潜心修行了几个月非但没有适应，反而患上了失眠症，整日无精打采，乃至突发吐血之症。病后不久，他在家书中说：

> 近年得一二良友，知有所谓经学者、经济者，有所谓躬行实践者，始知范、韩可学而至也，马迁、韩愈亦可学而至也，程、朱亦可学而至也。慨然思尽涤前日之污，以为更生之人，以为

---

① 曾国藩：《曾国藩全集·日记》(一)，第92页。
② 曾国藩：《曾国藩全集·日记》(一)，第113页。
③ 曾国藩：《曾国藩全集·日记》(一)，第134页。

父母之肖子，以为诸弟之先导。无如体气本弱，耳鸣不止，稍稍用心，便觉劳顿。每自思念，天既限我以不能苦思，是天不欲成我之学问也。故近日以来，意颇疏散。①

曾国藩恐用心太过，疲神伤身，遂逐渐降低了理学修养要求。多年后，他对自己的理学修养功夫作了这样评价：

圣门教人不外敬恕二字，天德王道，彻始彻终，性功事功，俱可包括。余生平于敬字无工夫，是以五十而无所成。至于恕字，在京时亦曾讲求及之。近岁在外，恶人以白眼藐视京官，又因本性倔强，渐近于愎，不知不觉做出许多不恕之事，说出许多不恕之话，至今愧耻无已。②

较之倭仁，曾国藩的心性修养功夫还有明显不足之处。

与笃实力行相关的一个问题是二人对经世思想的不同理解。经世入世是儒家一贯的指导思想，程朱理学作为道德实践哲学，并不讳言经世之学。唐鉴就曾明确告诉曾国藩："经济之学，即在义理内。"③曾国藩发展了唐鉴理学思想中重视经世救时的一面，把经济从义理中独立出来，作为与义理、考据、辞章并列的一科。并且，他将经世之术归结为"学礼焉而已"：

古之君子之所以尽其心、养其性者，不可得而见，其修身、齐家、治国、平天下，则一秉乎礼。自内焉者言之，舍礼无所谓道德；自外焉者言之，舍礼无所谓政事。④

① 曾国藩：《致澄弟温弟沅弟季弟》，《曾国藩全集·家书》(一)，第56页。

② 曾国藩：《致沅弟》，《曾国藩全集·家书》(一)，第392页。

③ 曾国藩：《曾国藩全集·日记》(一)，第92页。

④ 曾国藩：《孙芝芳侍讲刍论序》，《曾国藩全集·诗文》，第256页；《笔记二十七则》，《曾国藩全集·诗文》，第358页。

从他所举《周礼》、《礼书纲目》、《五礼通考》的内容看，曾国藩的经世范围和经世对象并不限于封建礼制，而是把天文地理、军政官制等均萃集其中："天下之大事宜考究者凡十四宗，曰官制，曰财用，曰盐政，曰漕务，曰钱法，曰冠礼，曰昏礼，曰丧礼，曰祭礼，曰兵制，曰兵法，曰刑律，曰地舆，曰河渠。"[①]对于学求实用，倭仁"虽知其是，终无讨论实功"[②]，不像曾国藩那样关注具体的政务问题，但并不意味着在经世方面无所作为。作为首辅、师傅、户部尚书，他有着自己的思路，即严格遵照程朱理学的道德要求来治理国家。他认为，"讲明明体达用之学，正是实学。"[③]倭仁以"守道"为己任，他救时的手段，仍是守道，具有浓厚的道德色彩。如在治本问题上，他与吴廷栋一样，主张欲挽救社会危机，振拔人心，"必先正君心以取人，得人以善政"，从格君心做起。曾国藩则谓，"行善政以养民，资民力以养兵，为洞见救乱之本。"他们在经济天下、经世入世的下手功夫上明显存有不同。[④] 种种不同，与他们的理学思想有很大关系。

---

① 曾国藩：《曾文正公全集·求阙斋日记类钞》卷上。

② 倭仁：《日记》，《倭文端公遗书》卷六。

③ 吴廷栋：《答宋雪帆阁部书》，《拙修集》卷八。

④ 吴廷栋：《答沈舜卿先生书》，《拙修集》卷八。

第九章　方宗诚与“柏堂学”

方宗诚（1818～1888年），字存之，号柏堂，安徽桐城人。诸生。晚清时期理学名儒。他始受学于同邑许鼎，继师事族兄方东树，从而奠定程朱理学根基。他学宗程、朱，辟陆、王，排佛、老，于“和合汉、宋及专主汉学之说皆尝辨其误”①。太平天国军兴，他避居山中讲学，并著《俟命录》10卷。吴廷栋任山东布政使时，将《俟命录》一书函荐倭仁，方宗诚由此名闻京城。曾国藩、胡林翼、严树森曾慕名将其召入幕府，后荐之为枣强县令。光绪十三年（1887年）冬，方宗诚以“正学纯修”得到朝廷嘉奖，被授予五品卿衔。

方宗诚生平勤于著述，合刊有《柏堂遗书》76册，内收《柏堂经说》33卷，《柏堂集》94卷，《俟命录》、《志学录》、《志学续录》、《柏堂读书笔记》、《辅仁录》、《周子通书讲义》等40余卷，在官治迹则有《宦游随笔》、《枣强县志补正》诸书，其他撰著及校勘编订者尚数十种。其中，《柏堂集》卷帙繁多，依次分为：《前编》14卷，爰取自道光十七年（1837年）至咸丰三年（1853年）冬的笔记、文章；《次编》13卷，收录自咸丰三年冬桐城陷落后，至咸丰九年（1859年），其间避地柏堂所作杂文；《续编》22卷，起自咸丰九年春，迄于同治八年（1869年），为客吴廷栋、严树森、曾国藩幕时辗转于济南、保定、南

① 孙葆田：《桐城方先生墓志铭》，《柏堂遗书》卷首，光绪年间刻本。

京、济宁、杭州、上海等地所写文章的结集；《后编》22卷，起自同治八年，迄于光绪六年(1880年)，为他在直隶、天津等地充曾国藩幕僚及任枣强县令时所作；《余编》8卷、《补存》3卷，为光绪六年乞归故里后的作品；《外编》12卷，为道光十九年(1839年)至光绪十年(1884年)的书信集。

方宗诚去世后，强汝询为之立传，声称：方苞而后，宗诚之学“卓然为桐城一大宗”，“综其论说，大旨以格物致知为首务，以子臣弟友为实学，以明体达用为要归”①。门人孙葆田为之撰墓志铭，称赞说：“先生为学大旨在内外交修，体用兼备”，“学术之正大，近代所未有也”②。日本学者研治其书，则有“柏堂学”之说③。这些说法未免夸大其辞，但从中也可看出他在当时具有一定学术影响。关于方宗诚及其学术思想研究，笔者尚未见专文发表，故撰此文以求教方家。

一、恪尊程朱理学，讲究为学之道

方宗诚学以程、朱为尊，以绍述、传继程朱理学为己任。他于宋代以来理学著作用功甚勤，著述也多以阐述程朱理学思想为主。与同时代的理学名儒相比，他在阐述理学思想时，能够根据个人的理解就前人的思想加以分析，且有一定系统性。这里仅以他的《志学录》为例。

《志学录》采用笔记体，乃方宗诚自少时从许鼎读书至光绪初

① 强汝询：《方存之先生家传》，《柏堂遗书》卷首。
② 孙葆田：《桐城方先生墓志铭》，《柏堂遗书》卷首。
③ 慕玄父：《柏堂师友言行记·序》，京华印书局1926年铅印本。

年的日记汇录，所记内容为读书、应事、穷理、修身的心得体会。方宗诚于光绪三年（1877 年）在枣强县令任上将其整理刊刻成书。全书以恪守程朱理学为宗旨。

在指导思想上，方宗诚恪守程、朱的天理人欲之辨。他说：“天理人人自具，不假外求。圣贤千言万语，无非使人体认反求耳。”①又说：“人心一为物欲所牵，流浪不反，则虽至亲骨肉痛哭太息之言，亦毫不为之动心。凡立身立德之事，皆视为可以不必，甚至人人诋毁非笑皆不以为意。昏惑如此，是之谓失其本心可慨也已。故人必时存戒慎恐惧之心，乃能不至于无忌惮。”②他认为，“为学之初，当时存戒慎恐惧怀刑畏义畏天之心，然后可进于力行。”“力行当于修己、应事、待人、接物上穷理精义，以求心安而理得，方是敬义夹持，直上达天德之学”③。

在为学功夫上，方宗诚力主以程朱理学为尊。他赞成朱熹的观点，主张“为学工夫当以居敬存心、穷理致知、随事精察为主”④。而“穷理先在穷经，《六经》所言莫非发明吾心之理也”，故“须以《小学》、《孝经》、《四书》、《五经》为根基，然后可及于子史百家乃不泛滥躐等”⑤。由此，在读书门径上，他明确提出：“读子书须先读宋、明儒之著录，尤须先读周、程、张、朱之书，然后能辨诸子诸儒之得失。读周、程、张、朱之书，又须先读《近思录》以为主宰。”⑥

《志学录》的篇章结构、编纂体例也体现了方宗诚笃守程、朱的

① 方宗诚：《论立志为学》，《志学录》卷一，《柏堂遗书》第 29 册，光绪年间刻本。
② 方宗诚：《论存心谨言慎行处境》，《志学录》卷二。
③ 方宗诚：《论存心谨言慎行处境》，《志学录》卷二。
④ 方宗诚：《论立志为学》，《志学录》卷一。
⑤ 方宗诚：《论居敬致知读书穷理》，《志学录》卷三，《柏堂遗书》第 30 册。
⑥ 方宗诚：《论居敬致知读书穷理》，《志学录》卷三。

思想特点。该书凡8卷。卷一"论立志为学",阐述立志为学的重要性及其途径。卷二"论存心谨言慎行处境",以存心谨言为基础,着重阐述力行功夫。卷三"论居敬致知读书穷理",以居敬穷理为大纲,重在阐述穷理功夫。卷四"论存养省察克治",重在阐发涵养之道,守道心之正。卷五"论反身体察",篇幅较短,主要是以吕祖谦为法加以说明。卷六"论正伦理笃恩谊","言事父母、敬祖宗、友兄弟、正夫妇、教子孙、敦宗族、严家法之道",也就是阐发"处五伦之理"。卷七"论治体治法",言治国平天下之事。该卷首论君德,以君身为治本,继而讲辅相君德之道,接下来述臣子治事之法,自督抚、守令以至将帅一一道来。卷八"论从祀贤儒学术事迹",罗列事迹从孔、孟及其弟子起始,中经宋、明时期朱熹、陆九渊、薛瑄、胡居仁诸儒,至晚清时期罗泽南、吴廷栋、倭仁等为止,前后达数十人之多。该卷实际上构织了一个理学道统谱系,既有明确的卫道目的,又兼含观圣贤,止于至善之意。对此,方宗诚于光绪十一年(1885年)所作《重校〈志学录〉跋尾》有简短说明:

> 此予自少读书至五十以外所著日记,光绪三年在枣强编次之以为是录也。大致仿《近思录》之序,惟《近思录》当学绝道晦、异端盛行之时,以明道为心,故首列"道体"以立之极。予生圣道大明之世,故以"立志为学"为第一义。……孔子《论语》、《大学》皆以学为始基,则立志为学不宜首重与?"存心谨言慎行处境",学之实际,故次之。"居敬致知读书穷理",则知之事也。知何以后于行也?《论语》弟子一章固以行为先也。以存心谨言慎行为质,而后加以居敬致知之功,则居敬乃不堕于虚,致知乃不骛于外。由是而"存养省察克治"、"反身体察"、"正伦理笃恩谊",则诚正修齐之事也。"正伦理笃恩谊"

何以不及君臣一伦，则以“治体治法”次其后也。治体治法固君与臣所当尽之伦理也，又以修齐而后及于治平，《大学》之序也。终以“从祀贤儒”，即《近思录》观圣贤之意。何以无辨异端一门？果能立志为学，俱以实际为归，自不陷于异端矣。[①]

方宗诚称，《志学录》在立意、体例上仿照朱熹、吕祖谦合撰的《近思录》。此言不虚。从书名上看，《近录思》源自《论语》。《论语·子张》篇有，“子夏曰：博学而笃志，切问而近思，仁在其中矣。”《志学录》书名或源于此，或与朱熹的《近思录》自序有关。朱熹在序中称，编撰《近思录》“以为穷乡晚进有志于学”者，提供入学门径[②]。在各卷编纂次序上，《近思录》首卷以下的13卷依照《大学》“三纲领八条目”的逻辑，次第展开。《志学录》的整体结构、卷名标立受《近思录》影响十分明显。按，《近思录》初刊本只有分卷，各卷并无题名，各卷之中，惟以所引之书为先后。不过，朱熹编纂《近思录》的结构安排及各卷间的联系在《朱子语类》中有明确交代：

《近思录》逐篇纲目：（一）道体；（二）为学大要；（三）格物穷理；（四）存养；（五）改过迁善，克己复礼；（六）齐家之道；（七）出处、进退、辞受之意；（八）治国、平天下之道；（九）制度；（十）君子处事之方；（十一）教学之道；（十二）改过及人心疵病；（十三）异端之学；（十四）圣贤气象。[③]

这里，朱熹仅是特举纲目之要，并非代为卷名，但从中已可看出，《志学录》受其影响。而宋、元、明、清时期《近思录》的传刻印本，则依此标列卷名。例如，刊行于元、明两代的宋叶采集解本，篇名除

---

① 方宗诚：《重校〈志学录〉跋尾》，见《志学录》卷末，《柏堂遗书》第33册。

② 朱熹：《序》，见朱子《近思录》卷首，上海古籍出版社2000年版。

③ 黎靖德编：《朱子语类》第7册，中华书局1994年版，第2629页。

卷一“道体”无异外，余皆作删简缩改。其中卷二删作“为学”，卷三简作“致知”，卷五改为“克治”，卷八改为“治体”，卷九改为“治法”。清代茅星来注本又有改易，如卷五改为“省察克治”，卷十三改为“辨异端”，卷十四改为“观圣贤”等。对照《近思录》传刻印本与《志学录》各卷篇名，其间的模仿印迹相当明显。

同时，参照《近思录》的体系脉络，也可清楚地揭示出《志学录》与《大学》“三纲领八条目”的内在关联。《近思录》卷一列“道体”，是从本体上立论，目的是让学者明察本体，体道明而入道方切。而方宗诚认为，“生圣道大明之世”，已无需辨道之明晦，只要立定学道志向即可，故以“立志为学”为第一义。“立志为学”既带有总论性质，又是修养功夫的第一步。《志学录》以下诸卷分言“内圣外王”，也就是“修己治人”工夫。卷二、卷三与“格物、致知”对应，卷四论“存养”，所以守道心之正；“省察克治”，所以遏人心之流，与“正心”、“诚意”对应。卷五、卷六、卷七与“修身”、“齐家”、“治国”、“平天下”分别对应。最后一卷“论从祀贤儒学术事迹”，确立为学的榜样和终极目标，“止于至善”。

值得注意的是，《志学录》与此前的《近思录》续书或注本有较大不同。《近思录》自朱熹以后，其门人后学中不断有人作续作注。清代学者茅星来注《近思录》，重在考据；张伯行《续近思录》长于阐述义理；江永则采朱熹相关言论入注，又取他家注释之长，间附己意，优胜处颇多。然而，这些注本、续书是以《近思录》或朱熹语录为根本，或为《近思录》文本作注，或采《近思录》纂集四子（周、二程、张）之意，汇定朱熹语录为续书，在体例上多属编纂、注释之类，从绝对意义上讲，不具有原创性、独立性。《志学录》虽取意于《近思录》，但书中主要内容则不是先儒语录，而是著者读书、应事、穷理、修身的心得体会，即方宗诚个人的语录、日记[①]。

二、排斥汉学、心学

方宗诚恪守孔、孟、程、朱之道，尤折衷于朱熹《四书章句集注》一书。对于汉学、心学，他以此衡定是非，称：

> 四子一书，集群圣之道之大成；《集注》一书，集汉、唐以来儒者传说之大成。三代以上，论道论学与治之言，折衷于孔、孟之书，而是非立判矣；三代以下，论道论学与治之言，折衷于程、朱之书，而醇疵立见矣。然程、朱发明圣学之言极精粹者，尤莫备于《集注》之中。后之儒者或言心宗，或主汉学，往往好为异论，盖未尝取其书而深体潜玩之也。[②]

方宗诚明确反对汉学、心学。

在晚清宗理学者中，方宗诚可谓是对经学用功较深的学者之一。同光之际，他著成《柏堂经说》33 卷，阐发经学大义。计有《读易笔记》2 卷、《书传补义》3 卷、《诗传补义》3 卷、《礼记集说补义》1 卷、《春秋传正谊》4 卷、《春秋集义》12 卷、《读孝经笔记》1 卷、《读学庸笔记》2 卷、《读〈论语〉〈孟子〉笔记》3 卷、《读论孟补记》2 卷等。强汝询在题辞中说：“诸《经说》大旨在即经以明道。”[③]从表面上看，其中既有《四书》笔记，又有《五经》说义，颇具汉宋兼采的气

---

① 方宗诚的《志学录》与倭仁的《为学大指》也有较大不同。倭仁所辑《为学大指》，是晚清时期论修养功夫的重要著作之一，其体例依照明代理学家胡居仁《续白鹿洞规》，采《四书》、《五经》尤其是宋代理学家言论而成。

② 方宗诚：《读〈论〉〈孟〉笔记叙》，《读〈论语〉〈孟子〉笔记》卷首，《柏堂遗书》第 18 册。

③ 强汝询：《柏堂经说题辞》，《柏堂经说》卷首，见《柏堂遗书》第 1 册。

象。但究其内容却发现，这些著作主要是借助于诸经明程朱理学之是，驳汉学、心学之非。如，其《书传补义》有：

论心始于《禹谟》。然不单提心字，必分而言之，曰人心，曰道心。盖必心之合乎道者，方是本心也。所谓精者，必时察其所存所发，是人是道也。所谓一者，必专守乎道心之正也。岂如后世儒者谓心即理也，谓吾心自有天则，其弊遂至认人心为道心乎？

论性始于《汤诰》。然不单提性字，必切而指之曰恒性。盖天以阴阳五行化生万物，气以成形而理亦赋焉，所谓天命之性也。性是就赋在气质者而言，虽不杂乎气质，亦不离乎气质。既不离乎气质，则便有清有浊，有厚有薄，有纯有驳，有智愚贤不肖之不同，所谓气质之性也。气质之性，各人不一，不得谓之恒。恒则仁义礼智之本然，初不杂乎气质，不以智愚贤不肖而有异者，故谓之恒性也。①

心学家认心为理，汉学家以心性学说为厉禁，方宗诚从《尚书》中寻找证据予以反驳、辩护。对此，他在《汉学商兑》代叙中也有阐述："夫心学谓心即理，以朱子格物穷理为支离，其流遂至于信心。汉学复以朱子为空疏，而以言心言性言理为厉禁，其流遂至于驳杂。两者各有所偏，而适以形朱子为道中庸之正轨。"②在该文中，他还引孔子的博文约礼之说来指责汉学、心学叛道：

陆子以易简为教，而诋朱子为支离，遂开明儒心学之宗。其说近似约礼，而实非孔子之约也。明季儒者矫心学空谈性

---

① 方宗诚：《通论要义》，《书传补义》卷二，《柏堂遗书》第2册。
② 方宗诚：《校刊〈汉学商兑〉叙》，《柏堂集余编》卷三，《柏堂遗书》第66册。

命、荒经蔑古之弊，而驰骛博雅，遂至穿凿附会，支离琐屑，逐末忘本，以开汉学之宗。其说又近似博文，而实非孔子之博也。①

他以程朱理学折衷至是，认为汉学、心学“偏于一端而昧其全体”。

在一些论著中，方宗诚虽在一定程度上对汉学家的考据学成就予以承认，但其主旨则在于抨击汉学家反对宋儒义理学说，比如说：

乾隆中叶……儒学甚盛，通经博古之士，探奇索赜，争以著述名于时，然多濡染西河毛氏之习，好攻诋程、朱，排屏义理之学。虽其考证名物象数训诂音韵之间，亦多有补前贤所未逮者，而逐末忘本，搜寻微言碎义，而昧于道德性命之大原，略于经纶匡济之实用，号为经学，而于圣人作经明道立教之旨反晦焉。细之搜而遗其巨，花之摘而弃其实，岂非蔽与？②

《柏堂集续编》卷五有一组文章论述清儒顾炎武、阎若璩、黄宗羲、汪中、孙星衍等人的著作。方宗诚虽肯定他们治学“实事求是，博物洽闻，说经考史，亦有足资后学之考证者”，但重点则在批评，指责“其是非好恶，多谬于圣人”③。

对于心学家，方宗诚也曾作肯定。他在《志学录》中，将陆九渊列入贤儒行列，并指出：“论品行践履之笃实，则陆子亦自有可法者在。”④但仅限于此而已。他在该卷中明确指出：“夫心者，人之神

---

① 方宗诚：《校刊〈汉学商兑〉叙》，《柏堂集余编》卷三，《柏堂遗书》第66册。

② 方宗诚：《校刊〈汉学商兑〉〈书林扬觯〉叙》，《柏堂集后编》卷三，《柏堂遗书》第59册。

③ 方宗诚：《书汪氏〈述学〉后》，《柏堂集续编》卷五，《柏堂遗书》第49册。

④ 方宗诚：《论从祀贤儒学术事迹》，《志学录》卷八，《柏堂遗书》第33册。

明所以具众理,而不可以为即理。认心为理,不事读书格物以穷理,但任心而行,安见不有认欲为理之病乎?纵陆子天资高,心术光明正大,不致有病,然以此讲学,则流害何可胜言?"[①]方宗诚曾从多种角度批评过心学。又如,心学家多引孟子学说为据,方宗诚则驳斥说,二者似是实非:

> 象山、阳明"心即理也"之说,与孟子"仁,人心也"似同然,但可说"仁,人心也",不曾说心即仁也;只可说理具于心,不当谓"心即理也"。……圣人所指心之本体,谓心中所具之天理也。王氏所谓心之本体,指心之明觉而言也。以明觉为至善,其不导人猖狂者鲜矣。是不可不明辨也。[②]

桐城儒生方潜一度沉迷于心学,并混佛、老之学于一,方宗诚与吴廷栋一起不厌其烦地与之明辨学术异同。方宗诚与方潜论学时指出,心学实近佛、老,而远程、朱,而佛、老与程、朱所说的心性本体有本质不同:

> 盖尧、舜、孔、孟、程、朱之所谓性与心,二而一者也;佛、老之所谓心与性,离而去之者也。尧、舜、孔、孟、程、朱之所谓性,即天理之具于吾心者是也;所谓心,即存此理明此理者是也。佛氏以理为障,而必空之以识,心以觉为心体,以灵为心用……所具之天理则顽然无知。[③]

---

① 方宗诚:《论从祀贤儒学术事迹》,《志学录》卷八,《柏堂遗书》第33册。
② 方宗诚:《读诸子诸儒书杂记》,《柏堂遗书》第28册。
③ 方宗诚:《与鲁生先生书》,《柏堂集续编》卷七,《柏堂遗书》第50册。

三、强调经世致用，实体力行

方宗诚虽处于士大夫的中下层，理想抱负多难以实现，但其理学思想中阐述实学实行、经世致用的内容并不少见。甚至可以说，讲究明体达用，构成了他理学思想的一个显著特点。

关心国计民生、“寻求救世之方”是方宗诚理学经世思想的重要体现。他曾自称：“不急求功名富贵，然颇关心世道。于君上之安危，社稷之祸福，生民之治乱，人心之邪正，学术之明晦，士气之盛衰，盖无一刻不系于心。安民之略，善世之方，灾祸之几，弭变之策，亦无一时不深心研究其极。”[①]咸丰三年（1853年），方宗诚避乱山中，历时五载所撰成的《俟命录》一书，即是这一方面的集中反映。

《俟命录》凡10卷，每卷写法基本相同：“大抵每卷首记世所以致乱之由，中筹拔乱之道，后记处乱之策。”[②]此以卷一为例。首先，他从三个方面分析了“致乱之由”。一是“人之大患”未除。人为气质之性所蔽，“趋利避害，贪生畏死，以致不仁不义、不忠不孝、寡廉鲜耻”。二是不讲气节。学士大夫务俗学者“惟知谈诗说艺，以营功名富贵而已”，“至性分职分内事，全不讲明体行”；务博杂之学者，“公然攻诋程、朱，不知躬行实践为教”。三是不讲经济。士人学非所学，“一旦入官，事事听之幕友、滑吏。牧民御众之道，农田、水利、兵刑、钱谷之法，皆茫然无所措，惟知伺候上官，以图加官迁缺而已。遭遇

① 方宗诚：《俟命录》卷一，《柏堂遗书》第37册。

② 方宗诚：《重校俟命录跋尾》，《俟命录》卷首，《柏堂遗书》第37册。

兵乱，则惟有惜身保己一法，毫无主张，以致望风而逃，辱国殃民”。其后，他提出“拔乱之道”和“处乱之策”，指出：今日中外大臣之职，第一要辅养君德，俾常知恐惧修省，励精图治；第二要整肃官方，知人善任；第三要激昂士气，昌明学术；第四要虚心求贤；第五要安抚民心；第六要厚恤士卒。[①] 他认为，性情日薄，气节日丧，经济日衰，病根皆“由平日讲学不明，人不求为有体有用之实学”造成的。由此出发，“今日为学要务，在养性情，励廉耻，讲经济”[②]。当然，《俟命录》讲究经世致用，其根本用意在于消弭人民反抗，维护清朝统治。

方宗诚所寻求的救世之方从理学出发，又以理学为归宿，尤其重点阐述敦纲常、明正学、得人才三个方面。他在分析致乱原因时曾说：太平天国之“祸”乃“实学不明，人才败坏，渐积而至然也”。“学术不正，安有人才？人才不兴，安有吏治？吏治不讲，安有民生？民生日蹙，国本安系？”[③]他认为，得人才必须明学术：“今天下有乏才之患，非乏才也，实学不明而无以造就而陶成之也。”[④]而正学术又当以维纲常、树名教为大本：

> 自古无不亡之国，不败之家，不死之身，志士仁人，支撑世宙，惟此仁义忠孝一念缠绵固结而不可解。虽不幸国亡家破身死，而此念已足维纲常而树名教。所谓经纶天下之大经、立天下之大本者此也，所谓硕果不食者此也，所谓立人之道曰仁

---

① 方宗诚：《俟命录》卷一，《柏堂遗书》第37册。

② 方宗诚：《俟命录》卷一，《柏堂遗书》第37册。

③ 方宗诚：《为朱九香学使到任正学术示》，《柏堂集补存》卷三，《柏堂遗书》第89册。

④ 方宗诚：《应诏陈言疏》，《柏堂集续编》卷二十一，《柏堂遗书》第58册。

与义者此也。[①]

强调实体力行是方宗诚理学经世思想的又一体现。救世以救心为基础，方宗诚由主张翼卫纲常社会秩序、挽救世道人心，进而要求每一个体必须身体力行，做程、朱之道的笃守者。他说：“师者所以传道也，即不能如古之圣贤阐明大道，亦当正身修行，教人以孝悌忠信之事、礼义廉耻之防。”[②]他谕书院诸生，句句落诸“实”字：“一曰立实心”，“二曰敦实行”，“三曰讲实学”，“四曰务实用”[③]。

实学实行，简单地讲，就是恪守三纲五常。他在与方潜的信中说：“先生为诸生讲论，宜抱定三纲五常发挥，即以此为穷理尽性之事，不必空言理，亦不必空言性也。”[④]而抱定纲常之法，实即程朱理学的修养之道，也就是涵养、存诚、居敬等修己功夫。

> 仁义礼智，己之性也，不以敬修之，则性失其中。喜怒哀乐，己之情也，不以敬修之，则情失其和。视听言动，己之容也，不以敬修之，则容失其礼。亲义别序信，己之伦理也，不以敬修之，则伦理失其则。明物察伦，应事接物，处变应常，己之经纶权度也，不以敬修之，则经纶失其正，权度失其宜。[⑤]

换言之，“修虽主于一身，而实立万事万物之本；敬虽主于一心，而实操万事万物之源。”[⑥]“修己”与“治人”、“内圣”与“外王”、救世与救心是统一的，是实学力行、明体达用不可或缺的两端。

---

① 方宗诚：《俟命录》卷一，《柏堂遗书》第 37 册。

② 方宗诚：《俟命录》卷二，《柏堂遗书》第 37 册。

③ 方宗诚：《谕书院诸生》，《柏堂集续编》卷二十二，《柏堂遗书》第 58 册。

④ 方宗诚：《与鲁生先生》，《柏堂集外编》卷三，《柏堂遗书》第 70 册。

⑤ 方宗诚：《修己以敬说》，《柏堂集后编》卷二，《柏堂遗书》第 59 册。

⑥ 方宗诚：《修己以敬说》，《柏堂集后编》卷二，《柏堂遗书》第 59 册。

最后需要说明的是，这里所说的注重经世致用、实体实行，只是就方宗诚的理学思想而言，并不是要论述他在日用伦常、生活实践中的实际状况，不能表明其理论付诸实践的程度。[①]

① 据野史记载，当时京师有谚语云："黄金无假，道学无真。"方宗诚窃方东树"未刻之稿，游扬公卿间，坐是享大名。初客吴竹如方伯所，有逾墙窥室女事"。他任枣强县令，大肆敛财："莅枣五年，不下四十万金"，"三十年前之寒素，一变而为富豪矣"。方宗诚"去官之日，乡民数万聚城下，具粪秽以待，将辱之"。见张祖翼：《道学贪诈》，《清代野记》卷下，民国四年文明书局铅印本。

第十章　康有为与今文经学

康有为是中国近代卓有影响的思想家,以往论者对他经学思想的研究主要侧重于经学与变法的关系方面,认为其主旨在于以经学的旧瓶装变法的新酒,托古改制。从政治思想史角度分析,康有为的经学思想确是服务于变法维新、为现实政治。但若仔细紬绎康有为的论著,还可看到另外一条理路,即发明光大孔子的儒学,以一代圣人自居。也就是说,康有为并不把经学仅仅视为变法维新的工具,经学还承载了他的价值诉求和人生理想。

一、扬弃汉宋,摭拾今学

从学术背景上考察,康有为援西入儒、重构儒学,与他对宋明理学、今古文经学等传统学术的体认有直接关系。

> 始循宋人之途辙,炯炯乎自以为得之矣。既悟孔子不如是之拘且隘也,继遵汉人之门径,纷纷乎自以为践之矣。既悟其不如是之碎且乱也,苟止于是乎?孔子其圣而不神矣。……既乃去古学之伪,而求之今文学。[①]

扬弃汉宋、摭拾今学,是康有为发明新儒学必经之步,但旧学的熏

---

① 康有为:《礼运注叙》,《康有为政论集》上册,中华书局1981年版,第192页。

染,并没有使其化蛹成蝶。而西学在康有为思想世界中具有点石成金的意义,不仅促成了他思想的质变,而且成为他构筑新儒学不可缺少的基石。康有为的新儒学可视为在批判、扬弃乃至否定汉学、宋学之后,化合西学与今文经学的产物。

（一）扬弃汉宋

康有为早年接受的是程朱理学教育。康有为出生于广东南海的理学世家,高祖康辉、曾祖康健昌、祖父康赞修均笃守程、朱,学有所成。他的祖父不仅秉承家学,还兼祧岭南理学之正宗,是岭南理学宗师冯承修再传弟子何文绮的高足。康有为8岁起即随祖父读书生活,“日夜摩导以先儒高义、文学条理”[①]。家学的熏陶,特别是祖父的言传身教,不能不对康有为产生潜移默化的影响。

1876年,康有为19岁,转从康赞修的畏友、理学大儒朱次琦问学。朱次琦著述宏富,学风平实敦大,主济人经世,重视气节,“恶王学之猖狂,汉学之琐碎”[②],主张“扫去汉宋之门户,而归宗于孔子”。康有为从学问道,如瞽睹明,“未明而起,夜分而寝,日读宋儒书及经说、小学、史学、掌故、词章,兼综而并骛,日读书以寸记”[③]。程朱理学的代表性著作《朱子语类》、《朱子大全》等,成为他经常研读的对象。师承朱次琦,使康有为受到系统的理学教育和学术训练。

---

① 康有为:《康南海自编年谱》,文海出版社1972年版,第4页。

② 康有为:《与沈刑部子培书》,《康有为全集》(一),上海古籍出版社1984年版,第383页。

③ 康有为:《康南海自编年谱》,第8页。

康有为后来尝说："仆生平于朱子之学，尝服膺焉。"[①]这是康有为对其早期学术思想的自我总结。无论是他本人撰写的《教学通义》、《康子内外篇》等专门著作，还是由门人整理的《万木草堂口说》、《南海师承记》等讲课记录，都体现了康有为在转向今文经学前后尊崇理学的烙印，尽管其中不乏古文经学的内容，不乏"离经叛道"之处[②]。其实，在正统理学家看来的"离经叛道"之处，正是康有为力图对理学实现发展、超越的地方[③]。

康有为早年对古文经学的兴趣也是受自朱次琦学风的影响，与朱氏兼采汉宋的学术思想密切相关，这一点可从《康南海自编年谱》中得以印证。受朱氏影响，康有为"以圣贤为必可期，以群书为三十岁前必可尽读"，于是广览群书，宋儒书之外，尤其致力于《周礼》、《仪礼》、《尔雅》、《说文》等古经，以及毛奇龄、戴震等汉学家的著作[④]。但为时不长，康有为即对汉学琐碎考据、脱离现实的学风表示了不满。他自称，至1878年"秋冬时，四库要书大义，略知其概，以日埋故纸堆中，汨其灵明，渐厌之。日有新思，思考据家著书满家，如戴东原，究复何用？因弃之，而私心好求安心立命之所。"[⑤]考据"一字剌剌不休，或至千万言"，汉学繁琐的治学程式，

---

① 康有为：《与朱一新论学书牍》，《康有为全集》(一)，上海古籍出版社1984年版，第1020页。

② 如他说："孔子改制之意隐而未明，朱子编礼之书迟而不就，此亦今古之大会也。朱子未能言之，即言之，而无征不信，此真可太息也。"见康有为：《教学通义》，《康有为全集》(一)，第139页。

③ 不少学者认为，康有为早期学术思想的主流是古文经学，如汤志钧《近代经学与政治》、房德邻《康有为与近代儒学》即持这种观点，笔者认为宋学在康有为早期思想中的地位要高于汉学。

④ 康有为：《康南海自编年谱》，第7～10页。

⑤ 康有为：《康南海自编年谱》，第10页。

与康有为急于经世济民、安身立命、成圣成贤的理想追求相去甚远。正是因为这一点,笔者以为,康有为1880年著《何氏纠缪》,专攻何休,“既而悟其非,焚去”;1886年著《教学通义》虽说以《周礼》相贯穿,但主要是借用其中的“经纬世宙之言”①,即变法改制的成分,也就是借助周公的“敷教言治”以“言古切今”。换言之,康有为尊崇古文经学不过是权宜之计。

19世纪80年代末,康有为出入京师,薄游香港,接触西学,眼界大开,对汉学、宋学的认识更加深刻。在转向今文经学前后,他对汉学、宋学展开了摧枯拉朽式的抨击。

康有为指出,不仅汉学家脱离现实,“猎琐文单义,沾沾自喜,日事谀闻”,无关于风俗人心②,而且宋学家也是索索无任何生气可言。他在给友人的书信中直言道:“今之中国,圆颅方趾四万万,《四子书》遍域中诵之,而卓然以先圣之道自任,以待后学,不为毁誉、排挤、非笑所夺者,未有人焉。此所以学术榛塞,风气披靡也。”③而他往来于京粤,“所经之地,所阅之民,穷困颛愚,几若牛马”,更激发了悲天悯民的热肠和对理学的愤懑,“慨然遂有召师之责,以为四海困穷,不能复洁己拱手而谈性命矣”④。

他对当时士林不问现实、争立门户的学风十分反感:“考据、义理交讥,其弊浩博而寡要,陋略而难安。”“大抵正学中微,多起于陋儒之争席,讲声音,穷文字,图太极,明本心,栩栩谓得圣学之传,专己守残,如大道何!且精研传注而义理实粗,妙说阴阳而施行多

---

① 康有为:《康南海自编年谱》,第11页。

② 康有为:《与朱一新论学书牍》,《康有为全集》(一),第1019页。

③ 康有为:《与沈刑部子培书》,《康有为全集》(一),第379页。

④ 康有为:《与沈刑部子培书》,《康有为全集》(一),第380页。

碍，其罔殆正复可哀。”并指出这种做法绝非儒家的传统：“儒林、道学有分门，后世久相水火，岂知琐碎笺疏，空谈语录，举无关儒家道统之传。”①

康有为认为，汉学、宋学内在学理也是弊端丛生。他以《新学伪经考》数十万字的篇幅，连篇累牍攻击汉学之失，还多次指责理学：“近代大宗师，莫如朱、王，然朱学穷物理，而问学太多，流为记诵；王学指本心，而节行易耸，流于独狂，或专向经制则少涵养，专重践履则少振拓。”②

为了达到建立新经学的目的，他不仅否定了汉学、宋学的现实合理性，而且要铲除汉学、宋学的历史合法性。“凡后世所指目为‘汉学’者，皆贾、马、许、郑之学，乃‘新学’，非‘汉学’也；即宋人所尊述之经，乃多伪经，非孔子之经也。”“古学皆刘歆之窜乱伪撰也，凡今所争之汉学、宋学者，又皆歆之绪余支派也。经歆乱诸经，作《汉书》之后，凡后人所考证，无非歆说。征应四布，条理精密，几于攻无可攻，此歆所以能欺给二千年，而无人发其覆也。今取西汉人之说证之，乃知其伪乱百出。”③

平心而论，这种激烈言论在一定程度上反映了汉学、宋学在晚清时期的真实状况——作为封建主义统治思想支柱的汉学、宋学已不足以担当揆道救时的重任。同时，我们从中也可以看出康有为破旧立新、转向今学、构建新儒学的心路历程和雄心壮志。他在与朱一新的往来书牍中多次放言：“仆言今古刘、朱之学相盛衰者，

---

① 康有为：《子曰学而不思则罔》，《康有为全集》(二)，上海古籍出版社 1990 年版，第 25～27 页。

② 康有为：《与沈刑部子培书》，《康有为全集》(一)，第 383 页。

③ 康有为：《新学伪经考》，《康有为全集》(一)，第 573、585 页。

正以循环之运，穷则反本。方今正当今学宜复之时。""豁然于古学之伪，不复以马、郑为据，而以董、刘为归，而上寻孔子之绪耳。""谓仆欲嬗宋学而兴西学，且援观人于微之义，谓仆取释氏之权实互用，意谓阳尊孔子，阴祖耶稣耶。是何言欤！马舌牛头，何其相接之不伦也！"[①]

"凡二千年经说，自魏晋至唐，为刘歆之伪学；自宋至明，为向壁之虚学。"[②]康有为将汉学、宋学连根拔起，目的就是要正本清源，去除不合时代之需的思想学说，为建立其新儒学服务。他反对正统，但并不是要反对传统、在儒学之外另立新统，他发明光大儒学的诚心应当是可信的。朱一新说康有为"卑宋儒之论，而欲扬之使高，凿之使深。……高者可心知其意，而不可笔之于书，足下以董生正宋儒，而并欲推及董生所不敢言者，仆窃以为过矣。"[③]康有为之举虽然不合乎像朱氏这样谨守传统儒学者的要求，但这种来自儒学信仰者的评价确也道中了康有为光大门楣的雄心。

（二）复今学之古

章太炎、梁启超等学术大师曾以"复古解放"来概括清代学术思潮，我们知道，这种"复古"是因缘际会的产物，有着较为深厚的现实基础，所复之古学并非是对古学本身的简单复制，而是"复古"者在阐释过程中加入了新思想。笔者在此要指出的是，古学与"复古"者思想虽然不同，但却有相通之处。据康有为自编年谱，1888

① 康有为：《与朱一新论学书牍》，《康有为全集》（一），第1035～1036页。

② 康有为：《桂学答问》，《康有为全集》（二），第56页。

③ 朱一新：《朱侍御复长孺第二书》，《康有为全集》（一），第1030页。

年，他“既不谈政事，复事经说，发古文经之伪，明今学之正”[①]，学术思想转入今学营垒。康有为选择今文经学为阐发其思想的文本和资源，就是看中了今文经学所具有的一些特点和价值。

一是今学具有以学论政的传统。严格说来，传统儒学，无论是汉学、宋学，还是今学、古学，无一例外，都扎根于现实政治之中。但相比较而言，今学与政治的关系更为密切，援政论经的特点更为直截。今文经学的奠基者董仲舒即是一个显例。董氏为了稳固专制统治，提出天人感应学说；为了论证社会变革的合理性，他撰写了《春秋繁露》，提出“奉天法古，新王改制”的思想。这种屈经从政的思想被后来者所效法，何休著《春秋公羊解诂》，发《春秋》新义，提出“三科九旨”及“三世”说，成为加强君权的有力武器。今学在清代的复兴，在很大程度上与学者对现实政治的关注有关。美国学者艾尔曼在论述常州今文学派的兴起时，通过考察经学与政治以及社会思想的关系，认为政治时势是导致常州学派兴起的首要原因[②]。龚自珍、魏源进一步发展了庄存与、刘逢禄援经论证的学风，为了现实政治之需，甚至不惜曲解经典。康有为生活的时代，社会环境变得更为险恶复杂，既有的药方不能满足时代要求，他从今文经学的这种学术传统中找到了阐发政治思想的寄托之处。

二是今学不甚求史实之精确。公羊学派在经学思想上不拘牵于经书所载史实，而重视师徒的口头传述，重视微言大义。朱一新就曾指责刘逢禄、宋翔凤之徒，“援《公羊》以释四子书，恣其胸臆，穿凿无理”[③]。而这正符合康有为的个性——“有为之为人也，万

---

① 康有为：《康南海自编年谱》，第19页。

② 艾尔曼：《经学、政治与宗族》，江苏人民出版社1998年版。

③ 朱一新：《朱侍御复长孺第四书》，《康有为全集》（一），第1045页。

事纯任主观,信力极强,而持之极毅。其对于客观的事实,或竟蔑视,或必欲强之以从我。其在事业上也有然,其在学问上也亦有然。"梁启超对乃师的概括可谓准确。梁氏还举例说:"有为之治《公羊》也,不斷斷于其书法义例之小节,专求其微言大义,即何休所谓非常异义可怪之论者。定《春秋》为孔子改制创作之书,谓文字不过其符号,如电报之密码,如乐谱之音符,非口授不能明。"[①]康有为的反对者则直指其讹:"夫同一书也,合己说者则取之,不合者,则伪之","孔子之告子张,曷尝有一言及于改制?""周制已不可行于今,况夏、殷之制,为孔子所不能征者乎?穿凿附会之辞,吾知其不能免也。曾是说经而可穿凿附会乎?"[②]反对者可谓语语中的。康有为所著《新学伪经考》、《孔子改制考》等著作,在当时成为叶德辉、朱一新等人的抨击目标,部分原因即在于此。

三是今学经文较少,易于发挥。今学的上述特点与它的经文篇章较短、字数较少也有关系。康有为在批评古文经学时曾多次强调这一点:"徒以二千年经学乖讹,有若聚讼,童年而搜研章句,白首不能辨厥要归。"[③]康有为认为,古文经学皓首不能穷经的弊病使其失去了可操作性和利用价值,而今文经学恰恰可弥补这一不足:古文经学"用使学者碎义逃难,穷老尽气于小学,童年执艺,白首无成。必扫除之,使知孔子大义之学,而后学乃有用。孔子大义之学,全在今学。每经数十条,学者聪俊勤敏者,半年可通之矣。……而一皆本之孔子之大义以为断。其反躬之学,内之变化气质,外之砥厉名节,凡此皆有基可立,有日可按。若一格以古学,

① 梁启超:《清代学术概论》,第79页。

② 朱一新:《朱侍御答康长孺书》,《康有为全集》(一),第1025、1028、1029页。

③ 康有为:《新学伪经考》,《康有为全集》(一),第621页。

则穷读两部《皇朝经解》，已非数年不能，而于孔子之大义尚无所知。……欲其成学，岂不难哉？”[①]

当然，康有为最为看重的还是今文经学“三统三世”说所蕴含的变通、变易思想。这一点在后面将作详细论述。

（三）早期西学储备

西学是康有为建立新儒学不可或缺的条件，完全可以说，如果没有西学介入，就没有后来思想的升华。

康有为早年接受的正统儒家教育，在他心田种下了挥之不去的圣人情结。儒家治国平天下的理想追求，时时激励着他谋求济世安民之策，而这一点在风雨如晦的近代中国显得尤为迫切。然而，他出入汉、宋，参悟佛理，并没有寻找到答案。求道迫切，又未有依归，令他彷徨、苦闷，以至于歌哭无常，似有心疾。1879 年，康有为在西樵山晤见前来游玩的京官编修张鼎华，“尽知京朝风气、近时人才及各种新书”。结识张鼎华后，康有为的治学方向发生了明显变化，从此开始有意识地学习西学[②]。他“既而得西国近事汇编、李口环游地球新录及西书数种览之”，不久，游历香港，“览西人宫室之瓌丽，道路之整洁，巡捕之严密，乃始知西人治国有法度，不得以古旧之夷狄视之”，目睹英国殖民者在香港所建立的资本主义制度，对比当时落后颟顸的清政府，更加坚定了他了解西方、学习西学的决心。1882 年，康有为参加顺天乡试南归，“道经上海之繁盛，益知西人治术之有本”，于是“大购西书归以讲求焉”[③]。据张

① 康有为：《与朱一新论学书牍》，《康有为全集》（一），第 1024 页。
② 康有为：《康南海自编年谱》，第 10 页。
③ 康有为：《康南海自编年谱》，第 11～12 页。

伯桢《万木草堂始末记》记载，上海江南制造总局译印西学新书，三十年间售出不过一万两千册，而康有为购书达三千册，超过该局售书总量的四分之一。[①] 同时他还订购了一份美国人林乐知主编的《万国公报》。从此，他尽释故见，"大讲西学"，"大攻西学书，声、光、化、电、重学及各国史志，诸人游记皆涉焉"，"并及乐律、韵学、地图学"，等等。"新识深思，妙悟精理，俛读仰思，日新大进。"[②]很快，他的西学水平就走在了同时代人的前列。

到19世纪80年代末，康有为不仅已有深厚的儒家文化素养，而且对西学也有相当广泛的了解。我们从《诸天讲》、《人类公理》、《康子内外篇》等著作中，不难看出他西学积累的系统程度。他"合经子之奥言，探儒释之微旨，参中西之新理，穷天地之赜变，搜合诸教，披析大地，剖析今故，穷察后来"，把儒学与西方近代科学知识和社会政治学说融合在一起，自觉不自觉中已改变了他的世界观和宇宙观。同时，这些尝试性著作也说明，他的西学储备已初步达到融会中西、改造儒学、创立新说的水平。康有为年谱中的一段文字可视为对其早期合烩中西而成的新儒学思想的集中表述：

其道以元为体，以阴阳为用，理皆有阴阳，则气之有冷热，力之有拒吸，质之有凝流，形之有方圆，光之有白黑，声之有清浊，体之有雌雄，神之魂魄，以此入统物之理焉，以诸天界、诸星界、地界、身界、魂界、血轮界，统世界焉。以勇、礼、义、智、仁五运论世宙，以三统论诸圣，以三推将来，而务以仁为主，故奉天合地，以合国合种合教一统地球。又推一统之后，人类语

① 参见马洪林：《康有为大传》，辽宁人民出版社1988年版，第40页。

② 康有为：《康南海自编年谱》，第13页。

言文字饮食衣服宫室之变制，男女平等之法，人民通同公之法，务致诸生于极乐世界。[①]

1888年，康有为第一次上书不达，回到广州，晤见廖平，受到启发，毅然决然地转向今文经学，开始对传统儒学进行大刀阔斧地改造。此后十余年间，他先后撰成《新学伪经考》、《孔子改制考》、《春秋董氏学》、《礼运注》、《春秋笔削大义微言考》、《大同书》、《中庸注》、《孟子微》、《论语注》、《大学注》等系列中西互释的思想史论著，从而形成具有近代色彩的新儒学思想。

二、化合中西

康有为以“西学中源”论为据，援西入儒，把西方资本主义的社会政治学说引入儒学，从而化合出一种具有鲜明近代中国文化形态特征的新儒学。学界过去常用“儒表西里”来概括康有为的新儒学，笔者以为，这一表述不尽准确，从康有为新儒学的内容看，西学与儒学在他的思想世界里存在一种相互发明、交互阐释的复杂关系，他的新儒学既不同于旧学又不同于西学，而是中国近代新文化的呈现。

（一）进化理论

梁启超在《南海康先生传》中把康有为的哲学概括为“进化派之哲学”，认为康有为独发明《春秋》三世进化之义，为中国自创意言进化之嚆矢。三世进化论是康有为儒学思想乃至整个思想的理

---

① 康有为：《康南海自编年谱》，第14页。

论基石。

从学术渊源看,康有为的进化思想是中西文化结合的产物。

关于康有为进化思想的来源,学界存有争议。马洪林认为,康有为进化思想的来源是多方面的,但主要是外来的进化理论,而非本土的儒家学说。[①] 与此相对,汤志钧则专门撰文指出,康有为的进化思想不是导源于西方的进化论,而是来自儒家今文经学。汤氏的主要论据是,体现康有为进化思想的"大同三世"说"形成于西方达尔文主义思想输入中国之前,确切地说是在严复翻译的《天演论》正式出版之前"[②]。笔者以为,康有为进化思想并非仅渊于一端,而是双方共同作用的产物。

1879 年,康有为薄游香港归来后,于西学用功甚勤,同年所作《苏村卧病书怀》一诗中,就有"世界开新逢进化"之句。[③] 1886 年前后,康有为在《康子内外篇》、《诸天讲》中又有关于天体演化理论的论述,同时把这一理论与宋明理学的理、气等范畴结合起来,提出了自己的看法。1890 年前后,康有为已明白"人自猿猴变出"的道理,并把生物进化理论传授给他的弟子,这一点从他的自编年谱及弟子笔记《南海康先生口说》可以得到证明。

这些自然进化论知识,显然源自西方。原来,早在严复译介《天演论》之前,西方进化论就已经开始传入中国。如,1859 年李善兰与伟烈亚力合译的由约翰·赫歇尔所著的《谈天》,曾较为详细地介绍了天体演化学说。1873 年华衡芳与玛高温合译的由查理·赖尔所著的《地学浅释》,创刊于 1876 年的《格致汇编》等,曾

① 参见马洪林:《康有为大传》,第 154~156 页。

② 汤志钧:《再论康有为与今文经学》,载《历史研究》2000 年第 6 期。

③ 康有为:《苏村卧病书怀》,《康有为政论集》上册,第 20 页。

对生物进化论作过较多介绍。尽管我们不能确知1882年康有为从上海所购的大批西学译著中是否包括这些书籍，但通过分析其内容可以肯定，康有为上述著作至少受过这几本西学译著的影响。也就是说，康有为通过阅读西学书籍，已初步掌握了一定的进化论知识。

康有为对当时零星传入中国的达尔文进化论或许所知甚少，但这些自然进化论知识已足以让其思想迸发新的火花，经过改造而与儒学融为一体。

康有为所利用的儒家经典主要是《易经》、《春秋》和《礼运》。儒家传统中并不乏发展变化的观点，《易经》的"穷""变""通""久"说，孔子的"因""损""革""益"说，都是这一方面的精辟概括。而《公羊春秋》的三统三世说，对社会的变迁和演进则有更为详细的描述。三统说把黑、白、赤三统与朝代相配，三统循环往复与朝代更替相一致，实际是一种历史循环论。三世说把鲁国历史分为"所见"、"所闻"、"所传闻"三个阶段。何休在此基础上提出三科九旨说，并把三世说的内容具体化，把"所见"、"所闻"、"所传闻"三个时间概念分别配以高低有序的三个社会发展阶段"太平世"、"升平世"、"据乱世"，从而具有了通俗进化论的意义。已具有西方进化论知识背景的康有为，正是借何休这一不广为人注意的思想，发挥出了新义。《礼运》篇本具有退化史观和复古主义两种含义，认为人类先是生活在"大道之行，天下为公"的大同社会，后来进入"大道既隐，天下为家"的小康社会，再后来进入礼崩乐坏的乱世，并分别对应尧舜、禹汤文武周公、春秋三个历史阶段，同时又寓示以大同小康为人类社会的未来理想，这样，退化史观中又具有进步意识。康有为读至《礼运》，怦然心动，"乃浩然而叹曰：孔子三世之变、大道之真，在是矣；大同小康之道，发之明而别之精，古今进化之故，神圣悯世之深，在是矣；相时而推施，并行而不悖，时圣之变通尽利，在是矣”[1]。他却从中掘发出了进化思想。

正是以此为基础，康有为明确赋予儒学以进化论内涵。他把《礼运》的“大同”、“小康”与公羊三世说结合起来，以孔子时代为据乱世，以小康为孔子的近期理想即升平世，以大同为孔子的最终理想即太平世，人类愈改而愈进步，从而彻底抛开了传统儒学的循环论和退步论。梁启超对他老师所推演出的三世进化理论十分赞佩，曾高度评价说：“夫三世之义，自何邵公以来，久暗昒焉，南海之倡此，在达尔文主义输入中国之前，不可谓非一大发明也。”[2]

从具体内容上看，康有为发明的三世进化说至少有以下三层新义。

一是以社会制度说三世进化。如他曾这样概括《春秋》的内容：“《春秋》始于据乱，立君主；中至升平，为立宪，君民共主；终至太平，为民主。”[3]《孟子微》、《论语注》通过注解经典，毫不掩饰地指出，从君主制到立宪制、共和制的进化过程是失而复得的孔、孟三世学说的原义。

二是以人类文明程度说三世进化。在《春秋董氏学》、《春秋笔削大义微言考》、《孟子微》等著作中，他大体以据乱世相当于古代文明、升平世相当于人类渐趋平等的近代文明、太平世相当于高度自由平等的文明社会，并与“大同”、“小康”联系起来：“乱世者，文教未明也；升平者，渐有文教，小康也；太平者，大同之世，远近大小

---

① 康有为：《礼运注叙》，《康有为政论集》上册，第 193 页。

② 梁启超：《论中国学术思想变迁之大势》，《饮冰室合集》文集之七，第 99 页。

③ 康有为：《春秋笔削大义微言考》卷十一。

如一,文教全备也。”[1]

三是以民族融合说三世进化。与文明进化相一致,康有为认为,中外民族的界限将不断涵化、消融:“孔子之为《春秋》,张为三世,据乱世则内其国而外诸夏,升平世则内诸夏而外夷狄,太平世则远近大小如一。”[2]

经过如此阐释、发微,康有为的三世说显然已不再是古代儒学的原版,而已变为近代文化的一部分。

(二)民主学说

运用西方资产阶级的契约论、平等观、民权说等民主思想来充实儒家经典,通过诠释儒家经典来论证近代民主思想的合理性,是康有为援西入儒、重构儒学的核心内容。

中国古代儒学的本质经义是为封建君主专制服务的,但这并不排除包罗万象的儒家文化中含有反专制的民主思想雏形。孟子“民贵君轻”的民本思想,黄宗羲、顾炎武、唐甄等人反对绝对君主专制的初步民主思想,一直被近代启蒙思想家作为宣传民主思想的本土资源,康有为概莫例外。不过,康有为对民主思想的系统阐发远远超过了前人,这里主要以光大先秦孟学的《孟子微》为中心来展开论述。

首先看他对君民关系的阐发。“盖国之为国,聚民而成之,天生民而利乐之,民聚则谋公共安全之事,故一切礼乐政法皆以为民也。但民事众多,不能人人自为公共之事,必公举人任之。所谓君

---

① 康有为:《春秋董氏学》,《康有为全集》(二),第 671 页。

② 康有为:《论语注》,中华书局 1984 年版,第 28 页。

者，代民众任此公共保全安乐之事，为众民之所公举，即为众民之所公用。民者，如店肆之东人；君者，乃聘雇之司理人耳。民为主而君为客，民为主而君为仆，故民贵而君贱易明也。众民所归，乃举为民主，如美、法之总统。然总统得任群官，众官得任庶僚，所谓'得乎丘民为天子，得乎天子为诸侯，得乎诸侯为大夫'也。今法、美、瑞士及南美各国皆行之，近于大同之世，天下为公，选贤与能也。孟子早已发明之。"[①]这段话是康有为解释《孟子》"民为贵，社稷次之，君为轻"一章时的大义微言，君主并非"天子"，君权也非神授，君源于民，民可举君，亦可废君，君与民实际上是一种契约关系。对比黄宗羲《明夷待访录》"原君"篇和卢梭《社会契约论》（当时译作《民约论》）可知，康有为这一思想在整合二氏思想基础上而又有所发展。

再看他对人与人之间关系的阐发。他从儒家的性善论出发，认为孟子思想中含有人人平等、人人自立之义："人人性善，尧舜亦不过性善，故尧舜与人人平等相同。此乃孟子明人人当自立，人人皆平等，乃太平大同世之极。……人人性善，文王亦不过性善，故文王与人平等相同。""言性善者，平世之法，令人人皆有平等自立"，孟子之说待人可谓厚矣。[②] 进而，他指出《孟子》"万物皆备于我"、"人皆可为尧舜"等也都含有平等、自立之义。他解释说，"万物皆备于我"，实即寓意"人人独立，人人平等，人人自主，人人不相侵犯，人人交相亲爱，此为人类之公理，而进化之至平者"；"人人可为尧舜，乃孟子特义，令人人自立平等，乃太平大同之义，纳人人于

---

① 康有为：《孟子微》，中华书局1987年版，第20～21页。

② 康有为：《孟子微》，第15、9页。

太平世者也"[①]。经此阐述,儒家传统的天命论、等级观烟消云散,人与人之间化为自立平等的世界。

进而,他又阐发说每个人都应该享有独立自主的人权。西方讲天赋民权,源于"在上帝面前人人平等"的理念,康有为则从《孟子》中找到了人权平等的依据。他在解释"孟子道性善,言必称尧舜"一段话时指出:"盖天之生物,人为最贵,有物有则,天赋定理,人人得之,人人皆可平等自立,故可以全世界皆善。"接着,他又在解释"天之生此民也,使先知觉后知"时说道:"人人皆天生,故不曰国民而曰天民;人人既是天生,则直隶于天,人人皆独立而平等,人人皆同胞而相亲如兄弟。"[②]人人既然是平等关系,而这种平等又是天赋的权利,源于自然而非人为,那么享受权利、拥有自由乃题中应有之义。他在解释子贡"我不欲人之加诸我也,吾亦欲无加诸人"这句话时,对自由作了精彩阐述:

> 子赣(即子贡)不欲人之加诸我,自立自由也;无加诸人,不侵犯人之自立自由也。人为天之生,人人直隶于天,人人自立自由。不能自立,为人所加,是六极之弱而无刚德,天演听之,人理则不可也。人各有界,若侵犯人之界,是压人之自立自由,悖天定之公理,尤不可也。子赣尝闻天道自立自由之学,以完人道之公理,急欲推行于天下。……近者,世近升平,自由之义渐明,实子赣为之祖,而皆孔学之一支一体也。[③]

如果说儒家的"己所不欲,勿施于人"是"自由",那么,同理,"己欲立而立人,己欲达而达人"便是"人人不相侵犯,人人交相亲爱"的

---

① 康有为:《孟子微》,第23、16页。

② 康有为:《孟子微》,第7、13页。

③ 康有为:《论语注》,第61页。

"博爱"[①]。这样,"推己及人"的"忠恕"之道便具有了自由、平等、博爱之义。经过康有为的创造性阐释,儒家思想中许多隐而未彰的思想被赋予全新的内涵,成为近代民主思想的重要传统资源。

当然,康有为的民主思想不止以上这些,他以西学与儒学相互发明的民主思想也不限于《孟子微》一书。不过,通过以上三点,我们已基本可以把握康有为民主思想的儒学特色。

(三)改制思想

"发明圣制,探讨微言","以经术言变法,为本原之本原"[②]。众所周知,探求《六经》中孔子改制的微言大义,乃经学家,尤其是今文经学家锲而不舍、孜孜矻矻的追求。如廖平亦曾以制度的变革为《六经》旨要,他在《知圣篇》中指出:"《六经》旨要,以制度为大纲。而其辨等威、决嫌疑,尤为紧要……故礼以定嫌疑、辨同异为主。"他把《六经》旨要概括为"辨等威,决嫌疑",把"孔子新政"归结为"礼",也就是严格等级名分,虽触及制度问题,但由于仍拘于封建等级制度,因此并无多少新义。

康有为则不同。"有为所谓改制者,则一种政治革命、社会改造的意味也","近人祖述何休以治《公羊》者,若刘逢禄、龚自珍、陈立辈,皆言改制,而有为之说,实与彼异。"[③]康有为的变法改制以进化论为基石,以民主思想为灵魂,以推行君主立宪制度为归宿。康氏关于制度变革的理论设计在历次上清帝书中有较为清晰的呈

① 康有为:《孟子微》,第 23 页。

② 康有为:《京师关西学会缘起》,《中国近代史资料丛刊·戊戌变法》(四),第 427 页。

③ 梁启超:《清代学术概论》,第 79 页。

现，在此不再赘述。笔者仅是指出，他把近代民主制度与传统儒学相联系，在促进西方制度中国化的同时，再次给古色古香的中国儒学涂上近代色彩。

康有为变法改制的思想并非始于1897年《孔子改制考》成书，甚至早于他皈依今文经学的时间。他1886年所著《教学通义》，"以教言治"，即曾多次提及制度改革问题，如他说："周制以时王为法，更新之后，大势转移，大周之通礼会典一颁，天下奉行，前朝典礼废不可用，人皆弃之如弁毛土梗"[①]；并对孔子改制郁而不彰表现出关注和遗憾："孔子改制之意隐而未明，朱子编礼之书迟而不就，此亦古今之大会也。朱子未能言之，即言之，而无征不信，此真可太息也。"[②]后在桂林讲学，康有为以今学言改制的思想已相当明朗。他在《桂学答问》中强调指出，制度与义理原是孔学中并立的两翼，孟子多传义理，荀子多传礼制，后朱子多言义理而少言制度，孔子改制大义遂告中绝。在该文中，他还明确说道，孔子是为后世制法的改制素王，孔子创设的新制即存于《春秋》之中："孔子所以为圣人，以其改制，而曲成万物、范围万世也。其心为不忍人之制，其仁为不仁人之政。仁道本于孝弟，则定为人伦。仁术始于井田，则推为王政。孟子发孔子之道最精，而大率发明此义，盖本末精粗举矣。《春秋》所以宜独尊者，为孔子改制之迹在也。《公羊》、《繁露》所以宜专信者，为孔子改制之说在也。能通《春秋》之制，则'六经'之说莫不同条而共贯，而孔子之大道可明矣。"[③]"素王改制"，不过是康有为对传统儒学礼制思想的初步发展；《孔子改

① 康有为：《教学通义》，《康有为全集》(一)，第135页。

② 康有为：《教学通义》，《康有为全集》(一)，第139页。

③ 康有为：《桂学答问》，《康有为全集》(二)，第52～53页。

制考》等著作以三世进化论为基础,石破天惊地把西方民主制度纳入孔学之中,才是康有为对传统儒学的超越和突破。

吏道是周、秦以来任官职之旧,仕学院中人也。儒是以教任职,如外国教士之入议院者。

世卿之制,自古为然,盖由封建来者也。孔子患列侯之争,封建可削,世卿安得不讥?读《王制》选士、造士、俊士之法,则世卿之制为孔子所削,而选举之制为孔子所创,昭昭然矣。选举者,孔子之制也。

尧舜为民主,为太平世,为人道之至,儒者举以为极者也。……孔子拨乱升平,托文王以行君主之行政,尤注意太平,托尧舜以行民主之太平。[①]

他在进呈光绪帝的《日本变政考》中指出,三权分立乃孔学已有之义:"《书》之立政,三宅三俊,《诗》称三事,皆三权鼎立之义。"[②]他的《日本书目志》认为,《春秋》即孔子所立万国之法:"《春秋》者,万身之公法、万国之公法也。尝以泰西公法考之,同者十八九焉。盖圣人先得公理、先得我心也,推之四海而准也。"[③]如此之论,在在可见。

《孔子改制考》等著作不仅把孔子改造为改制立法的"新王"、"素王"、"圣王"、"先王"、"教主",把升平、太平之世改造为孔子追求的民主社会,而且直接把民权、议院、选举等民主制度与孔学古义缘附在一起。但限于维新运动如火如荼,变法事业急急惶惶,他

① 康有为:《孔子改制考》,《康有为全集》(二),第221、278、332～333页。

② 故宫博物院藏康有为进呈《日本变政考》卷一按语,转引自房德邻:《儒学的危机与嬗变》,第114页。

③ 康有为:《日本书目志》,《康有为全集》(三),第812页。

在此期间对儒学的改造较为粗糙、牵强甚至荒唐。戊戌政变后，康有为得暇对此作进一步修正、完善。他在流亡时追写的奏折如此阐释君主立宪制的儒学渊源：

臣窃闻东西各国之强，皆以立宪法、开国会之故。国会者，君与国民共议一国之政法也。盖自三权鼎立之说出，以国会立法，以法官司法，以政府行政，而人主总之，立定宪法，同受治焉。人主尊为神圣，不受责任，而政府代之，东西各国，皆行此政体……其在吾国之义，则曰天视自我民视，天听自我民听，故民之所好好之，民之所恶恶之，是故黄帝清问下民，则有合宫；尧、舜询于刍荛，则有总章；盘庚命众至庭，《周礼》询国危疑，《洪范》称谋及卿士，谋及庶人，孟子称大夫皆曰，国人皆曰，盖皆为国会之前型，而分上下议院之意焉。春秋改制，即立宪法，后王奉之，以至于今……今各国所行，实得吾先圣之经义，故以致强；吾有经义，存空文而不行，故以致弱。然此实治国之大经，为政之公理，不可易矣。①

在《孟子微》一书中，康有为探赜索隐，阐发《孟子》"所谓有故国者，非谓有乔木之谓也"一章时说：

此孟子特明升平授民权、开议院之制，盖今之立宪体，君民共主法也。今英、德、奥、意、日、葡、比、荷、日本皆行之。"左右"者，行政官及元老顾问官也；"诸大夫"，上议院也。一切政法，以下议院为与民共之，以国者，国人公共之物，当与民公任之也。孔子之为《洪范》曰："谋用卿士，谋及庶人"是也；尧之师锡众曰"盘庚之命众至庭"，皆是民权共政之体，孔子创

① 康有为：《请定立宪开国会折》，《康有为政论集》上册，第338页。

立，而孟子述之。[①]

揆诸历史，先秦时期之“国人”虽有参与国政的活动，但毕竟与近代民主大相径庭，甚至与古希腊时代的“市民”也相去甚远。然而，经过康有为创造性转化，西方的民主制度与中国古代的儒家学说相结合，却成为顺应近代时势的思想学说。

关于康有为的援西入儒、托古改制，论者多引康氏所云“布衣改制，事大骇人，故不如与之先王，既不惊人，自可避祸”[②]为据，认为“旧瓶装新酒”，托古是虚，改制是实。笔者赞同康有为托古改制有避祸的目的，也同意其真正意图是为了改制的说法，但要指出，不能忽视康有为重塑新瓶的挚心和信仰儒学的诚意。他曾赞誉孔子说：“凡志士通人，莫不有改制之意。孔子以大圣，损益百王，折其中，以推行于后世，尤为责无可辞，仁不能已。”[③]康有为以当代圣人相期许，此种言论，正是他以孔子为楷模，倡言变法改制，肩负时代道义与重任，实现圣人理想的写照。换言之，康有为认为，他所成就的就是儒家的事业。这一点还可见于百日维新高潮中他所上的《恭谢天恩并陈编纂群书以助变法折》。在此奏折中，康有为坦诚而不可能有隐瞒地向他所信赖的明君光绪皇帝表明了撰写《孔子改制考》的真实用意：

诚以守旧者不欲变法，实为便其私图，而往往陈义甚高，动以孔孟程朱以箝人口，臣考古先圣人莫大于孔子，而系《易》著穷变通久之义，《论语》有夏时殷辂之文，盖损益三伐（代），变通宜民，道主日新，不闻泥古，孔子之所以为圣实在

① 康有为：《孟子微》，第20页。

② 康有为：《孔子改制考》，《康有为全集》（三），第314页。

③ 康有为：《论语注》，第234页。

是。……改者变也，制者法也，盖谓孔子为变法之圣人也。①

这里，康有为表明其目的是以孔子的权威堵守旧者之口的同时，也反映出他对孔学所含改制思想的确信程度。

三、旧经新解

从传统学术的视角看，康有为以西学发明旧学的理路仍相当清晰。我们谨以康有为对仁、礼、智的诠释为例，就此作进一步探讨。仁、礼、智本是儒家经典的核心范畴，康有为以近代价值观为尺度作了大量发挥。

仁 “仁”在康有为构筑的经学殿堂中居于核心位置。康有为有关仁的论说林林总总，内容极其丰富，如在《孔子改制考》中把中国社会落后的原因归于“《春秋》新王行仁之制”未能得以施行，在《大同书》中把仁视为普救众生的法宝。举其要义，至少有以下四点。

第一，仁是宇宙万物的本体。“仁者，在天为生生之理，在人为博爱之德。……仁从二人，人道相偶，有吸引之意，即爱力也，实电力也。人具此爱力，故仁即人也；苟无此爱力，即不得为人矣。”②康有为认为仁与天地万物为一体，即以王阳明“仁者以天地万物为一体”之说为基础，又注入了近代物质观念。③

第二，仁为不忍人之心。“不忍之人之心，仁也，电也，以太也，

---

① 康有为：《恭谢天恩并陈编纂群书以助变法折》，《杰士上书汇录》卷三，清内务府抄本，藏故宫博物院图书馆。

② 康有为：《中庸注》，中华书局 1987 年版，第 208 页。

③ 冯友兰：《中国哲学史》下册，中华书局 1961 年版，第 1018 页。

人人皆有之，故谓人性皆善。既有此不忍人之心，发之于外即为不忍人之政。若使人无此不忍人之心，圣人亦无此种，即无从生一切仁政。故知一切仁政皆从不忍之心生，为万化之海，为一切根，为一切源。一核而成参天之树，一滴而成大海之水。人道之仁爱，人道之文明，人道之进化，至于太平大同，皆从此出。”[①]“不忍人之心”即“恻隐之心”，源于《孟子》。康有为把进化论、大同学融入孟子学说，力图从中寻找到解救现实社会的动力。

第三，仁含有资产阶级人道主义精神。“孔子之道本诸身，人身本有好货、好色、好乐之欲，圣人不禁，但欲其推以同人。盖孔孟之学在仁，故推之而弥广；朱子之学在义，故敛之而愈啬，而民情实不能绝也。”[②]经过康有为改造后，仁成为反对封建理学教条“存理去欲”的人道主义工具。“乾为吾父，坤为吾母，人身特天之分气耳……凡众生繁殖皆吾同气也，必思仁而爱之，使一民一物得其所焉。”[③]仁为博爱，仁为人权平等，仁为自由独立。

第四，仁与三世进化联系密切。康有为以仁道“爱力”大小把孔子之道分为三等：亲亲、仁民、爱物：“乱世亲亲，升平世仁民，太平世爱物”。[④] 这样一来，就把在同一社会中的“爱有差等”改造为“爱无差等”，人类社会成为充满博爱平等的理想社会。

“通于仁者，本末精粗，六通四辟，无之而不可矣。”[⑤]在康有为的思想中，他以传统仁学与西方人道主义为主体构筑起的新仁学，

① 康有为：《孟子微》，第 9 页。

② 康有为：《孟子微》，第 101 页。

③ 康有为：《中庸注》，第 206 页。

④ 康有为：《大同书》，古籍出版社 1956 年版，第 289 页。

⑤ 康有为：《孟子微》，第 5 页。

几乎无所不在，无所不能，中国赖此得以存，大地生民赖此得以生。梁启超对康有为仁学的思想意义有着深刻体察："先生之哲学，博爱派哲学也。先生之论理，以'仁'字为唯一之宗旨，以为世界之所以立，众生之所以生，家国之所以存，礼义之所以起，无一不本于仁，苟无爱力，则乾坤应时而灭矣。……故先生之论政论学，皆发于不忍人之心，人人有不忍之心，则其救国救天下也，欲已而不能自已。"①

礼 "礼"在中国古代不仅位列"六艺"之一，而且与"仁"同为孔孟学说中最为核心的道德范畴。论者每以"仁"论康有为的经学思想，而往往轻视他对"礼"的阐释。前已论及，康有为的改制思想即与其礼制思想有关，接下来，简要从义理方面分析他的礼学思想。

与经世学风相表里，清代学者十分重视研治《礼》经，涌现出一批皇皇巨著，康有为本人也曾说，"国朝礼学最精"。受此风气影响，康有为一直较为重视《礼》的研究。他早年所著《教学通义》，专辟礼学一节，就礼学历史条分缕析，并较为详细地拟定出按《通考》之例编纂《礼案汇编》的计划。他在《新学伪经考》中指出，"自宋、明后，遂废《礼经》，不以试士，天下士人于是无复诵习者。颠倒悖谬，率天下而侮圣黜经，遂千年矣。"②甚而，他以礼学为发明今学的锐利武器："礼制文字之书既出，百数十年今学不昌者，仆不信也。"③终于，在《礼运注》、《孟子微》等著作中康有为对礼学作了不同于前人的诠释。

① 梁启超：《康有为传》，《中国近代史资料丛刊·戊戌变法》(四)，第19页。
② 康有为：《新学伪经考》，《康有为全集》(一)，第647页。
③ 康有为：《与朱一新论学书牍》，《康有为全集》(一)，第1035页。

他说：颜子早殁，而孔子微言大义未能尽传。孟子传《诗》、《书》及《春秋》，荀子传《礼》，各据一端，均非完整意义上的孔学。"《礼》者，防检于外，行于当时，故仅有小康、据乱世之意"，"《春秋》本仁，上本天心，下该人事，故兼据乱、升平、太平三世之义"。孟子虽"传平世大同之仁道，得孔子之本"，却寡言礼。他认为，"本末精粗，平世拨乱，小康大同，皆大道所兼有……皆不可缺，而亦不能相轻也。如东西墙之相反，而相需以成屋也；如水火舟车冰炭之相反，而相资以成用也。"[①]故孟、荀应当并尊，而荀子虽仅得孔子之粗末，也自有其价值。这里，在学术传授谱系上，他把《礼》与荀子相联系，并赋予礼以"乱世"的内涵。

继而，他又发现，《礼记·礼运》包含有完整的圣人之道："读至《礼运》，乃浩然而叹曰：孔子三世之变，大道之真在是矣，大同小康之道，发之明而别之精，古今进化之故，神圣悯世之深在是矣。相时而推施，并行而不悖，时圣之变通尽利在是矣。是书也，孔氏之微言真传，万国之无上宝典，而天下群生之起死神方哉！天爱群生，赖以不泯，列圣呵护，幸以流传。"康有为认为，在此之前的中国社会，无论其治乱兴衰，总总皆小康之世，"凡中国二千年儒先所言，自荀卿、刘歆、朱子之说，所言不别其真伪精粗美恶，总总皆小康之道"。他自认为这一发现非同小可，拨乌云而见天日，找到了由小康登入大同殿堂的阶梯："二千五百年至予小子而鸿宝发见，辟新地以殖人民，揭明月以照修夜，以仁济天下，将纳大地生人于大同之域，令孔子之道大放光明，岂不异哉！"[②]在民国初年康有为

---

① 康有为：《孟子微序》，《康有为政论集》上册，第471～472页。

② 康有为：《礼运注叙》，《康有为政论集》上册，第193页。

所办《不忍》杂志所刊广告中,《礼运注》被描述为继往圣、续绝学、救众生的鸿宝:

> 发明大同之道者,惟《礼运》一篇,若此篇不存,孔道仅有小康,则君臣之义被攻,而孔教几倒,中国礼文皆与孔为缘随之同尽,是中国为墨西哥矣。即废丁祭收祭田,亦可畏矣。今幸《礼运》犹在,大同发见,实稀世之鸿宝,中国之绝学,独一无二之秘传,即其言据乱之礼,亦多大义微言,为群经所不及。前儒蔽于乱世小康之义,疑莫能通,久翳云雾,郁而不发者二千余年。南海先生当地球大通,冠岁而悟大同之理,求之孔子之道,得《礼运》之篇,乃大发明之。自有此注而孔子之道乃显,大教不坠。近人疑孔子为专制,辩护者亦可闭喙矣。更与《春秋》升平、太平之义互证,从此孔子新教布露四海,皆赖此书之发明。天下欲考求孔教者,当必争睹为快也。欧美各国贵创明新义者,新出之书,众最贵重,价极不訾。况兹书所创,发为孔子新教,而保存孔教,即以保中国之文明。全中国书,关系之巨重,未有其比。①

显然,康有为极度夸大了此文的价值。然而,康有为明确把大同小康之道寓于《礼运》之中,应当说是他在经学思想史上的一大贡献。尽管此前像洪秀全等人也曾用这段文献阐发大同理想,但是,康有为所建构的是与三世进化相联系的资产阶级理想社会,不仅在社会发展阶段上更进一步,而且通过《大同书》的系统阐释,影响深远,甚至可以说,直接影响了20世纪中国人对于大同社会的理解。退一步从文献方面考虑,《礼运注》也有其独具的价值。《礼

① 参见康有为:《礼运注叙》附录,《康有为政论集》上册,第194页。

运》虽是一篇古代儒学文献，但长期以来并未受到重视，直到康有为的《礼运注》问世，它才继《中庸》、《大学》之后，从《礼记》中独立出来，从而被单独作为一篇重要经典引起世人关注。

智　中国儒家传统重道德伦理而轻科学认知，“智”一直位居“仁”、“义”、“礼”之后，居于辅从地位。《论语》“仁者安仁，知者利仁”，虽含有重智之意，但仍以仁为中心，智不过是仁道实现的手段之一罢了。康有为所讲的“智”，不再拘于社会伦理，包罗广泛，富有新义。

一是以智为重，仁智并举。康有为认为智的重要性高于义、礼，应当与仁并立，并从三方面论述了重智的必要性。首先，智是人之为人、别于禽兽的标志。《康子内外篇》专辟“仁智”篇，论说智的重要性：“物皆有仁、义、礼，非独人也。……人惟有智……苟使禽兽有智，彼亦能造作宫室、饮食、衣服，饰之以伦常、政事、礼乐、文章，彼亦自有其义理矣。故惟智能生万理。”既然“人道之异于禽兽者，全在智”，智能生万理，那么，仁、义、礼自然也为智所生：

> 惟其智者，故能慈爱以为仁，断制以为义，节文以为礼，诚实以为信。夫约以人而言，有智而后仁、义、礼、信有所呈，而义、礼、信、智以之所为，亦以成其仁，故仁与智所以成终成始者也。……就一人之本然而论之，则智其体，仁其用也，就人人之当然而论之，则仁其体，智其用也。……人道以智为导，以仁为归。故人宜以仁为主，智以辅之。主辅既立，百官自举，义、理与信，自相随而未能已。故义、理、信不能与仁、智比也。

经此解释，康有为就推翻了朱子“仁统四端，兼万善”的旧说，否定了仁对义、礼、信、智的统率地位，突显了智的先行性和重要性。其次，重智代表中国社会的演化方向。康有为说："上古之时，智为重；三代之世，礼为重；秦汉至今，义为重；后此之世，智为重。所重孰是？曰：智为上，礼次之，义为下。何也？曰：仁者爱之，智也，爱之斯安之矣。"[①]再者，重智是当今世界的大势所趋。康有为比较中西社会文化结构后认为，当今世界是列国并立之世，而非一统垂裳之世，西方诸国强大的原因，就在于智学发达，因此，要挽救国家陆沉，就必须改变旧法，以智为重："夫一统之世以静，镇止民心，使少知寡欲而不乱；治竞长之世以动，务使民心发扬，争新竞智，而后百事皆举，故国强。"[②]康有为所讲的智，已不仅仅属于为仁服务的道德范畴，而且具有科学认知、创造发明、社会改造等多种内涵。

二是广开民智。"夫才智之民多则国强，才智之士少则国弱"，"故今日之教，宜先开其智"[③]。开民智是维新思想家们的共识，梁启超、严复等人都曾力加倡导，但表达方式则各具特色。相比较而言，康有为的宣传更注重与儒家文化相结合。孔子认为智分等差，多数民众都是愚昧无知的下等之人："生而知之者，上也；学而知之者，次也；困而学之，又其次也；困而不学，民斯为下矣。"(《论语·季氏》)并且，孔子断然判定下等民众的愚昧世世代代不会改变："唯上智与下愚不移。"(《论语·阳货》)康有为则认为，"其断限之等，以及其大小远近，皆自其识为之，所谓智也。智也者，外积于人世，内浚于人聪，不知其所以然，所谓受于天而不能自已也。学也

① 以上见康有为：《康子内外篇》，《康有为全集》(一)，第190、191、192页。

② 康有为：《请开制度局以统筹大局革旧图新以救时艰折》，《杰士上书汇录》卷二。

③ 康有为：《上清帝第二书》，《康有为政论集》上册，第131页。

者，穷物理之所以然，裁成辅相，人理之当然而已。”[①]与孔子视人的聪明智慧为先天所生不同，康有为强调后天的学而知之，广大普通民众通过学习也可以成为聪睿之士。他在《论语注》中说道：

> 生而知之者，晶光如日，照耀洞然，盖夙根久远，历世不忘者也。学而知者，灼烁如电，光芒相触，盖夙慧亦深，触发如旧者也。困而学之者，然灯为明，亦复能照，盖夙根轻微，资今培养者也。困而不学，如顽石暗钝，绝无夙根，故与学不入，痴愚暗昧，为民中之下者。然生资者天也，好学者人也。好学，则困知与生知成功如一。[②]

他认为学可治愚，这就打破了孔子“唯上智与下愚不移”对人们思想的禁锢。他深信民众通过学习可以成为智者，“合亿万人之脑而智生”，合中国四万万人之脑而智能日益生，积跬步而至千里，中国在竞智中就可强大起来，最终“至于太平大同之世，则人人皆成上智，而无下愚矣”[③]。

三是智学以西学为基础，尤注重物质之学。从1888年前后《万身公法书籍目录提要》、《实理公法全书》及后来的历次上书看，康有为是要以西学为基础建立智学，智学的中心不是文史哲等人文学科，而是农工商财、天文地理、物理化学等格致之学，即中国传统的经世实用之学。如《上清帝第二书》认为，开民智宜先开艺科，“各省、州、县遍开艺学书院。凡天文、地矿、医律、光重、化电、机器、武备、驾驶分立学堂，而测量、图绘、语言、文字皆学之”[④]。在

① 康有为：《康子内外篇》，《康有为全集》(一)，第172页。
② 康有为：《论语注》，第253页。
③ 康有为：《论语注》，第259页。
④ 康有为：《上清帝第二书》，《康有为政论集》上册，第131页。

圣学会缘起中，康有为以“三业学”为智学的主要内容：

> 泰西之富，不在治炮械军兵，而在务士农工商。农工商之业，皆有专书千百种，自小学课本，幼学阶梯，高等学校皆分科致教之，又皆有会，以讲格致新学新器，俾业农工商者考求。……今翻译其书，立学讲求，以开民智。[①]

康有为所讲智学的内容是一以贯之的，即使在变法失败后的20世纪初叶，依然高谈物质救国论、理财救国论。

康有为因何以西方的物质之学来开启民智呢？这与他一贯主张的“中体西用”思想有关。他在戊戌以前就曾说过：“仆以为必有宋学义理之体，而讲西学政艺之用，然后收其用也。”[②]在变法期间，他对于朝廷的中体西用主张积极表示赞同。[③] 戊戌以后，他在《物质救国论》中对此有一段较为详细的解释：中西相较，“中国数千年之文明，实冠大地，然偏重于道德哲学，而于物质最缺然”。他认为，中国长于形而上的道德，“论道德之醇厚，我尚有一日之长，即不易比较，然亦不过互有短长耳”，而短于形而下的物质之学，这是中国落后的根源，因此主张以物质之学开民智：“以中国之地位，为救急之方药，则中国之病弱，非有他也，在不知讲物质之学而已”，“夫工艺兵炮者，物质也，即其政律之周备，及科学中之化光、电重、天文、地理、算数、动植生物，亦不出于力数形气之物质。然

---

① 康有为：《两粤广仁善堂圣学会缘起》，《康有为全集》(二)，第623页。

② 康有为：《与朱一新论学书牍》，《康有为全集》(一)，第1040页。

③ 康有为在《请改八股为策论折》中说：“伏读本月二十三日上谕，令士庶以圣贤义理之学为根本，又博采西学之切于时务者实力讲求，以救空疏迂谬之弊，以成通经济变之才，尚虑风气不开，特加诫谕，煌煌圣言，明并日月，勇过雷霆矣。”见《康有为政论集》上册，第265页。

则吾国人之所以逊于欧人者,但在物质而已"[①]。如果说19世纪末叶康有为把传统的道德范畴与西方物质之学结合起来构建智学,具有儒家特色和时代新义,那么,20世纪初叶,他所宣讲的物质救国论则完全沦为了反对民主革命思想的附庸[②],已无多少积极意义可言。

除仁、礼、智外,诸如被梁启超称为康氏"自身创作"的大同思想,即是糅合西方空想社会主义与传统儒家大同思想的产物;康有为的"心学",也非通常意义上的陆王心学,而是以孟子思想为基础而渗入近代民主思想后的混合品[③]。

从当时的社会发展看,康有为的这一努力如同双刃利剑,无论是对他本人,还是对中国社会的历史进程而言,都带来了正负两种不同的影响。19世纪最后的20年,特别是维新运动时期,康有为以西学中源论为依据,援西学入儒学,化合中西文化所形成的新儒学思想如春风化雨,起到了涤除旧弊、维新气象的效果:借助于孔子及儒学的权威,扩大了社会影响力;以新学代旧学,宣传近代民主,昭蒙启聩,解放了人们的思想;中西交释,有利于缓解传统与近代之间的紧张。不足是,他把异质的西学汇入儒学,存有牵强附会之处,影响了可信度。进入20世纪以后,西学渐成潮流,自由民主

---

① 康有为:《物质救国论》,《康有为政论集》上册,第565～569页。

② 康有为在《物质救国论》中说:"然则今而欲救国乎?专从事于物质足矣。……若舍工艺兵炮,而空谈民主革命、平等自由,则使举国人皆卢梭、福禄特尔、孟德斯鸠,而强敌要挟,一语不遂,铁舰压境,陆军并进,挟其一分时六百响之炮,何以御之!"见《康有为政论集》上册,第569页。

③ 可参见房德邻:《儒学的危机与嬗变》(文津出版社1992年版)、王钧林:《康有为大同思想与孔学》(载《文史哲》1997年第1期)、任军:《康有为大同思想的东方文化色彩》(载《历史研究》1993年第6期)、吴雁南:《"心学"、今文经学与康有为的变法维新》(载《近代史研究》1989年第2期)等。

思想成为权势话语，康有为的新儒学强调保持文化的民族特性，实际上是文化民族主义与文化多元主义在中国的呈现，自具有其个性和意义；但犹抱遗经，尊孔复辟，则老成有余、创新不足，缺乏与时俱进、同潮共涌的胸怀与气魄，最终陷入保守主义的泥潭，成为时代的落伍者。

第十一章　章太炎对宋学、汉学的阐释

章太炎是“有学问的革命家”，不仅对中国革命贡献颇多，而且对儒家经学有深入研究。兹从学术史角度择取三题，述其大意。

一、对宋学的阐释

程朱理学是传统学术的重要派别，也是清代的官方哲学和主流意识形态。从学术史角度考察，清代汉学本与宋学相对应，研究章太炎的理学思想有助于深化对其经学思想的理解。从思想史角度看，程朱理学与封建主义意识形态紧密相关，是章太炎启蒙、革命的对象。鉴于学界已对章太炎与阳明心学的关系有较深入论述①，而对他与程朱理学的关系研究不足，故草成此文。

（一）理学概论

汉学与宋学是清代学术的两大派别，章太炎虽以汉学家现身，但对宋学也有一番认真思考。章太炎对理学的研究涉及范围较广，其中，他对基本理论问题的总体性阐述可归为以下几个方面。

---

①　这一方面的代表性成果有朱维铮：《章太炎与王阳明》、孙万国《也谈章太炎与王阳明》，均收入章念驰编：《章太炎生平与思想研究文选》，浙江人民出版社 1986 年版。

1. 重释理学之名称。自宋以来，"理学"之名有广义、狭义等不同界说，易生分歧。章太炎指出，宋世称道学，其后称理学，至明代"姚江则称心学"，前后所指颇不一致；且"立身之道发乎情，不能一断以理。一国有其礼法，一乡有其风俗，皆因情而立制，不尽合于理也"，因此，"理学之名，不甚妥当"[①]。他认为，以道学、心学代替理学之名也不合适。从源头上说，道学涵义为大。"道学本该心理、修身、伦理三科"，"其后分言理学，最后复分心学"。道学"较二者为合"，后世以理学之名代之，有违史实。[②] 再者，"宋人反对朱晦庵者云：无一实者谓之道学，可见当时不以道学为嘉名"，道学本身就有歧义，以道学代称理学，也不可。[③] 心学之名，始于姚江，虽较理学精确，"然心学末流，昌狂妄行，不顾礼法"[④]，也不可代理学之名。

那么，究竟以什么命名最合适呢？章太炎扬弃殊相，取其共性，找到了自认为最适宜的答案。他分析说："所谓理学，门户纷歧"，不仅有宋、明之别，朱、陆之辨，而且壁垒林立，界限森严，实际上，"学派虽不同，立身之道则同"，都以修己治人为归，都是修己治人之学，命之为"儒学"最为合适。章太炎指出，以"儒学"命名，还有两点好处：一是可以解救日益"浇离""衰落"的"世道人心"，二是可以清除宋明诸家门户之见。从今天的考释可以确知，理学之名始见于南宋，朱熹曾说"理学最难"[⑤]，陆九渊也说"惟本朝理学，远

① 章太炎讲，诸祖耿记：《适宜今日之理学》，《制言》第57期。

② 章太炎：《别录乙·许二魏汤李》，《訄书》重订本，《章太炎全集》(三)，上海人民出版社1983年版，第346页。

③ 章太炎讲，诸祖耿记：《适宜今日之理学》，《制言》第57期。

④ 章太炎讲，诸祖耿记：《适宜今日之理学》，《制言》第57期。

⑤ 黎靖德编：《朱子语类》第4册，中华书局1986年版，第1485页。

过汉唐,始复有师道"[1]。不过,这里的理学是指义理之学,乃相对于考据之学、辞章之学而言。直至明末,黄宗羲《明儒学案》称:"有明文章、事功,皆不及前,独于理学,前代之所不及也。"[2]这才是广义上既包括程朱"理学",又包括陆王"心学"在内的"理学"概念。章氏对"道学"、"心学"、"理学"诸概念的辨别,从词源上看,基本合乎史实,但他抛却理学"谈天论性"的理论特色,统名之为"儒学",则有泛化之嫌。

2. 评价理学的总体趋向。章太炎一生论述理学的文字较多,受其学术思想以及现实需要的影响,大体上说,以《齐物论释》(1911 年)的发表为标志[3],可分为前后两个时期。

在前期,章太炎对理学以贬抑为主。收入《訄书》重订本(约成书于 1903 年)的《清儒》称:儒学"乱于魏晋,及宋明益荡",魏晋、宋明儒学大篡儒学原旨。[4] "乱于魏晋"的观点随即被章氏放弃了,但"及宋明益荡"的看法却保留了很长时间。他在 1910 年的讲演中,不仅把理学家,而且几乎把宋明时期所有的学者都做了批评:宋朝讲琐碎考据的人,"不能见得大体,在六艺里面,不能成就得哪一种";好讲经世的人,大多数"不过长许多浮夸的习气,在历史既没有真见,在当时也没有实用";专求心性的"理学先生,都说服膺

---

① 陆九渊:《与李省幹》,《陆九渊集》,中华书局 1980 年版,第 14 页。

② 黄宗羲:《明儒学案发凡》,《黄宗羲全集》第 7 册,浙江古籍出版社 2005 年版,第 5 页。

③ 章太炎在《自述学术次第》中说:"自此(指作《齐物论释》)亦兼许宋儒,颇以二程为善。"(见《制言》第 25 期)他对理学态度转变的原因,在学术方面主要是受佛学和老庄之学的影响,因理学是儒、释、道结合后的产物,它在义理方面与章氏所好的释、庄有相同相通之处;在现实方面主要是民国初年以后道德风俗衰落,章氏认为理学家所讲的道德修养是补救良药。

④ 章太炎:《清儒》,《訄书》重订本,《章太炎全集》(三),155 页。

儒术，规行矩步，到得说礼，不是胡涂，就是谬妄，也从不见有守礼的事。"到得明朝，"一切学问，都昏天黑地，理学只袭宋儒的唾余。王守仁出来，略略改变些儿，不过是沟中没有蛟龙，鲵鳅来做雄长，连宋朝人的琐碎考据、字学校勘都没有了"[①]。这一说法过于简单化、绝对化，没有多少学术价值，主要是出于现实需要。宋明理学是清代官方哲学，章太炎从汉学立场出发抨击理学，具有破除理学教条、反对封建主义的意义。

在后期，章太炎对理学以肯定为主。他受《齐物论》思想的影响，不再像前期那样斤斤计较理学的短处，而每能发掘理学的长处，对理学的评价日趋增高。他在给吴承仕的书信中说："居贤善俗，仍以儒术为佳。虽心与佛相应，而形式不可更张。明道、象山、慈湖、白沙、阳明所得各有深浅，要皆可用。"[②]《菿汉微言》也对理学采取宽容态度："程、朱、陆、王之俦，盖与王弼、蔡谟、孙绰、李充伯仲。今若窥其内心，通其名相，虽不见全象，而谓其所见之非象，则过矣。"[③]当然，最能体现这一时期章氏理学态度的则是其汉宋调和思想。

3. 调和汉宋的学术旨趣。章太炎调和汉宋的学术特色与曾国藩、张之洞等人不同。曾、张主要是阐发理学的忠、孝、礼、义等纲常名教观念，为清王朝的封建统治服务。章太炎的学术理路则是探察佛学、了彻老庄后从学理上对宋明理学进行理解和会通。这一现象发生于他作《齐物论释》前后，在《检论》、《菿汉微言》等论著中表现得较为明显。他提出的"理"二元论就是一例。章太炎把

① 章太炎：《教育的根本要从自国自心发出来》，《教育今语杂志》第三册。
② 吴承仕藏：《章炳麟论学集》，北京师范大学出版社 1982 年版，第 382 页。
③ 章太炎：《菿汉微言》，1916 年北京铅印本，第 88 页。

“理”分为两种：一为心性玄理，一为隶政物理。按因明学格义，前者是排遣名相，后者系分析名相。二者属于两个世界，故“理”为二元。“心学之与稽古，原不相妨。”①二者相克相生，相斥共容。这一解理方式同宋学家相去甚近，又不同于宋学，故侯外庐说：“他已经超出汉宋门户之见。”②

章太炎调和汉宋的方法，除前已述及的在释名时采取去其别相取其共相、强调汉学与宋学的共性外，再就是借助佛、道为沟通汉宋的媒介。他自称：“余则操‘齐物’以解纷，明‘天倪’以为量，割制大理，莫不孙顺……汉宋争执，焉用调人？”“和以天倪，则妄自破，而纷亦解”，“喻以四民各勤其业，瑕衅何为而不息乎？”③佛、道的“平等”、“齐物”思想在很大程度上促进了章太炎调和汉宋思想的产生，这在中国近代学术史上颇具特色。

4. 阐发佛学、理学之关系。众所周知，宋明理学是儒、释、道三教和合的产物，但自理学产生之日起，理学家们便心是口非，声称佛学为“异端”，佛、老为“妖妄怪诞之教”④，辟佛排老，不遗余力。对此，章太炎不仅提出了严厉批评，而且指出，理学家虽自视甚高，实际上根本未明佛学胜义。“宋儒以排斥佛法为能，其所斥者，除出家、轮回二事，皆禅宗之语而已，非经论有是也”，乃无的放矢；宋儒所论心学，“亦只见及意根，未能知阿赖耶”；至于“二乘利己，大乘度生，菩萨有居士、沙门二类”等知识，他们甚是无知，根本

① 吴承仕藏：《章炳麟论学集》，第 383 页。

② 侯外庐：《近代中国思想学说史》，生活书店 1947 年版，第 843 页。

③ 章太炎：《菿汉微言》，第 88～89 页。

④ 石介：《怪说下》，《徂徕石先生文集》，中华书局 1984 年版，第 63 页。

未通。[①] 宋儒之中，章太炎视程颢、程颐为高，却也不无微意："程氏之学，多本自然，于老庄为近，而非能尽之也，比于佛氏，则间隔多矣。"[②]陆王一派虽较程朱一派贴近佛学，但"证验为多而思想粗率"，虽有远过西人之处，"而于佛法终未到也"[③]。当然，章太炎认为理学也有高出佛学之处："谓理学可废，佛法可以专尊，则又不然。人事纪纲，佛书言之甚略；五戒十善，不如儒书详备多矣。"[④]不少清代汉学家未识佛学，却以理学吸收佛学学理而加以诟病，章太炎则不然。他一生重视佛学，受其影响很大，因此给出了不同于常人的评判，不过，从总体上说，他夸大抬高了佛学。

（二）对二程学说的阐释

理学思想体系奠基于北宋程颢、程颐。二程洛学代表了宋代理学的主流。由于时势的变化，章太炎一改清代汉学家拒斥理学的做法，对二程学说作了较为中肯的诠释。[⑤] 其中，《通程》是他评论二程学说的一篇重要论文，收入民国初年结集的《检论》。该文以汉学家的眼光就程朱理学的源流和内容作了较为独到的阐述，这里主要分析两点。

其一，论二程的理欲关系说。

"存天理，去人欲"是程朱理学的基本命题之一，也是后人批判理学的重要依据。章太炎对二程"存理去欲"说的阐释，与其他启蒙思想

---

① 章太炎：《菿汉微言》，第 16 页。

② 但植之：《菿汉雅言札记》，《制言》第 43 期。

③ 章太炎：《与吴承仕论哲学书》，《华西学报》第 1 期，1933 年出版。

④ 章太炎：《答黄季刚书》，《制言》第 16 期。

⑤ 对此，张恒寿《章太炎对于二程学说的评论》多有详论（收入张恒寿著《中国社会与思想文化》，人民出版社 1989 年版），故不展开。

家明显不同。他首先分析了“天理”“人欲”二词的历史内涵:“程氏所述天理,谓物则自然;其言人欲,则任私之异名。”这里的“物则自然”,是指顺其自然,含有不干涉外物发展规律之意。这里的“人欲”,并非指一切人生欲望,更不包括一切合理的人生欲望,只限于“任私”而言。接着,他评价二程理欲说:“其实韪,其名非。”也就是说,二程主张人应当尊崇“物则自然”、去掉私利贪欲之心,这一道理是正确的;但用“人欲”二字表达私利贪欲,则言不达意,易生混乱。

需要指出的是,“存天理,去人欲”确有严格伦常等级、服务封建统治的一面,这是章太炎没有讲到的问题。不过,章太炎对二程“存理去欲”说的评论自有其价值。戴震控诉宋明理学“以理杀人”有着特定的历史背景,应作具体分析,但反理学派及后来的启蒙思想家却奉之为鄙弃宋明理学的口头禅,把“存天理,去人欲”简单地理解为西方宗教家的禁欲主义,以至于掩盖了这一命题的历史内涵。在近代反封建反理学的大趋势下,章太炎指明“存天理,去人欲”的本义所在,需要一定的学术勇气。

与此相类的一个问题是章太炎对程颐“饿死事小,失节事大”说的评价。“饿死事小,失节事大”一直是人们抨击理学的一个强有力证据。诚然,从近代以来的社会道德规范来说,这一抨击对于破除纲常教条尤其是妇女解放有重要意义。但站在学术立场上看,对程颐的这句话作简单否定有违历史真相。基于这种认识,章太炎对“饿死事小,失节事大”进行了历史的诠释。他说:程氏之说虽然过当,但也是“因缘旧传礼俗而言”,而且程氏“又言男子不当再娶”,“其意盖谓夫妇皆当坚守契约,又未尝偏抑妇人也”。这一评论有益于澄清史实,正确评价程氏学说。对此,贺麟也曾指出:“伊川的错误似乎不在于提出‘饿死事小,失节事大’这一概括的伦理原则，只在于误认妇女当夫死后再嫁为失节。不过伊川个人的话无论如何有力量，亦必不能形成宋以后的风俗礼教。"[①]的确，任何伦理规范或道德准则的形成都是一定历史条件下的产物，程颐此语既是历史的产物，他对后世的影响又是历史选择的结果，不能一言以蔽之。章、贺所见略同。只是，从思想启蒙的角度看，如此解说，有为"饿死事小，失节事大"开脱罪名之嫌。

其二，论程颢的《定性书》。

在讨论修养功夫时，张载曾以书信的形式征问于程颢，表示"定性未能不动，犹累于外物"，程颢因复书作答，后来道学家称程颢的答书为《定性书》。《定性书》讨论的主题是通过何种修养方法来实现人的内心安宁与平静。章太炎认为《定性书》是程颢全部学说的重点，并以书中所云"天地之常，以其心普万物而无心；圣人之常，以其情顺万物而无情。故君子之学，莫若廓然而大公，物来而顺应。……与其非外而是内，不若内外之两忘也。两忘则澄然无事矣"[②]，为贯穿程颢学说的精髓。章太炎对《定性书》的评价较高，称之"旨远而用近"，以为只要依照书中所说"廓然大公，物来顺应"的方法行事，就可以达到"师保万民"、"无为而治"的境地。章太炎从"顺应自然"、超越自我的角度来把握程颢的学说，从而把《定性书》视为程颢最重要的代表作品。这与通常人们更重视《识仁篇》的看法不同。

章太炎还论及了《定性书》的思想渊源，指出程颢近于老庄、兼有佛释，《定性书》的治术实即对老子"圣人无常心，以百姓心为心"

---

① 贺麟：《宋儒的新评价》，《文化与人生》，商务印书馆 1988 年版，第 192 页。

② 参见程颢：《答横渠张子厚先生书》，《二程集》下册，中华书局 1981 年版，第 460～461 页。

的发挥。这一判断是正确的。其实，早在南宋时期，叶适就指责程颢杂糅老、释，而章太炎的不同在于，他把杂糅老、释视为程学的优点所在。

就总体上说，章太炎对二程的评价较其他宋儒为高。他表彰二程“审己求是”；指出为尊君思想推波助澜者中，孙复、欧阳修尤其卖力，且在唐代以前就已形成趋势，而不能仅归于二程、朱熹身上，“尊君卑臣，小忠为教，至程、朱始甚”之说不能成立[①]；称颂二程是“善作述者”，“闽、婺、永嘉、四明之说”“始皆本于程氏”，二程为一代宗师[②]。他甚至称说：“明道（程颢）、白沙（陈献章），知见未精而有萧然自得之趣，为吏则百姓循化，处乡而风俗改善，斯可谓可德者。伊川（程颐）……随入此流，此一辈也”，他们“不言而信，不怒而威，然后真见太平也”[③]。

章太炎对二程学说的评论，基本上摆脱了汉学家的成见，有些论述（如对二程理欲关系的论述）已相当深刻。不足之处是，他忽视了二程学说的不同之处。如在对待佛、老的态度上，大程“出入老释几十年”，不反对读佛、老之书；小程则屏除佛、老，甚至连《庄子》、《列子》都不看。再者，他对二程学说为宗法社会纲常名教张目的一面，认识不够充分。

（三）对朱熹学说的阐释

朱熹是宋代理学集大成者，也是中国历史上最著名的思想家

---

① 章太炎：《学蛊》，《訄书》重订本，《章太炎全集》（三），第147～148页。

② 以上凡未注明出处者皆引自章太炎：《通程》，《检论》卷四，《章太炎全集》（三），第453～457页。

③ 章太炎：《菿汉微言》，第54页。

之一。对于如此重要的人物，章太炎没有展开详细论述。他在前期的《訄书》中，多数情况下是把朱熹与二程相提并论。而在后期的《检论》、《菿汉微言》等著述中，才有意把朱熹与二程区别开来。与对二程学说的评价相比，章太炎对朱熹及其思想学说基本上作了否定。

首先，章太炎不满于朱熹的治经态度和治经方法。在谈及治国学的方法时，朱熹被他列为治经短于小学的代表人物。他指出："宋朱熹一生研究《五经》、《四书》诸书，连寝食都不离，可是纠缠一世，仍弄不明白"，究其原因，"他在小学没有功夫"[①]。章氏对朱熹主观臆测、疑经改字的治学态度尤为不满，曾剖析评论说："朱氏治经，有些地方原有功于经，但是过不能掩功"，现且分别指明：一、《易经》本为十二篇，郑、王合彖辞于经，已非本来面目，朱氏分而出之，是他的功。他取陈抟的《河图》、《洛书》并入《易经》，这是迷信，是大过。可以说是功不掩过。二、"朱文公从文章上，怀疑伪《古文尚书》，开后人考据的端绪，是他的功，他怀疑《书序》……是他的过。这可说是功过相当。"三、"古人作诗托男女以寓君臣……朱文公对于《诗序》解诗指为国事而作，很不满意，他径以为是男妇酬答之诗，这是不可掩的过。"[②]章太炎批评朱熹"习闻新学，性好勇改，故多废先师大义而以己意行之"[③]，从学术角度讲，朱子确实有疑经改字、好为臆说的毛病，章氏的批评是对的。但由于一味强调"信史"，加上受古文家法影响，他对朱熹《书序》研究的评说仅能是一家之言，不能作为持衡之论。

---

① 章太炎讲演，曹聚仁整理：《国学概论》，上海古籍出版社1997年版，第26页。

② 章太炎讲演，曹聚仁整理：《国学概论》，第26～27页。

③ 章太炎：《菿汉微言》，第47页。

其次，对朱熹的"格物致知"等学说提出异议。"格物""致知"最早见于《礼记·大学》，宋代理学家从这两个概念中演衍出一套新儒学的认识论和修养论。朱熹强调并发展了程颐关于"格物"的思想，他解释说："格，至也。物，犹事也。穷至事物之理，欲其极处无不到也。"[①]"致，推极也。知，犹识也。推极吾之知识，欲其所知无不尽也。"[②]在朱熹看来，"格物"是指努力穷索事物之理，而当人们通晓事物之理后，人的知识也就完备彻底了。"致知"只是指主体通过考究物理后在主观上得到的知识所扩充的结果。"致知"作为"格物"的目的和结果，并不是一种与"格物"并行的、以主体自身为对象的认识方法或修养方法。朱熹强调，"致知"只是就认识实践在主体方面获得的知识成果而言，没有即物穷理，主体自身是无法扩充知识的。朱熹思想中不仅有唯理论的先验论，而且包含关于认识过程的经验论。

章太炎从考据和义理双重角度对朱熹学说提出了批评。他指谪朱熹对"格"的考证存有纰漏："朱文公原以'格'可训'来'，'来'可训为'至'，'至'可训为'极'，'极'可训为'穷'，就把'格物'训为'穷物'。可是训'格'为'来'是有理，辗转训'格'为'穷'，就是笑话了。"[③]在义理方面，章太炎采郑玄说，训"格"为"来"，并认为"应说致知而后物格"即"所知于善深则来善物，所知于恶深则来恶物"，[④]强调主观认识的先导作用，据此，他对朱熹的"格物致知"多次提出批评，并认为是由于"朱文公终身对于天理，总没曾体认出

① 朱熹：《大学章句》，《四书章句集注》，中华书局1983年版，第4页。

② 朱熹：《大学章句》，《四书章句集注》，第4页。

③ 章太炎讲演，曹聚仁整理：《国学概论》，第11页。

④ 章太炎：《国学之统宗》，《制言》第54期。

来”所致。[1] 实际上，章太炎反对朱熹的“格物致知”说，并非批判朱说中的先验主义（在这一点上，章、朱二人是相同的），而是唯恐人们去“穷知格物之理”，因推究外物而放弃了修身养性，亲近“物理”而游离了道德。笔者推究，章太炎之所以产生这些思想，主要原因有两点：一是受佛、道唯理论思想影响，过分强调主体的能动性和主观性；二是出于对五四时期新文化思潮的片面认识，即认为科学泛滥致使道德衰落，从而借批判朱熹来批判新思潮。

其三，把当时社会的一些“弊症”归咎于朱熹学说。章太炎借批判朱熹之名对当时现实社会中的一些问题进行鞭挞。在朱熹众说中，以“新民”和“格物致知”说最受章氏指责。章太炎认为，“近人谓‘道德由于科学’与晦庵（即朱熹）穷知事物之理而后能正心诚意者”，没有差别[2]。“昔徽公（即朱熹）以亲民为新民，以格物为穷至事物之理，前则为专己，后则为外骛。诚行其术，则国政败，士行戮”，流风所及，殃及后世。“自李光地以伪儒张朱学，辅其伪主，以天文历数相尚，曼衍以至今，学者浸重物理，而置身心不问……由是本末倒挈，以身为形役，率人类以与鳞介之族比，是则徽公穷至物理之说导其端也。”[3]至于“新民”之害，与此相比毫不逊色。自清末以来，康有为等言新法二十余年，致使“民不称便，而政亦日紊”；自新文化运动起，言新文化新道德者，又“专己自是，以拂民之旧贯……使人淫纵败常而已矣”，凡此种种，无不是“徽公新民之说

---

① 章太炎讲演，曹聚仁整理：《国学概论》，第 39 页。

② 诸祖耿记：《记太炎先生讲〈大学〉大义》，《苏中校刊》第 68 期，1931 年 10 月出版。

③ 章太炎：《王文成公全书后序》，《太炎文录续编》卷二之上，《章太炎全集》（五），上海：上海人民出版社 1983 年版，第 118～119 页。

导其端也"[①]。他认为,朱熹学说没有给后世带来多少积极影响。

梁启超的"新民"说来自《大学》,或许受朱熹影响,但朱熹思想与近代西学思潮兴盛根本风马牛不相及,与近代道德"堕落"更没有任何渊源,章太炎此论完全是为个人政治思想服务,缺乏学理依据。

二、对清代汉学的阐释

有清一代,学术文化异彩纷呈,是中国古代学术发展的最后一次高峰。清末以来,学界为研究清代学术史投入了大量精力,撰写出一批研精覃思的经典巨著,如梁启超的《清代学术概论》、《中国近三百年学术史》,钱穆的《中国近三百年学术史》等。章太炎在清代学术史研究方面虽然没有写出像《中国近三百年学术史》这样的鸿篇巨制,但却有创榛辟莽、开山奠基之功[②],对清代学术史研究多有建树。

章太炎对清代学术的研究涉及多方面多层次,牵及主要学派及其代表人物的学术成就、学术思想、学术特色等。限于篇幅,笔者结合《清儒》、《清代学术之系统》的内在逻辑结构,主要就章太炎的清代汉学研究进行论述。

(一)汉学概论

章太炎虽生于汉学凋落之世,但他本治汉学出身,又能发扬光

---

① 章太炎:《王文成公全书后序》,《太炎文录续编》卷二之上,《章太炎全集》(五),第119页。

② 可参考朱维铮:《求索真文明》及《清代学术概论·导读》。朱维铮指出,章太炎的《清儒》篇,是近代第一篇系统研究清代学术史的论文。

大,“大张其军”[①],故对清代汉学有超出常人的认识。他对清代汉学的总体性把握和评价,深有值得后人借鉴的地方。

到清末,清代汉学已有二百多年的历史,再加上公羊学派的攻击和诬篡,清代汉学的源流并不那么清晰真切。章太炎站在古文经学立场上进行辩诘的同时,从学术史角度做了一些整理工作。

汉学始于何时?“古无汉学之名,汉学之名始于近代。”[②]刘师培的这一判断袭自章太炎。[③] 章太炎指出,所谓汉学,“其成学著系统者,自乾隆朝始”。[④] 章太炎在《訄书·学隐》篇中,把戴(东原)、程(易畴)、江(艮庭)、王(怀祖)、钱(晓徵)、孙(渊如)及臧在兄弟的学问称之为汉学。这一说法不仅影响了刘师培,而且影响了梁启超。梁氏在《清代学术概论》中正是把乾隆朝视为汉学进入全盛期的开端。

汉学为何兴盛于清代?章太炎的解释成一家之言。章太炎站在汉民族的立场上分析说:满人入关以后,纲禁严酷,虞候枷互,学士大夫,身怀智慧,经世之务,既遭时忌,“欲与寇竞”,“执羽龠除暴,终不可得,进退跛疐,能事无所写”,遂施之于训诂,皓首穷经。也就是说,清儒之所以把精力才华导向学术,是因为他们身怀民族气节,不愿意降志于满清。他还以戴震为例,说明民族思想对雍乾时期学者的影响:观戴震遗书,“规摹闳远,执志故可知。当是时,知中夏黤黯不可为,为之无鱼子虮虱之势足以藉手;士皆思偷愒禄

---

① 梁启超:《清代学术概论》,上海古籍出版社 1998 年版,第 95 页。

② 刘师培:《近代汉学变迁论》,《左盦外集》卷九,《刘申叔先生遗书》,江苏古籍出版社 1997 年影印本。

③ 参见朱维铮:《晚清汉学:“排荀”与“尊荀”》,《求索真文明》,上海古籍出版社 1996 年版,第 334 页。

④ 章太炎:《清儒》,《訄书》重订本,《章太炎全集》(三),第 156 页。

仕久矣，则惧夫谐媚为疏附、窃仁义于侯之门者。故教之汉学，绝其恢谲异谋，使废则中权，出则朝隐。”①

章太炎除把汉学的兴起归因于清儒主观方面的种族观念、民族气节外，还就客观原因作了分析。他指出：“遭世则然也”②，清朝统治者推行的文化专制主义——文字狱，对清代汉学学风的形成产生了重大影响——“多忌，故歌诗文史楛；愚民，故经世先王之志衰。家有智慧，大凑于说经，亦以纾死，而其术近工眇踔善矣！”③这些观点发表于20世纪初叶，带有民族革命锋芒和种族主义情绪，有失于偏颇之处。但其结合当时清朝的统治政策，从大的社会环境和政治环境着手分析问题，认为文化专制和种族矛盾是汉学的重要成因，这一思想观点却广为接受，几乎成为此后研治清代学术思想史的圭臬。④

论及清代汉学的学术特征，近代学者曾从多种视角进行探讨。其中，章太炎对清代汉学学术特征的总结较为贴切，为后代学者所重视。

一是具有近代科学的实证色彩。章太炎认为，汉学没有“六经注我”的主观随意性，有的是实事求是的客观精神。清儒“以狱法治经”的方法，最根本的一点就是“拿证据来”，重视实证。他把清儒治学的实证主义特色提炼概括为六个方面：“审名实，一也；重佐证，二也；戒妄牵，三也；守凡例，四也；断情感，五也；汰华辞，六

---

① 章太炎：《学隐》，《訄书》初刻本，《章太炎全集》（三），第111页。

② 章太炎：《学隐》，《訄书》初刻本，《章太炎全集》（三），第111页。

③ 章太炎：《清儒》，《訄书》重订本，《章太炎全集》（三），第155页。

④ 论清学成因，卓有影响者还有两说，兹录于此，以供参考。其一以梁启超、胡适为代表，他们认为，清季诸儒，以征实读书，斥空疏不学；以求真求是，反理学末流，而以饶富科学精神，比况西方文艺复兴。其二，以余英时为代表，他据思想发展之内在理路以论清代学术，视清代学术为儒学变迁中重智主义之勃兴。

也。”[①]他认为，以这六个方面为法，可以衡定经师高下，汉学纯杂。章太炎对汉学的实证学风十分推崇，声称：“近世三百年来，学风与宋明绝异。汉学考证，则科学之先驱……盖其语必征实，说必尽理，性质相同耳。”[②]

二是踏实躬行、不应世尚的求实精神。在《学隐》篇中，章太炎从汉学研究所体现出的研究者的主体精神和学术品行切入，把汉学优点概括为三：“明征定保，远于欺诈；先难后得，远于徼幸；习劳思善，远于偷惰。”[③]

三是“夷六艺于古史”的理性精神。与公羊学相比，汉学“明故训，甄度制，使三礼辨佚，群经文曲得大通”，功绩卓越。追考其因，就是由于清儒承纳了东汉经师的理性主义精神。他在论述清儒对经学史的贡献时曾道及此：“杜、贾、马、郑之伦作，即知‘抟国不在敦古’，博其别记，稽其法度，核其名实，论其社会以观世，而‘六艺’复返于史。神话之病，不渍于今，其源流清浊之所处，风化芳臭气泽之所及，则昭然察矣。乱于魏晋，及宋明益荡。继汉有作，而次清儒。”[④]清儒承继汉儒夷六艺为史、去神话之病的理性主义精神。“不以经术明治乱，故短于风议；不以阴阳断人事，故长于求是。”[⑤]这是清儒与东汉之儒共同长于“西京之儒”的地方。进而，清儒把这一精神发扬光大——“清儒研精故训，上陵季汉，必非贾、孔所能并。其说《三礼》，虽本之郑氏，然亦左右采获，上窥周逸，旁摭汉师

---

① 章太炎：《说林下》，《太炎文录初编》卷一，《章太炎全集》(三)，第119页。

② 章太炎：《自述学术次第》，《制言》第25期。

③ 章太炎：《学隐》，《检论》卷四，《章太炎全集》(三)，第481页。

④ 章太炎：《清儒》，《訄书》重订本，《章太炎全集》(三)，第155页。

⑤ 章太炎：《清儒》，《訄书》重订本，《章太炎全集》(三)，第158页。

遗说，不局于郑氏而止。”①

四是极具民族主义色彩。在章太炎看来，汉学既然渊源于民族主义，其内涵以民族主义为特色自是题中应有之义。《说林》虽指责陈启源、朱鹤龄、臧琳之徒为学浅薄，但是又说，“然未尝北面事胡人”，含有褒奖之意。文中对江声、余萧客、陈奂等人不仕满洲也充满赞扬之情。当然，较典型的事例是后面将论及的他对王夫之、戴震著作的分析。

有得必有失，汉学之失何在？章太炎回答说：“余谓清儒之失，在牵于汉学名义，而忘魏晋干蛊之功。”②章氏此论，切中肯綮。的确，清儒治学有惟汉是从的毛病，他们认为“凡古必真，凡汉皆好”，“不问‘真不真’，惟问‘汉不汉’”，③从而造成“家家许、郑，人人贾、马”的学术局面。过犹不及，不分青红皂白，不辨精华糟粕，过度地崇信汉代之学，也就必然窒息学术的生命力和创造力。章太炎本于“文有古今，学无汉晋”的实事求是态度，得出“清世经说所以未大就者，以牵于汉学之名，蔑魏晋使不得齿列”④。这一结论，虽有抬高魏晋学术之嫌，但他能认识到汉代经学之短，不避清儒瑕疵，不囿门户成见，值得肯定。

（二）“衡三老”

无论是梳理清代学术史，还是探究明亡清兴的奥秘，开一代学术风尚、蔚成时代思潮的顾炎武、黄宗羲、王夫之、阎若璩、胡渭等

① 章太炎：《汉学论下》，《太炎文录续编》卷一，《章太炎全集》（五），第23页。
② 章太炎：《汉学论下》，《太炎文录续编》卷一，《章太炎全集》（五），第21页。
③ 梁启超：《清代学术概论》，第31～33页。
④ 章太炎：《汉学论下》，《太炎文录续编》卷一，《章太炎全集》（五），第23页。

文化巨匠引人注目。与梁启超、钱穆等国学大师识见相同，章太炎不仅把清代汉学的发轫期定在了清初，而且十分看重顾、黄、王三位大儒。

顾炎武以“行奇学博，负海内重望”，于一代学术留下了久远的影响，章太炎对他给予很高评价。

首先，章太炎推重顾炎武的民族气节。顾炎武一生，始终以“国家治乱之源，生民根本之计”为怀[①]。他早年经武抗清，中年图谋光复，暮年独居北国依旧情系汉族大业，“虽著书，不忘兵革之事。其志不就，则推迹百王之制，以待后圣，其才高矣！”[②]章太炎认为，顾炎武“入清不仕，布衣终身，信可为百世师表”[③]。顾炎武灭清复明的民族意识受到章太炎推崇。

其次，章太炎积极肯定顾炎武学风。顾炎武学风，概言之，就是“崇实致用”。所谓崇实，就是摒弃“明心见性之空言”，代之以“修己治人之实学”，“鄙俗学而求《六经》”，“以务本原之学”。所谓致用，就是不惟学以修身，而且更要以之经世济民、经邦治国。顾氏一生讲求“崇实”与“致用”的统一，用他自己的话说，就是坚持“博学于文”、“行己有耻”的“圣人之道”。[④] “博学于文”、“行己有耻”分别见于《论语·颜渊篇》和《子路篇》。顾炎武针对明季空疏虚骛、游谈无根的学风，创造性地把“博学于文”、“行己有耻”合为一体，从而为开启清初经世致用之风做出了积极贡献。章太炎对此有准确的把握。他说：“阳明末流，一味猖狂，故清初学者皆不愿

① 顾炎武：《与黄太冲书》，《顾亭林诗文选》，中华书局1959年版，第238页。

② 章太炎：《衡三老》，《民报》第9号。

③ 章太炎：《国学讲演录》，华东师范大学出版社1995年版，第190页。

④ 参见陈祖武：《清初学术思辨录》，中国社会科学出版社1992年版，第71页。

以王派自居。顾亭林首以明心见性为诟病。亭林之学，与宋儒永嘉派不甚同，论其大旨，亦以修己治人为归。”[①]章氏晚年苏州讲学，以顾氏“博学于文、行己有耻”为宗旨，称赞顾氏“学问博大，儒而兼侠，一切均务平实”[②]。

第三，确立顾炎武在清代汉学史上的宗师地位。章太炎抽绎清代汉学历史，以乾隆朝为正式开端；但汉学滥觞，却归于清初。他说：“清代经师有汉学与非汉学之分。清代经学前驱亦为顾炎武。”[③]顾炎武“研治经史最深，又讲音韵、地理之学”，其《音学五书》、《日知录》开启清代汉学的户牖[④]，拓宽了学术研究的门庭路径。同时，章太炎还指出，顾炎武有承前启后之功，“彼时汉学尚未成立，顾氏犹时采宋人之说”[⑤]。这一说法的见地，可拿梁启超、皮锡瑞之说来验证。梁启超《清代学术概论》说：启蒙运动之代表人物，则顾炎武、胡渭、阎若璩也；“其思想中，留宋人之痕迹亦不少”[⑥]。皮锡瑞《经学历史》说：“国初，汉学方萌芽，皆以宋学为根柢，不分门户，各取所长，是为汉宋兼采之学。”[⑦]

当然，章太炎对顾炎武也有微词。如他在《五朝学》中对顾氏提出批评。顾炎武从地主阶级的立场出发，对五朝用人“任世贵”、“矜流品”的做法表示赞赏。章太炎则站在资产阶级革命派的立场，对他这位崇拜者进行指责：“顾炎武粗识五朝遗绪，以矜流品为

---

① 章太炎：《国学讲演录》，第190页。

② 章太炎讲，金震录：《讲学大旨与孝经要义》，《国学论衡》第2期，1933年12月出版。

③ 章太炎：《清代学术之系统》，《师大月刊》第10期，1934年3月出版。

④ 章太炎：《国学讲演录》，第190～191页。

⑤ 章太炎：《清代学术之系统》，《师大月刊》第10期，1934年3月出版。

⑥ 梁启超：《清代学术概论》，第4页。

⑦ 皮锡瑞：《经学复兴时代》，《经学历史》，中华书局1959年版，第341页。

善，即又过差。……矜慎流品，乃使人道大觳。顾氏反以为善，真倒见矣！"[①]不以瑜避瑕，这正表现了章太炎实事求是的为学原则。

黄宗羲在近代的评价与章太炎直接相关。维新运动初期，黄宗羲以王学后劲之名而与王阳明同样受到章太炎尊崇："有师文成之学，而丁时不淑，功不得成。知君相之道犹守令与丞簿，不敢效便嬖臧获之殉身其主，于是比迹箕子，以阐大同。斯虽不足以存明社，而能使导于明者，亦不能久存其社。乌乎伟欤！吾未见圣智摹虑如黄太冲者也。"[②]这不仅透露出章太炎反清的志向，而且表露出章太炎对《明夷待访录》的重视。

1900 年，章太炎初次结集而成的《訄书》所录《冥契》一文，首次高度肯定黄宗羲及其《明夷待访录》反对专制主义的意义。《明夷待访录》提出"天子之所是未必是，天子之所非未必非"[③]，"为天下之大害者，君而已矣"[④]，反对人君的专擅独裁，否定君主的至尊地位。章氏以此与晚近五洲诸大国"或立民主，或崇宪政。则一人之尊，日以骞损，而境内日治"相验证后，惊叹道："黄氏发之于二百年之前，而征信于二百年之后，圣夫！"[⑤]这是近代首次从现代性视野来审视黄氏学说反对封建专制主义的历史意义。在章太炎的影响下，马叙伦、黄节、邓实、刘师培等国粹派代表人物也纷纷撰文鼓吹响应。

正当黄宗羲受推崇之时，思想界出现了低调的评论。如，1907

---

① 章太炎：《五朝学》，《太炎文录初编》卷一，《章太炎全集》(四)，第 77 页。

② 章太炎：《光浙会序》，《章太炎选集》，上海人民出版社 1981 年版，第 13 页。

③ 黄宗羲：《明夷待访录・置相》，《黄宗羲全集》第 1 册，浙江古籍出版社 2005 年版，第 10 页。

④ 黄宗羲：《明夷待访录・原君》，《黄宗羲全集》第 1 册，第 3 页。

⑤ 章太炎：《冥契》，《訄书》初刻本，《章太炎全集》(三)，第 29 页。

年《国粹学报》就只称许黄宗羲是浙东史学开创者，而不再道及他的思想贡献。追究低调的始作俑者，又是章太炎。章氏于1906年、1910年在《民报》、《学林》上先后发表《衡三老》和《非黄》二文，集中抨击黄宗羲及其学说。

《衡三老》从民族主义立场出发，衡量顾、黄、王三位晚明遗老在清初的节操，认为三人之中以黄宗羲为最下，“黄太冲以明夷待访为名，陈义虽高，将俟虏之下问”[①]。再者，康熙年间开特科，修《明史》，他虽执意不出，但却派弟子万斯同、儿子黄百家应聘。这无论在章太炎看来，还是按照传统的名节观念、夷夏之辨，与顾、王相比，黄宗羲的气节都要大打折扣。

《非黄》，顾名思义，就是要否定黄宗羲的思想学说。此文开篇即指出：“黄宗羲学术计会，出顾炎武下远甚；守节不孙，以言亢宗，又弗如王夫之。”而他之所以能够与顾、王比肩齐眉，则由于《明儒学案》陶诞而哗，哗众取宠；《明夷待访录》“靡辩才甚，虽不时用，犹足以偃却世人”。全文重点针对《明夷待访录》提出的“有治法无治人”的法治主张展开批评，一一批驳了黄氏《原法》、《学校》、《置相》等篇中的“议法”言论，指斥它们既背离荀况、韩非以来法家的优良传统，又悖于西方的政治学说：“宗羲之言，远西之术，号为任法，适以人智乱其步骤，其足以欺愚人，而不足称于名家之前，明矣！”[②]

综观章太炎对黄宗羲的评议，先尊后抑，变化较大。究其原因，政治需要超过了学术追求。当时，康有为、梁启超尊黄，以黄氏学说为宣传改良主义的锐利武器。[③] 章氏反对保皇立宪改良，反

---

① 章太炎：《衡三老》，《民报》第9号。

② 章太炎：《非黄》，《太炎文录初编》卷一，《章太炎全集》（四），第124～129页。

③ 梁启超：《中国近三百年学术史》，东方出版社1996年版，第56页。

对康、梁，进而迁及黄宗羲，反黄成为其民族革命斗争的手段，这就是个中缘由。由此可以看出章氏对黄宗羲评价的重心所在，也反映出章太炎评价人物任凭主观、不实事求是的一面。

王夫之生当明清鼎革，入清以后，隐舍不出，潜心著述，罕为时人所知。直至道光中，王夫之遗著始辑为《船山遗书》初次刊行。后得谭嗣同、章太炎、梁启超等人广为宣传，才为学界重视，与顾、黄二氏齐名，鼎足而三。

章太炎对王夫之的研究主要侧重于“历史民族”思想。“严夷夏之防”，这是儒家思想的重要组成部分，由于清初特殊的历史环境，使这一思想在王夫之的观念意识中更为根深蒂固。王夫之的《黄书》、《读通鉴论》等代表作，都深深刻上了传统夷夏观的印痕。章太炎对王夫之的“种族之义”最为推崇，曾称赞说：“季明之遗老，惟王而农为最清。”[①]他在论述中夏历史民族形成时又称引道：“善夫，王夫之曰：‘圣人先号万姓，而示以独贵。保其所贵，匡其终乱，施于孙子，须于后圣：可禅、可继、可革，而不可使异类间之。’不其然乎！”[②]因缘际会，相似的历史条件，近似的思想状况，革命排满的政治需要，使章太炎把王夫之捧上了“民族主义之师”的位置；王氏著述中“尊汉族而拒羯夷”的思想主旨，被章氏拿来作为宣传革命思想的理论武器。[③]

（三）吴派与皖派

乾嘉时期，清代学风大变，由清初的经世致用思潮，转向考经

---

① 章太炎：《衡三老》，《民报》第9号。

② 章太炎：《序种姓上》，《訄书》重订本，《章太炎全集》（三），第172页。

③ 章太炎：《王夫之从祀与杨度参机要》，《民报》第22号。

研史的实证学风，汉学成为正宗，一时聪明才智之士，咸趋此途。前有惠栋标汉学大帜于吴，后有戴震集大成于皖。吴派、皖派遂由二氏籍贯得名。然而考“吴派”、“皖派”名称之由来，却不始于乾嘉，而始于清末。其发明权恰恰属于章太炎。

章太炎20世纪初所撰《清儒》论道：汉学“成学著系统者，自乾隆朝始。一自吴，一自皖南。吴始惠栋，其学好博而尊闻。皖南始戴震，综形名，任裁断。”[①]这是“吴派”、“皖派”说的滥觞。此后章氏多次把吴、皖之学作对照论述。1934年他在北平师大的讲演中又提出：乾嘉汉学南方有两派，“一在苏州，成汉学家；一在徽州，则由宋学而兼汉学。在苏州者为惠周惕、惠士奇、惠栋。……在徽州者为江永……又有戴震”。[②] 前后说法虽有不同，但却都是以吴、皖地域冠名。

吴、皖既然以学派相称，自有相对独立的学术风格、治学宗旨、学术群体。对此，章太炎归纳如下：“吴派之起，盖以宋学既不足尚，而力攻宋学，如毛奇龄等，其谬戾反甚焉。故纯取汉学不敢出入，所以廓清芜障也。”[③]汉学是对宋学的反动，这不仅说中了汉学兴起的原因，而且道出了吴派惟汉是从的缘由。论及学术风格，吴派以惠栋立帜最明，其为学“好博”、“尊闻”、“温故”，“故其徒敦守旧贯，多不仕进”[④]，吴派特征是“陈义尔雅，渊乎古训”[⑤]，“笃信好古”[⑥]。吴派以惠栋为中心，传授有序，“先栋时有何焯、陈景云、沈

---

① 章太炎：《清儒》，《訄书》重订本，《章太炎全集》(三)，第156页。

② 章太炎：《清代学术之系统》，《师大月刊》第10期，1934年3月出版。

③ 章太炎批注，见支伟成：《清代朴学大师列传》，岳麓书社1986年版，第49页。

④ 吴承仕藏：《章炳麟论学集》，第347页。

⑤ 章太炎：《清儒》，《訄书》重订本，《章太炎全集》(三)，第156页。

⑥ 章太炎讲：《清代学术之系统》，《师大月刊》第10期。

德潜，皆尚洽通，杂治经史文辞”[①]。栋之父士奇《礼记》已近汉学，至栋则纯为汉学，凡属汉人语尽采之，非汉人语则尽不采[②]，所撰《九经古义》、《周易述》、《明堂大道录》、《古文尚书考》、《左传补注》，识断精眇，不惑谀闻。栋弟子有江声、余萧客。声为《尚书集注音疏》，萧客为《古经解钩沉》，“大共笃于尊信，缀次古义，鲜下己见”。王鸣盛亦被其风，作《尚书后案》，“亦守古，主郑玄之说，一字不敢出入”。此外，他对钱大昕的学派归属，有不同于常人之见。江藩《汉学师承记》把钱大昕划入惠栋一派，后人多宗此说，章氏则以为：钱大昕虽“与惠栋亦有关系，然非师弟”，钱氏考经证史均甚精赅，音韵发明双声，不泥古，颇多自得，与惠栋不同，不应列入吴派。[③]

章太炎与皖派渊源更深，故知之更切。论皖学师承，自然以戴震为中心。“震生休宁，受学婺源江永。”[④]江永“由朱熹之学入门，有《近思录集注》，本非汉学，惟讲《周礼》甚好，且较惠氏尚过之，故世亦称之为汉，然江氏本人则不自认为汉学也”[⑤]。“江氏之学由性理以通训诂”，尊崇程朱，戴震反其师之道而行之，“由训诂以究性理”，[⑥]把清代汉学推向峰巅。章氏出身汉学而不讳言宋学渊源，此亦可见他言出征实。震“乡里同学，有金榜、程瑶田，后有凌廷堪、三胡。三胡者，匡衷、承珙、培翚也，皆善治《礼》。而瑶田兼

---

① 章太炎：《清儒》，《訄书》重订本，《章太炎全集》(三)，第156页。

② 章太炎讲：《清代学术之系统》，《师大月刊》第10期。

③ 章太炎讲：《清代学术之系统》，《师大月刊》第10期。又见支伟成：《清代朴学大师列传》，岳麓书社1986年版，第49～50页批注。

④ 章太炎：《清儒》，《訄书》重订本，《章太炎全集》(三)，第156页。

⑤ 章太炎讲：《清代学术之系统》，《师大月刊》第10期。

⑥ 李慈铭：《戴氏遗书》序，《越缦堂读书记》八。

通水一、声律、工艺、谷食之学。震又教于京师。任大椿、卢文弨、孔广森,皆从问业。弟子最知名者,金坛段玉裁,高邮王念孙。玉裁为《六书音韵表》以解《说文》,《说文》明。念孙疏《广雅》,以经传诸子转相证明,诸古书文义诘诎者皆理解。授子引之,为《经传释词》,明三古辞气,汉儒所不能理绎。其小学训诂,自魏以来,未尝有也。近世德清俞樾、瑞安孙诒让,皆承念孙之学。樾为《古书疑义举例》,辨古人称名牴牾者,各从条例,使人无所疑眩,尤微至。世多以段、王、俞、孙为经儒,卒最精者乃在小学,往往近名家者流,非汉世《凡将》、《急就》之侪也"[1]。章氏考镜皖学源流如数家珍,条理毕贯。

章太炎揭橥乾嘉学派的"吴"、"皖"分野后,梁启超大张其说,在《清代学术概论》和《中国近三百年学术史》中反复申述,自此,"吴学"、"皖学"分称,几乎已成定论,其影响至今犹在。

(四)"释戴"

讨论章太炎对清代学术史的贡献,不可不提及他的戴震研究。戴震不仅在考据学方面成就卓越,而且思想缜密深邃,独树一帜。在清中叶,戴氏主要以朴学考据名世,义理之学仅为章学诚、焦循等少数人注意[2]。晚清学者黄式三虽著有《申戴》三篇,但未能深入,对戴震的义理之学仅停留在泛泛浅谈的水平上。近代以还,戴

---

① 章太炎:《清儒》,《訄书》重订本,《章太炎全集》(三),第156～157页。

② 章学诚自称"真知戴震"第一人,此言不虚。可参考余英时:《论戴震与章学诚》,龙门书店1976年版。章学诚《文史通义》称:"时人方贵博雅考订,见其训诂名物,有合时好,以为戴这绝诣在此。及戴著《论性》、《原善》诸篇,于天人理气,实有发前人所未发者。时人则谓空说义理,可以无作。是固不知戴学者矣。"见《文史通义校注》,中华书局1985年版,第275页。

学昌盛，梁启超、胡适之等皆力为表彰，然而，究其起始，全面评价戴震特别是戴震义理之学者则首推清末章太炎。章太炎不仅其本人的儒学思想深受戴震濡染，而且其论述戴氏的文字也不在少数，代表作品有《清儒》、《释戴》、《悲先戴》、《思乡原》等。举其论点荦荦大者，有以下几条。

其一，戴震学说形成的原因。章太炎论清儒特别推重戴震，"铨次诸儒学术所原，不过惠、戴二宗"[①]。从理论的系统性、当时的影响及后世的评价看，自以戴学为长，他在给吴承仕的信中所说："学问之事，终以贵乡先正东原先生为圭臬耳。"[②]由尊慕而探其原始，章太炎不仅拿种族革命的观点来说明戴震考据之学产生的原因，认为考据之学是清朝文字狱淫威下学者逃避现实而为"朝隐"、"学隐"的产物，而且把戴氏义理之学的形成亦归因于此："戴氏知新，而隐有所痛于时政，则《孟子字义疏证》所为作也。"[③]不过，前者是一种消极避让，后者是一种积极的抗争。

戴震的《原善》、《绪言》、《孟子字义疏证》等哲理著作，虽然前有王夫之、黄宗羲、颜元、李塨等人的思想学说作为借鉴，但在当时的历史条件下，自有其独特的思想品格和现实意义。论者评骘戴震的义理之学，每以戴氏"欲谈性道以立异于程朱"为其著述的起因[④]。实则局于学术方面。章太炎结合当时的社会政治背景作了分析：戴氏"生当雍正、乾隆之交，见其诏令谪人，辄介程朱绪言以骫法，民将无所厝手足，故为《原善》、《孟子字义疏证》，斥理欲异实

① 吴承仕藏：《章炳麟论学集》，第347页。

② 吴承仕藏：《章炳麟论学集》，第349页。

③ 吴承仕藏：《章炳麟论学集》，第347页。

④ 翁方纲：《理说驳戴震作》，《复初斋文集》卷七，光绪丁丑年刻本。

之谬。……其所诃固在此不在彼也。”[①]章氏发其隐伏，可备一说。

其二，评戴氏理欲关系论。“理欲之辨”是宋明理学的一大论题。理学家坚持“不出于理则出于欲，不出于欲则出于理”的观点，认为“理”“欲”水火不容[②]，目的是为“存天理，去人欲”的道德说教制造理论根据。戴震则主理欲一元论，以为欲乃人生所本有，理欲统一，天理即在人欲之中：“凡有血气心知，于是乎有欲”[③]；“欲也者，性之事者也”[④]；“欲，其物；理，其责也”，“理者，存乎欲者也”[⑤]；“古之言理也，就人之情欲求之，使之无疵之为理；今之言理也，离人情欲求之，使之忍而不顾之为理。此理欲之辨，适足以穷天下之人尽转移为欺伪之人，为祸何可胜言也哉！”[⑥]戴震的理欲关系论，建立在尊重人性、承认人欲合理性基础上，具有一定进步意义。

以往论者，于宋儒、戴震之见，往往厚此薄彼。章太炎虽赞同戴震哲学的战斗精神，但却能不为所囿。他指出：程朱、东原所言理欲，其范畴大小，本不相侔，内涵外延，亦非尽同。宋儒之“欲”，乃人心私己本能之物欲；戴氏之“欲”，乃人生正当然之愿欲。宋儒之“理”，存于主观吾心之内，用以自省自察，出而应物，本于良知良能者也；戴氏之“理”，存在于客观之事事物物，用以分析考察，究其精微，本于得当无憾者也。总之，两家之说，分域不同，一以“饬己”、“劝行”，一以“长民”、“隶政”，戴东原氏“言欲不可绝，欲当即

---

① 章太炎：《菿汉微言》，第56～57页。

② 如朱熹云：“人之一心，天理存，则人欲亡；人欲胜，则天理灭，未有天理人欲夹杂者。”见《力行》，《朱子语类》卷十三，中华书局1986年版，第224页。

③ 戴震：《原善》，《戴震全集》(一)，清华大学出版社1997年版，第12页。

④ 戴震：《原善》，《戴震全集》(一)，第11页。

⑤ 戴震：《孟子字义疏证》，《戴震全集》(一)，第159页。

⑥ 戴震：《孟子字义疏证》，《戴震全集》(一)，第209～210页。

为理者，斯固隶政之言，非饬身之典矣。辞有枝叶，乃往往轶出域外，以诋洛、闽。……洛、闽所言，本以饬身，不以隶政，震所诃又非也。”[①]章太炎认为，“其排斥宋儒以理为如有一物者，得之；乃自谓理在事物，则失之甚远也。”[②]章太炎虽看出了宋儒与戴震学说的根本不同，却又陷入简单化之中，没有充分认识到宋儒理欲关系论与纲常名教的内在联系。

其三，戴震与孟、荀人性论的关系。探究儒家的人性论，不能不推本孟、荀。孟子道性善，宏论博辩，成为宋以后儒家人性论的正统。荀子讲性恶，为宋以后儒家所摒弃。戴震义理之学主旨在于辨理欲，而理欲之辨的理论基础是人性论。因此，戴震论述理欲关系，上溯人性论，不可不追及孟、荀。戴氏所著义理三书无不“资名于《孟子》”——《孟子字义疏证》为阐述《孟子》义理而作，《原善》论性命之理，《绪言》论人禽之辨。戴震义理之学源于《孟子》，学界少有异议。章太炎对此则提出了不同看法，认为戴氏义理之学与荀子渊源更深。

荀子主张“人之性恶”，认为人性之欲，为先天本真而不能无者，惟有隆礼明分、化性起伪、导之于正，乃可臻于至善。《荀子·正名》篇说：“性者，天之就也；情者，性之质也；欲者，情之应也。”人虽能以理却欲，“欲不可尽”，理欲皆存于人心之中，理欲一元。因此，人性虽恶，但仍可以化性起伪，去恶向善，也就是说，人心之中，仍有可善之理存在。孟子“道性善”，认为生民之初，“人皆有不忍人之心”，也就是人固有“仁义礼智”四端，只要能“扩而充之”，则

① 章太炎：《释戴》，《太炎文录初编》卷一，《章太炎全集》(四)，第122～123页。

② 章太炎：《蓟汉昌言》，民国年间北京铅印本，第13页。

“人皆可以为尧舜”，成圣王。但由于后天蔽于物欲，“陷溺其心”，为恶所濡染，因此必须去恶。去恶之法，莫要于扩充四端，以心宰物，以理制欲，也就是说天理与物欲对立，理欲二元。结合前面所述戴震的理欲关系论可知，无论是就理欲一元论而言，还是从理、欲本体上讲，戴震理欲论与荀子更为接近。正是由此，章太炎得出结论说：戴震“以欲当为理者，莫察于孙卿”，“极震所议，于孙卿若合符。”[①]这一点，虽在乾嘉之际程瑶田已经指出，但毕竟没有章氏论述详实、影响深远。

其四，戴震与汉学、宋学的关系。章太炎早期所撰《清儒》一文，对戴震在汉学学术史上的地位评价较高：自戴震出，局面为之一变，“震始入四库馆，诸儒皆震竦之，愿敛衽为弟子。……震为《孟子字义疏证》，以明材性，学者自是薄程朱。”[②]在戴震之前，虽然已有吴派与宋学分庭抗礼，但无力排挤宋学。只有等到戴震出，才易转汉、宋乾坤，汉学取代宋学，走上鼎盛。

民国以后，章太炎的学术思想走向汉宋调和，戴震一度被他看作是汉宋兼采的代表——江（永）、戴（震）师生学兼汉宋[③]，徽州之学“由宋学而兼汉学”[④]，甚至被归入宋学家阵营，“戴震，则实为宋学家，非汉学家也”[⑤]。

为调和汉宋，在《菿汉微言》中，章太炎竭其所能把戴震打扮成朱熹的传人。一是称戴震“斥理欲异实之谬”远本于老、荀，“近本罗

---

① 章太炎：《释戴》，《太炎文录初编》卷一，《章太炎全集》（四），第 123～124 页。

② 章太炎：《清儒》第十二，《訄书》重订本，《章太炎全集》（三），第 157 页。

③ 章太炎：《章太炎先生论订书》，见支伟成：《清代朴学大师列传》，第 5 页。

④ 章太炎讲：《清代学术之系统》，《师大月刊》第 10 期，1934 年 3 月出版。

⑤ 章太炎讲：《清代学术之系统》，《师大月刊》第 10 期。

氏”,“罗整庵始言天理即在人欲之中,气质之性即义理之性”。罗氏即罗钦顺,号整庵,因承朱学而力攻王阳明,被视为朱学骍角。章太炎以之为沟通朱、戴的中介。实际上,罗氏主理气一元,与朱熹的理气二元论并不相同。二是说戴震“补正毛郑诗,颇采朱子集传,其文中或尊称为朱子,明其推重朱氏”。综此二者,章太炎得出结论:“东原之术似不与朱氏相入,而观其会通,则为朱学之干蛊者,厥维东原。”[①]“戴氏不过形似汉学,实际尚含朱子的臭味。”[②]章太炎仅据戴震曾引用过朱熹的话,就称二人有所“会通”,实是夸大之辞。

综上所述,章太炎爬梳整理清代汉学史、评点清儒得失,时有新义,但在个别问题上由于过分拘执于满汉民族矛盾,一定程度上影响了研究的客观性和严谨性。

三、经史关系论

章太炎作为传统学术现代转型期的代表人物,其学术思想富有特色。就经史观而言,他的“六经皆史”说与近代启蒙思潮、新史学思想相结合,对前人成说有质的突破。在此基础上,他所形成的“征信”论相对于当时的“疑古”之风,他治学的“求真”精神相对于前人的“求实”,都是对传统学术思想的重要发展。他以新史学方法治经,运用社会学、逻辑学等方法解经,则体现了方法论上的贡献。

---

① 章太炎:《菿汉微言》,第45～47页。

② 章太炎:《国学讲演录》,第28页。

(一)"六经皆史"说

"六经皆史"是中国传统学术的一大命题,也是章太炎经学思想的重要内容。论者每牵于"六经皆史"之名,把章太炎与以前学者所论"六经皆史"混为一谈,从而泯没了章太炎"六经皆史"的时代意义。其实,只要稍加比较,我们就不难看出章太炎"六经皆史"思想的学术价值和特色所在。

章学诚的"六经皆史"命题在学术思想史上影响较大,且与章太炎瓜葛较深,故易为论者援为同道。正确解读章学诚的经史观是合理评判章太炎"六经皆史"说学术价值和思想意义的前提和关键。

第一,在章学诚的命题里,"史"并非是有些人所理解的"史料"。"(六经皆史)此四字中的这个'史'字,我们近代学者如梁任公、胡适之,都看错了",不应作史料解①。章学诚所指的"史",是从源头上讲的,是"官师合一"背景下阐述先王之道的"撰述",或者说,是"周代官吏所掌守的实际的政制典章教化施为的历史记录"②。章学诚注重的是政典的功用,而非史料价值。

第二,从章学诚的这一命题的背景看,他根本没有贬低《六经》之意,更谈不上要"把中国封建社会所崇拜的封建教条,从神圣的宝座上拉下来"的意图。他提出"六经皆史",主要是针对清代学风而发的。"综观实斋'六经皆史'之说,实为针对东原道在六经的基本假定而发,同时也是对顾亭林以来所谓'经学即理学'的中心理论作一种最有系统的反挑战。"③在章学诚看来,"汉学专治历史而

---

① 钱穆:《中国史学名著》,三民书局 1980 年版,第 315 页。

② 胡楚生:《清代学术史研究》,台湾学生书局 1988 年版,第 178 页。

③ 余英时:《论戴震与章学诚》,华世出版社 1980 年版,第 52 页。

不讲义理，宋学空谈义理而不顾历史；汉学讲考据而脱离实际，宋学好空言而'离事言理'，实在各有所偏。章学诚'六经皆史'中的'经世'理论是对准当时这两种学风而予以针砭，正所谓'有的放矢'！"[①]这里所说的"经世"与上述章氏之"史"强调经典的功用都是一个意思，即强调史学的经世致用功能。章学诚"六经皆史"说，是以经世致用的观点说明《六经》都是治理国家、切于民生日用的典籍，史学应当作为经邦济世之器。"即器存道"，史学也可以载道。其目的就在于用史学补救汉学脱离实际、宋学游谈无根的弊病。论者每以章学诚认为"六艺皆周公之政典"[②]，遂断定他尊周公而贬孔子，看章学诚本意，并非如此。章学诚认为，孔子虽生不得位，不能创制立法，却能"表彰六籍，存周公之旧典"以"明教于万世"，即器明道。这正是章学诚"六经皆史"所极力要推扬的经世精神，他认为孔子可谓青出蓝而胜于蓝。同时，章氏又以"六经，器也"，"圣人即器而存道"[③]，明确提出道不离器，由此更能看出章学诚对《六经》的重视。诚如白寿彝所说：章氏并没有因"六经皆史""而剥夺了六经的神圣的灵光"[④]。

实际上，打破传统经史观念、把"六经皆史"与启蒙思潮相结合、将《六经》还原为历史文献的努力始于近代。龚自珍即主张"六经皆史"，反对把经史判为两橛，批评"号为治经则为尊，号为学史

---

① 朱维铮编：《周予同经学史论著选集》，上海人民出版社 1996 年版，第 720—721 页。

② 章学诚：《经解下》，《文史通义校注》，中华书局 1985 年版，第 110 页。

③ 章学诚：《原道下》，《文史通义校注》，第 138 页。

④ 白寿彝：《白寿彝史学论集》（下），北京师范大学出版社 1994 年版，第 666 页。

则道诎，此失其名也”[①]。这是从理性角度还经书以历史文献的本来面目、以历史主义眼光审视经学的开始。正是在前人学说基础上，章太炎对“六经皆史”说作了发展，其时代新义主要有以下几点。

一是把“六经皆史”与新史学思想相结合，批驳了章学诚的正统史观。章太炎的“六经皆史”观是对章学诚“六经皆史”扬弃的基础上形成的。章太炎虽然有时也称赞章学诚“六经皆史”说“真是拨云雾见青天”[②]，但这只不过袭其名而已。就二人学说的实际内容讲，有着很大不同。章太炎《原经》篇对章学诚的命题提出了系统批评：“挽世有章学诚，以经皆官书，不宜以庶士僭拟”，“以为六经皆史，史者固不可私作”，此甚非也。章太炎进而指出：“经之名广矣”，孔子作《孝经》，汉《七略》始傅六艺，其始则师友雠对之辞，不在邦典；墨子有《墨经》；贾谊有《容经》，韩非《内储》、《外储》亦自署经名；老子书至汉称“道经”。由此可见“非徒官书称经”[③]，“人言六经皆史，未知古史皆经也”[④]。他又举陈寿、刁凿齿、臧荣绪、范晔等人为例，驳斥章学诚“史者不可以私作”之说，认为章学诚以“经皆官书”、“史不得私作”，把经史等同于官书，实质上是把治经治史的权力奉给官府，不让“庶士”染指，使经史成为专门为封建统治服务的工具。章太炎的诠释从表面上看仅仅是命题内涵的扩大，但实质上已触及深层的意识形态形态问题，“经”“史”由官学转

① 龚自珍：《古史钩沉论二》，《龚自珍全集》，上海人民出版社1999年版，第75页。

② 章太炎：《论经的大意》，《教育今语杂志》第2册。

③ 章太炎：《原经》，《国故论衡》中卷，民国年间上海印本。

④ 章太炎：《清儒》，《訄书》重订本，《章太炎全集》(三)，第154页。

变为私学，服务对象由官府变为“民众”，正体现了新兴资产阶级的学术进步精神。

二是把“六经皆史”解释为“六经都是古史”有反对公羊学说的意义。康有为等今文学家以孔子为改制素王，以《六经》为孔子为后世制法，以古经为刘歆伪造。与今文学说针锋相对，章太炎主张“六经皆史之方”①。他说：“经外并没有史，经就是古人的史，史就是后人的经。古代撰他当代的史，岂是为汉朝，所说治国的法度，也只是当时现用，并不说后世必定用得着。固然有许多用得着的，但他当时著书，却并不为此。”②他还在《订孔》等文章中多次指出，孔子删定六经，虽有保存史料的功绩，却不是为百世制法，六经绝非万代可以遵奉不移的神圣经典和亘古不易的教条。这些见解在章学诚“六经皆史”基础上有长足进展，不仅将圣经还原为历史典籍，而且正面否定其神圣性，用历史理性回击了公羊学派的一些妄说怪论，具有较强说服力。

三是在“六经皆史”基础上创造性地提出“经者古史，史即新经”③。这一说法不够准确，但提高了史学的地位，有利于对经学的神圣地位发起冲击。在封建社会，经史有着天壤之别。王鸣盛在《十七史商榷》序文中曾说：“治经断不敢驳经，而史则虽子长、孟坚，苟有所失，无妨箴而砭之，此其异也。”王氏还只是就学术研究而言，实际上，经学在中国封建社会被推为万古不易的绝对真理，是封建道统、道德、伦理、纲常名教等几乎一切意识形态的主要载

① 章太炎：《明解故下》，《国故论衡》中卷。

② 章太炎：《论经的大意》，《教育今语杂志》第 2 册。

③ 王联曾记：《章太炎论今日切要之学》，《中法大学月刊》第 5 卷第 5 期，1934 年月 10 月出版。

体，神圣不可动摇。章太炎“夷六艺于古史”，提出“经者古史，史即新经”，经史并论，一定程度上冲击了传统的“尊圣崇经”观念。

在章太炎的理论体系中，史学为“今日切要之学”，“不读史书，则无从爱其国家”，“不讲历史，昧于往迹，国情将何由而洽?”[①]“无历史即不见民族意识所在”，[②]史学为保存国粹、发扬国光、增进爱国心的源泉和凭借。章太炎“以经为史”，实即要求经学研究摆脱“经学时代”封建政治、封建制度、封建道德的羁绊，赋予经学以史学的价值与意义，服务于新时代之需。

(二)“征信”

“实事求是，无征不信”，原是乾嘉学派的治学精神。章太炎以“六经皆史”观为基础，公然揭橥这面旗帜，先后发表《征信论》、《信史》、《致柳翼谋书》等多篇论文，其意义不在于旧话重提，标榜自己犹存前人治学风范，而是有感而发，赋予新的时代内涵。

“征信”不是“疑古”的对立物，而是对“疑古过甚”的矫正。有人指责章太炎《征信论》是对康有为等人的“疑古”精神而发，并以之为证据断定章太炎信古、守旧、抱残守缺。从认识论的角度讲，“疑古”和“征信”是同一认识过程的两个方面，不构成对立关系。笔者以为，章太炎“征信”论主要针对的是“疑古过甚”。他在《〈制言〉发刊宣言》中曾明确指出他的批判对象：一曰“南海康氏之徒以史书为账簿也”，二曰“新学之徒以一切旧籍为不足观也”。前者自是指康有为等公羊学派，后者指的是胡适等一班新进青年。客观

① 章太炎：《历史之重要》，《制言》第55期。

② 章太炎讲：《论经史儒之分合》，《光华大学半月刊》第4卷第5期，1935年12月出版。

地说，康有为、胡适等人的疑古精神，曾经促进传统学术近代转化，启蒙了人们的思想，功不可没。值得注意的是，康有为、胡适等人确实有"疑古过甚"的毛病，这从他们对经籍的态度上可以看出。

康有为为了宣传变法维新，他"疑古""惑经"，一定程度上打破了思想界不敢讲变法改制的局面，但他在冲击封建教条的同时，却扔掉了实事求是的治学态度，表现出反历史反科学的一面。正如孙春在所说："公羊学者心中只有'孔子为素王改制，为万世立法'一念是不变的。至于孔子以外的部分，则颇可随己意立说，以符合议论之需要，并可因时而改变之。"①在章太炎看来，"六经皆史"，古经是历史文献，不应一概抹杀，公羊学派这种轻视知识、贱视历史、不重证据的做法，应当受到批判。

"五四"新文化运动时期的"疑古"思潮与康有为的"疑经"一脉相承。胡适曾比较彻底地反对封建主义，要求对那些陈旧的文化观念、制度、风俗重新进行评估，这都是以怀疑精神为其思想前驱。胡适的"怀疑"多数言出有据，如他在对古代史料作了一番审查以后说："以现在中国考古学的程度看来，我们对于东周以前的中国古史，只可存一个怀疑的态度。至于'邃古'的哲学，更难凭信了。"②经清代汉学家考据，先秦古籍中确有一些伪书，胡适这一说法有其根据。但胡适并未就此止步，却进而把怀疑上升为"疑必有理"的抽象原则："疑古的态度，简要言之，就是'宁可疑而错'……就是疑错了，亦没什么要紧"，③以致最终滑向了怀疑主义。怀疑虽带有否定因素，但怀疑毕竟不同于否定。胡适从疑必有理出发，

---

① 孙春在：《清末的公羊思想》，台湾商务印书馆1985年版，第92页。

② 胡适：《中国哲学史大纲》卷上，商务印书馆1987年版，第23页。

③ 胡适：《研究国故的方法》，《东方杂志》第18卷第16号。

混淆了怀疑和否定的关系，从而把古籍所载东周以前的历史一概斥之为伪："在东周以前的历史，是没有一个字可以信的。"[①]由此，也就彻底否定了经书的可信性。正是针对于此，章氏一再宣扬其"征信"论，批评胡适的某些错误观点。他在给柳诒徵的信中说："胡适所说《周礼》为伪作，本于汉世今文诸师；《尚书》非信史，取于日本人；六籍皆儒家托古，则直窃康长素之唾余。此种议论，但可哗世，本无实征。……长素之为是说，本以成立孔教；胡适之为是说，则在抹杀历史。推其所至……虽谓我生以前无一事可信、无一人是真可也。"[②]

章太炎主张言出有征，反对疑古思潮，含有合理因素。早在1899年章氏在批判今文家孔子造六经之说时就曾推论说："寻其自造六经之说，在彼固以为宗仰素王，无出是语，而不知踵其说者，并可曰孔子事亦后人所造也。噫嘻！槁骨不复起矣，欲出与今人驳难，自言实有其人其事，固不可得矣。则就廖氏之说以推之，安知孔子之言与事，非孟、荀、汉儒所造耶？孟、荀、汉儒书，非亦刘歆所造耶？"[③]面对20世纪二三十年代的疑古思潮，面对学界疑古过勇的现象，他明确指出："疑古须有根据，如史载后稷之生，汉高祖之生，此种神话，固不可信。然倘无根而疑，亦何异痴人梦想，古称疯病，曰疑疾，其亦此意欤？"[④]章太炎要求用事实说话，这样得出的结论较有说服力。

---

① 胡适：《研究国故的方法》，《东方杂志》第18卷第16号。

② 章太炎：《致柳翼谋书》，《章太炎政论选集》，中华书局1977年版，第763～764页。

③ 章太炎：《今古文辨义》，《章太炎政论选集》，第114～115页。

④ 徐澂：《余杭章先生语录》，第4页。

看来，章太炎讲究征信，重视证据；疑古派打着赫胥黎的口号“拿证据来”，也重视证据。二者虽然都重视证据，但存在差别。疑古派“疑”字当头，只要没有证据，则就“存疑”，“存疑”在一定程度上即意味着不信，其任务是“破”，对于破除旧的文化传统，自有其进步意义，但过犹不及，“疑古过甚”，易于导向历史虚无主义。征信论“信”字当头，只要没有证伪，就要存信，虽容易走上崇古过信的路子，但对于建立民族文化自信心有着重要意义。可以说，二者各有长短，我们不能厚此薄彼，偏执一端。

（三）“求真”

章太炎经学研究虽带有乾嘉汉学的遗风，但从整体上看特别是进入20世纪以后，他的学术研究已明显超越了乾嘉汉学的“求实”精神，走上现代学术“求真”的道路。

从学术精神看，乾嘉汉学讲究言而有征，实事求是，以“实”著称。在史料上，不依于传闻，不迷于众说，不出于空言；在立论上，不据于孤证，“不以人蔽己，不以己自蔽”；在论证上，重视逻辑贯通，“必征诸古而靡不条贯，合诸道而不留余议，巨细必究，本末兼察”，从而达到对圣人之言的“十分之见”①。正如梁启超所说，“要之，清学以提倡一‘实’字而盛，以不能贯彻一‘实’字而衰，自业自得，固其所矣。”②可以说，“求实”是清代汉学的根本精神，失去“实”字，自无汉学可言。

清代汉学家对于经籍的考据和诠释，从形式上看好似是一种

---

① 梁启超：《清代学术概论》，上海古籍出版社1998年版，第34～42页。

② 梁启超：《清代学术概论》，第70页。

纯技术性的学术操作，但在学术观念上与现代学术有很大不同。主流考据学家从来都未曾逾越把圣贤之言当作终极之理。或者说，他们从来都没有跳出经学思维模式。经学观念的尊圣本质，把考据学家的学术操作限制在澄清被篡改混淆的儒家经典上。厘清"传圣贤之道"与"圣贤之道"、"阐圣贤之学"与"圣贤之学"[①]，恢复二千年来被浸假了的经义，成为考据学家们的理想追求。代圣贤立命，为圣贤立言，以经学义理为终极信仰，考据学家们与以前的学者并无二致。清代汉学之"实"既然是建立于尊圣论的经学范式之上——"尊圣"含有迷信色彩，经学范式意味着是从儒家经典的本本出发，其坚实可靠性可想而知。

"求真"是近代科学精神的表现。严复在追述西学兴盛的原因时曾说：西学"命脉云何？苟扼要而谈，不外于学术则黜伪而崇真"[②]。"求真"精神实即对学术持一种科学的立场。就章太炎的学术研究来说，他的"求真"精神主要表现为：破除罩在经学上的"尊圣"光环，"夷六艺于古史"，把神圣的经典从神坛上拉下来，作为研究古史的资料；改变传统经学遵循的"读书得知"理路，跳出经学思维模式，向"客观世界"求真知，用他自己的话说就是，书籍"不过是学问的一项，真求学的，还要靠书籍以外的经验"[③]，"观省社会、因其政俗而明一指"，[④]"理论和事实合才算好，理论和事实不合就不好，不必问他有用没用"；[⑤]学主独立，"但顾求真，不怕支

---

① 颜元：《上太仓陆桴亭先生书》，《颜元集》（下），中华书局 1987 版，第 426 页。

② 严复：《论世变之亟》，《严复集》第 1 册，中华书局 1986 年版，第 2 页。

③ 章太炎：《章太炎的白话文》，上海泰东图书局 1922 年版，第 17 页。

④ 章太炎：《原学》，《章太炎选集》，上海人民出版社 1981 年版，第 193 页。

⑤ 章太炎：《章太炎的白话文》，第 93 页。

离”，说经之学“惟为客观之学”，但问真不真，不问是不是[①]，强调“字字征实，不蹈空言，语语心得，不因成说”[②]，反对在学术研究中掺杂个人主观好恶，故此，他以研经之学为稽古之学，“稽古之道，略如写真，修短黑白，期于肖形而止，使妍者媸，则失矣，使媸者妍，亦未得也”[③]；祛除说经的功利主义色彩，力戒曲学致用、学以干禄的做法，主张“说经者，所以存古，非以是适今也”[④]，“学者将实事求是，有用与否，固不暇计”[⑤]。

从这里可以看到，经学发展至章太炎，不仅自汉以来的“通经致用”走到了末路，而且也宣告了清初以来实学思潮的终结，清代汉学的“求实”被近代科学的“求真”精神所取代。对此，侯外庐曾说：章太炎中年以后的学术“已经不同于乾嘉学者所谓之‘实事求是’，仅限于文字训诂间的是非，实在进一步提倡理性主义。……太炎之为最后的朴学大师，有其时代的新意义，他于求是与致用二者，既不是清初的经世致用，亦不是乾嘉的实事求是，更不是今文家的一尊致用，而是抽史以明因果，覃思以尊理性，举古今中外之学术，或论验实或论理要，参伍时代，抑扬短长，扫除穿凿附会，打破墨守古法，在清末学者中卓然凌厉前哲，独高一等”[⑥]。

当然，章太炎主张学术“求真”、学术“独立”，从根本上说，其客

---

① 章太炎：《论诸子学》，《章太炎选集》，第357页。

② 章太炎：《再与人论国学书》，《太炎文录初编》别录卷二，《章太炎全集》（四），第355页。

③ 章太炎：《与人论朴学报书》，《太炎文录初编》卷二，《章太炎全集》（四），第154页。

④ 章太炎：《与人论朴学报书》，《太炎文录初编》别录卷二，《章太炎全集》（四），第153页。

⑤ 章太炎：《与王鹤鸣书》，《太炎文录初编》卷二，《章太炎全集》（四），第151页。

⑥ 侯外庐：《近代中国思想学说史》，第851页。

观意义在于强调经学研究同封建正统思想决裂，从而达到思想解放的目的，以满足新时代的需要。

（四）方法论贡献

方法论的革新是促进学术进步的重要因素。与其经史观相一致，章太炎在学术研究中注重经、史方法的结合，以治史的方法治经。他不仅继承传统的研究方法，而且注重吸收近代西方科学方法论，并使二者结合起来，起到了较好效果。

注重民族传统是章太炎治学的一大特色。在学术实践中，章太炎以史治经，把传统儒学方法论向前推进了一步。清代汉学家钱大昕、邵晋涵等人，即以治史的方法治经，但是，由于他们不敢触动经的独尊地位，因此其方法依然带有很大的局限性。章太炎“夷六艺于古史”，从指导思想到学术方法实现了彻底革命，理性主义和历史主义相结合，以“抽史”的方法“抽经”，从而写出了像《春秋左传读叙录》、《驳箴膏肓评》这样的论著。而他援引历史文献为证经的基本资料，则拓宽了经学研究的取证范围，增强了经学研究的科学性和可信性，有利于推动经学研究由经学时代进入史学时代。

如章太炎对乾嘉汉学考据方法的发展。乾嘉考据方法接近于实证主义而不是实证主义，章太炎实现了二者的沟通。于小学，乾嘉汉学家仅言“由辞以通道”，而章氏则把文字孳乳和对自然史、社会史、人类思维史的探讨相结合，互为证据，互相发明，与实证主义学者王国维研究古史的方法相当。[①] 于经学，他克服了以往古文学家拘泥于文字训诂疏证而轻视思想实质、专注于破碎考证而缺

---

① 侯外庐：《近代中国思想学说史》，第 814 页。

乏宏观考辨的弊端，反复强调从历史事实出发，“无征不信”，要求从有文可据的典籍入手，来把握字词的训释，辨明史实的真伪，探求事件、人物、学说之大义。“‘语必征实，说必尽理’，显然这是以朴学考证为起点，但已大大前进了的方法论，它与观念先行的方法论相反，亦与一味分文析字的‘朴学’不同”①，而是一种实证主义的研究方法。对于章太炎对传统学术方法的发展，时人也有认识。梁启超在《清代学术概论》中就曾指出：“应用正统派之研究法，而廓大其内容延辟其新径，实炳麟一大成功也。”②

章太炎还注意运用近代西学理论方法。章太炎的经学论著，从早年的《膏兰室札记》到晚年的《春秋左传疑义答问》、《古文尚书拾遗》，均不乏西学方法的应用。我们从章氏以近代西方社会史学理论阐释《周易·序卦传》的《自述学术次第》、《易论》、《历史之重要》等文章，尤可见其经、史方法结合之一斑。

《序卦传》旨在解说《周易》六十四卦的编排次序，揭示诸卦相承相受的意义。全文分两段，上段叙上经《乾》至《离》三十卦次序，下段叙下经《咸》至《未济》三十四卦次序。通常认为，《序卦传》是一篇颇具哲理深度的六十四卦推衍纲要。章太炎则说：“《周易》，人皆谓是研精哲理之书，似与历史无关，不知《周易》实历史之结晶，今所称社会学是也。”③

《易论》主要是就《序卦传》初始部分有关“人事”、“相因”、“相反”等门类的卦进行分析。《屯》卦，记述的是人类初始阶段的情

---

① 唐文权、罗福惠：《章太炎思想研究》，华中师范大学出版社 1986 年版，第 367 页。

② 梁启超：《清代学术概论》，第 95 页。

③ 章太炎：《历史之重要》，《制言》第 55 期。

形。在这一阶段，人类处于蒙昧野蛮状态，“草昧部落之酋，鹑居鷇食”，“民如野鹿”，过着渔猎生活；“婚姻未定，以劫略为室家”，正如《屯》卦六三爻辞所说“匪寇婚媾”，还没有形成较稳定的夫妻制。《蒙》卦所记婚姻状况稍见进步，“始有娉女，而爻称‘内妇’、‘克家’”。《需》卦载，“君子以饮食燕乐”，说明了人们生活状况的改善。

《讼》、《师》、《比》、《小畜》卦则反映了私有财产的出现以及当时的社会冲突。“农稼既兴，民之失德，乾糇以愆，而争生存、略土田者作，故其次《讼》。”为争生存、争饮食，“小讼用曹辩，大讼用甲兵”，聚众而起，所以行《师》。《比》卦则说明因互相争讼出现了相对稳定的有纲纪有城郭都邑的诸侯国邦，但其首领仅为“假王”。有了国邦、“假王”，赋调所归，故有《比》必有《蓄》。

《履》、《泰》、《否》三卦则表现了国家建立的情形。“《讼》以起众，《比》以畜财；军在司马，币在大府。”有了军队与财富，万国亲和，觌威不用，“帝位始成，大君以立”，此为《履》。帝王的出现，国家的建立，既是社会矛盾的产物，又是社会发展的必然。国家安定，“其道犹《泰》”。“泰者，通也”，“物不可以终通”，《泰》“浸以成《否》”。同理，“物不可以终否，故受之以《同人》。”《同人》，简言之就是“君子以类族辨物”，有道之君宗盟其族，繁荣国家。

经此一番解释后，章太炎得出结论说，从《屯》到《同人》十卦，乃“生民建国之常率，彰往察来，横四海而不逾此”。如此解释，令人耳目一新，也证明了他所主张的《易》为“记人事迁化”、“非谶记历序之侪”的观点。①

---

① 以上引文见章太炎：《易论》，《检论》卷二，《章太炎全集》(三)，第380～381页。

章太炎把东西方逻辑学方法与史学方法熔铸为一，付诸经学研究，也具有特色。逻辑学是理性认识的工具之学，曾被培根称为一切法之法、一切学之学。踵严复之后步，章太炎把逻辑学方法付诸学术实践。《订孔》、《征信论》、《信史》等文就是章太炎把逻辑学方法运用于经史研究的典范之作。侯外庐十分推重章太炎在经史研究中对逻辑学方法的应用，称"太炎是以历史学与逻辑学而治经学"，"他的经史论是以逻辑为指路碑，而内容则为史。因此，他发展了古文家而攻击了今文家"，"他以史学与逻辑说经典，实在是他的特异经学"[①]。

① 侯外庐：《中国近代启蒙思想史》，人民出版社 1993 年版，第 154 页。

后 记

旧文化是新文化的母体，提倡新文化，是否意味着不对旧文化做认真研究？我想，对待旧文化不可过于苛求，而需要客观同情与具体分析。超越古与今、中与西的二元对立，保持历史与现实的适当张力，是对历史的尊敬，也是对现实的尊重。惟今是趋，惟西是尚，尊重历史便成一句空话。对待儒学、国学也是如此。

儒学是一种珍贵的历史资源。其魅力之一，在于她与现实的联系。为此，我撰写了《传统的张力——儒学思想与近代文化变革》一书，从思想史角度探讨儒学资源与中国现代性的关系问题。魅力之二，在于她与现实存有距离。为此，我草成此书，力图从学术史角度揭示晚清民初儒学自身衍变的一些问题。以近代儒学为对象，探索思想创造与学术传承、求是与求真的关系，演绎思想史与学术史的变奏，是我多年来致力的目标，此书也不例外。

这本小册子汇集我近年发表的主要学术史论文，因主题多与理学、经学有关，所以取了这样一个大而不当的书名，并无跑马圈地之意。“小知不及大知”，自知学力疏浅，曲知之处在所难免，敬祈方家指教。

从 1996 年至今，我追随龚书铎先生问学已历 10 年，其间先生耳提面命，费心劳神，付出很多。兹又为小书赐序。从出版社重返母校 5 年来，教研室诸位老师予以众多关怀。我的爱人及岳父母给予大力支持。责任编辑林雷女士付出辛勤劳动。在此一并表示感谢！

时丙戌年暖冬，昭军谨识于牡丹园红山书房。